▶ **bachelor-wissen**
Germanistische Linguistik

bachelor-wissen

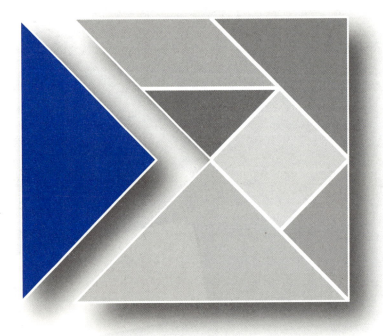

bachelor-wissen ist die Reihe für die modularisierten Studiengänge

▶ die Bände sind auf die Bedürfnisse der Studierenden abgestimmt
▶ das fachliche Grundwissen wird in zahlreichen Übungen vertieft
▶ der Stoff ist in die Unterrichtseinheiten einer Lehrveranstaltung gegliedert
▶ auf www.bachelor-wissen.de finden Sie begleitende und weiterführende Informationen zum Studium und zu diesem Band

bachelor-wissen

Albert Busch / Oliver Stenschke

Germanistische Linguistik

Eine Einführung

2., durchgesehene und korrigierte Auflage

Gunter Narr Verlag Tübingen

Apl. Prof. Dr. Albert Busch lehrt seit 1997 an der Georg-August-Universität Göttingen Germanistische Linguistik. Von ihm stammen die Einheiten 1, 3, 7, 11, 12, 13, 14.

Dr. Oliver Stenschke lehrt seit 2000 ebenfalls Germanistische Linguistik an der Georg-August-Universität Göttingen. Er hat die Einheiten 2, 4, 5, 6, 8, 9, 10 verfasst.

Idee und Konzept der Reihe: Johannes Kabatek, Lehrstuhl für Romanische Sprachwissenschaft an der Eberhard-Karls-Universität Tübingen

Bibliografische Information der Deutschen Nationalbibliothek

Die Deutsche Nationalbibliothek verzeichnet diese Publikation in der Deutschen Nationalbibliografie; detaillierte bibliografische Daten sind im Internet über <http://dnb.d-nb.de> abrufbar.

2., durchgesehene und korrigierte Auflage 2008
1. Auflage 2007

© 2008 · Narr Francke Attempto Verlag GmbH + Co. KG
Dischingerweg 5 · D-72070 Tübingen

Das Werk einschließlich aller seiner Teile ist urheberrechtlich geschützt. Jede Verwertung außerhalb der engen Grenzen des Urheberrechtsgesetzes ist ohne Zustimmung des Verlages unzulässig und strafbar. Das gilt insbesondere für Vervielfältigungen, Übersetzungen, Mikroverfilmungen und die Einspeicherung und Verarbeitung in elektronischen Systemen.
Gedruckt auf chlorfrei gebleichtem und säurefreiem Werkdruckpapier.

Internet: http://www.bachelor-wissen.de
E-Mail: info@narr.de

Satz: Informationsdesign D. Fratzke, Kirchentellinsfurt
Printed in the EU

ISSN 1864-4082
ISBN 978-3-8233-6414-6

Inhalt

Vorwort 1

Themenblock 1: Sprache und Zeichen

Einheit 1: Sprache und Linguistik 3
1.1 Was ist Linguistik? 4
1.2 Was ist Sprache? 5
1.3 Wie gehen Linguisten bei der Untersuchung von Sprache vor? ... 12
1.4 Übungen 14
1.5 Verwendete und weiterführende Literatur 15

Einheit 2: Semiotik 17
2.1 Semiotik – Was macht das Zeichen zum Zeichen? 18
2.2 Zeichentypen 19
2.3 Sprachliche Zeichen 21
2.4 Zeichen und Zeichenbenutzer 28
2.5 Semiotik als Wissenschaft 33
2.6 Übungen 34
2.7 Verwendete und weiterführende Literatur 34

Themenblock 2: Laut und Wort

Einheit 3: Phonetik und Phonologie 37
3.1 Phonetik und Phonologie – Wie sprechen wir? 38
3.2 Phonetik – Was tun wir, um zu sprechen? 38
    3.2.1 Artikulation 40
    3.2.2 Artikulation der Konsonanten 43
    3.2.3 Artikulation der Vokale 47
3.3 Phonologie – Was tun wir, um Laute zu erkennen? 49
    3.3.1 Das Phonemsystem 50
    3.3.2 Die Silbe 54
3.4 Übungen 55
3.5 Verwendete und weiterführende Literatur 56

Einheit 4: Graphematik und Orthographie 57
4.1 Graphematik und Orthographie – Wie schreiben wir? 58
4.2 Graphematische Grundbegriffe 58

4.3	Die Ermittlung des Grapheminventars mittels Minimalpaaranalyse	60
4.4	Die Ermittlung des Grapheminventars mittels Zuordnung von Phonemen: Graphem-Phonem-Korrespondenzen	61
4.5	Graphematische Prinzipien	63
4.6	Rechtschreibreform	69
4.7	Übungen	72
4.8	Verwendete und weiterführende Literatur	72

Einheit 5: Morphologische Analyse		**75**
5.1	Morphologie – Was ist ein Wort?	76
5.2	Morphologische Grundbegriffe	78
5.3	Die Analyse der unmittelbaren Konstituenten (IC-Analyse)	83
5.4	Spezielle Probleme der IC-Analyse	89
5.5	Übungen	91
5.6	Verwendete und weiterführende Literatur	92

Einheit 6: Wortbildung und Flexion		**93**
6.1	Wortbildung und Flexion – Wie wird ein Wort gebildet?	94
6.2	Komposition	95
6.3	Derivation	99
6.4	Kurzwortbildung	102
6.5	Sonstige Verfahren der Wortschatzerweiterung	104
6.6	Flexion	110
6.7	Übungen	113
6.8	Verwendete und weiterführende Literatur	114

Themenblock 3: Satz

Einheit 7: Traditionelle Syntaxanalyse		**115**
7.1	Traditionelle Syntaxanalyse – Was ist ein Satz?	116
7.2	Wie analysiert man einen Satz?	117
7.3	Syntaktische Tests	119
7.4	Syntaktische Kategorien und Funktionen	120
	7.4.1 Wortarten als syntaktische Kategorien	120
	7.4.2 Phrasen als syntaktische Kategorien	124
	7.4.3 Syntaktische Funktionen	124
7.5	Ein Modell zur operationalen Satzanalyse	127
7.6	Übungen	131
7.7	Verwendete und weiterführende Literatur	133

Inhalt

Einheit 8: Dependenz und Valenz................................ 135

8.1 Dependenz und Valenz – Wie wird ein Satz gebildet?........... 136

8.2 Probleme des Ansatzes von Tesnière......................... 141

8.3 Syntaktische Testverfahren................................. 144

8.4 Übungen... 147

8.5 Verwendete und weiterführende Literatur..................... 148

Einheit 9: Ergänzungen und Angaben........................... 149

9.1 Satzglieder und Satzgliedteile – Woraus besteht ein Satz?........ 150

9.2 Ergänzungsklassen.. 151

9.3 Die stemmatische Darstellung von Ergänzungen............... 155

9.4 Angaben... 158

9.5 Die stemmatische Darstellung von Angaben................... 160

9.6 Übungen... 162

9.7 Verwendete und weiterführende Literatur..................... 164

Einheit 10: Attribute und syntaktische Einzelprobleme............. 165

10.1 Attribute – Wie sind Satzglieder aufgebaut?................... 166

10.2 Die Attributsklassen...................................... 167

10.3 Die stemmatische Darstellung von Attributen................. 170

10.4 Einzelprobleme der syntaktischen Analyse.................... 172

    10.4.1 Funktionsverbgefüge................................. 173

    10.4.2 Echte und unechte Reflexivität........................ 174

    10.4.3 Der syntaktische Status von *es*........................ 175

    10.4.4 Freie Dative... 177

    10.4.5 Koordination.. 179

10.5 Übungen... 181

10.6 Verwendete und weiterführende Literatur..................... 182

Themenblock 4: Sprache im Gebrauch

Einheit 11: Semantische Grundbegriffe.......................... 183

11.1 Was ist Semantik?.. 184

11.2 Was ist Bedeutung?....................................... 184

11.3 Was ist ein Wort – semantisch gesehen?...................... 187

11.4 Elemente der Wortbedeutung: Denotation und Konnotation..... 188

11.5 Semantische Relationen.................................... 188

    11.5.1 Übereinstimmung von Bedeutungen................... 189

    11.5.2 Überordnung – Unterordnung........................ 191

    11.5.3 Gegensatz... 191

    11.5.4 Reihung... 192

    11.5.5 Mehrdeutigkeit...................................... 192

11.6 Übungen 193
11.7 Verwendete und weiterführende Literatur.................... 194

Einheit 12: Semantische Theoriebildung......................... 195
12.1 Merkmalssemantik – Wortbedeutung als Merkmalsmenge 196
12.2 Wörter in Verbänden: Wortfamilien, Wortfelder, Phraseologismen 199
 12.2.1 Die Wortfamilie als Ausdrucksverband 199
 12.2.2 Das Wortfeld als Inhaltsverband...................... 200
 12.2.3 Der Phraseologismus als syntagmatischer Verband....... 202
12.3 Wortbedeutung im Gedächtnis 204
 12.3.1 Wörter im Kopf 204
 12.3.2 Die Prototypentheorie 206
 12.3.3 Die Framesemantik............................... 209
 12.3.4 Sprachliche Relativität: Sprache – Denken – Wirklichkeit . 210
12.4 Übungen 212
12.5 Verwendete und weiterführende Literatur.................... 213

Einheit 13: Pragmatik 215
13.1 Pragmatik – Was ist sprachliches Handeln?.................... 216
13.2 Sprechakte – Was tun wir, wenn wir sprechen?................ 216
13.3 Konversationale Implikaturen und Konversationsmaximen...... 220
13.4 Präsuppositionen 221
13.5 Deixis 222
13.6 Übungen 224
13.7 Verwendete und weiterführende Literatur.................... 224

Einheit 14: Textkommunikation 227
14.1 Textmerkmale – Was macht den Text zum Text? 228
14.2 Sprachlichkeit und Schriftlichkeit.......................... 229
14.3 Kohäsion 231
14.4 Kohärenz... 232
14.5 Textfunktionalität 236
14.6 Textsorten 239
14.7 Intertextualität 240
14.8 Übungen 242
14.9 Verwendete und weiterführende Literatur.................... 244

Anhang

Register.. 247
Abkürzungen und Zeichen...................................... 256

Vorwort

Mit dem Band „Germanistische Linguistik" aus der Reihe bachelor-wissen halten Sie eine Einführung in den Händen, in der wir zweierlei versucht haben: zum einen, die im Rahmen unserer langjährigen Lehrtätigkeit entstandenen und erprobten Lehr- und Übungsmaterialien einer breiteren Öffentlichkeit zugänglich zu machen; zum anderen, die Anforderungen zu berücksichtigen, welche sich aus der Umstrukturierung des Germanistik- bzw. Linguistik-Studiums nach dem Bachelor/Master-Modell ergeben. Die vorliegende Einführung ist daher eng am Semesterplan eines typischen Einführungsmoduls orientiert, wie es an der Universität Göttingen seit einigen Semestern praktiziert wird. Dazu sind die Inhalte analog zu den 14 Sitzungen eines Semesters in 14 Einheiten aufgeteilt, welche – je nach zeitlichem Umfang der an Ihrer Universität gelehrten Module – in ein oder zwei Semestern durchgearbeitet werden können. Die Einheiten bestehen jeweils aus vermittelnden, einführenden Texten sowie einigen Übungen am Ende. Die Lösungen sowie weitere Materialien und Übungen mit Lösungshinweisen finden Sie auf der begleitenden Homepage www.bachelor-wissen.de. Die entsprechenden Stellen in dieser Einführung sind – wie hier – durch eine Maus in der Randspalte markiert.

In weiten Teilen dieses Buches geht es um Grammatik, eine Wissenschaft, die von der Antike bis zum Barock zu den sieben freien Künsten zählte und häufig als Gestalt mit einer Rute dargestellt wurde, was Ihnen – besonders als Studierenden – möglicherweise sehr passend erscheint. Dem Grundsatz „Ernst ist das Leben, heiter die Kunst" folgend haben wir uns bemüht, diese Tradition ein wenig aufzulockern. Vor allem eins sollte aber bei der Lektüre dieses Buches deutlich werden: Die Linguistik ist primär keine Disziplin, die allein damit beschäftigt ist, sprachliche Zweifelsfälle oder Ähnliches zu beantworten. Vielmehr geht es ihr darum, mit vielfältigen Fragestellungen und Methoden die Komplexität des Systems Sprache und seines Gebrauchs zu erfassen.

Miniatur aus dem Codex Manesse

Unser Dank gilt allen Studierenden, die in unseren Seminaren durch kritisches Nachfragen dafür gesorgt haben, dass Verständlichkeit eine der zentralen Leitlinien in unserer Lehre darstellt. Besonderen Dank möchten wir jedoch all jenen aussprechen, die an der Erstellung dieses Buches mitgewirkt und sein Erscheinen möglich gemacht haben. Die ursprüngliche Anregung verdanken wir Kirsten Adamzik. Für unermüdliches, schnelles und teilweise sehr spontanes Korrekturlesen danken wir Franziska Große, Annegret Meier, Katharina Wöhl und speziell Maria Schmidt, welche den wohl schönsten Textbaustein von Einheit 1 beigesteuert hat. Frau Hoffmann-Fratzke sei gedankt für die Geduld, mit der sie jeden unserer Sonderwünsche, unter anderem bei der Gestaltung der zahlreichen Abbildungen, (um)gesetzt hat. Völlig undenkbar wäre diese Einführung jedoch ohne das gleichermaßen beharrliche wie langmütige, vor allem aber kompetente und präzise Nachfragen von Jürgen Freudl gewesen, der dieses Buch so gut lektoriert hat, dass auch wir jetzt in vielen Fällen endlich verstehen, was wir selbst geschrieben haben.

Göttingen, zu Beginn der Fastenzeit 2007
Albert Busch   *Oliver Stenschke*

Vorwort zur 2. Auflage

Durch den Einsatz des Buches in Lehrveranstaltungen haben wir im letzten Jahr viele positive Rückmeldungen, aber auch willkommene Hinweise auf kleinere Ungereimtheiten erhalten. Letztere hoffen wir mit der zweiten Auflage weitgehend ausgeräumt zu haben.

Danken möchten wir in diesem Zusammenhang allen Germanistik-Studierenden der Universität Göttingen, die mit konkreten Hinweisen in Seminaren zur Korrektur der ersten Auflage beigetragen haben, insbesondere Marieke Danks, Henning Jahns, Sina Schade und Maria Schmidt. Wir sind weiterhin dankbar für die Verbesserungsvorschläge unserer Leserinnen und Leser.

Göttingen, im April 2008
Albert Busch   *Oliver Stenschke*

Einheit 1

Sprache und Linguistik

	Inhalt	
1.1	Was ist Linguistik?	4
1.2	Was ist Sprache?	5
1.3	Wie gehen Linguisten bei der Untersuchung von Sprache vor?	12
1.4	Übungen	14
1.5	Verwendete und weiterführende Literatur	15

SPRACHE UND LINGUISTIK

1.1 | Was ist Linguistik?

Abb. 1.1

Sprachberatung
der Gesellschaft für
Deutsche Sprache
http://www.gfds.de
(02.02.07)

schnüstern – In den Dialektwörterbüchern zum Niederdeutschen, soweit sie uns zur Verfügung stehen, konnten wir *snusen* (in gemeindeutscher Schreibweise *schnusen*) im Sinne von ‚umhergucken, -suchen, spähen‘ finden (so das *Mecklenburgische Wörterbuch*). Dort ist weiterhin *snüüstern = schnüstern* mit der Bedeutungsangabe ‚schnüffeln‘ aufgeführt, [...] Es kommt aber auch als ‚schäkern‘ vor, und genannt wird folgendes anschauliche Verwendungsbeispiel: „wat schnüstert ond püstert Er dort mit de Deern". [...]

„Sprache ist die Kleidung der Gedanken", so der englische Schriftsteller Samuel Johnson. „Sprache ist die Quelle aller Missverständnisse", so der französische Schriftsteller Antoine de Saint-Exupéry. Und für den deutschen Schriftsteller Kurt Tucholsky ist „Sprache eine Waffe." Ein unbekannter Sprachteilhaber ist anderer Meinung: „Sprache ist nächst dem Küssen das erregendste Kommunikationsmittel, das die Menschheit entwickelt hat". Zu Sprache kann man also ganz unterschiedliche Auffassungen haben. In jedem Fall hat die Beschäftigung mit Sprache und vor allem mit der deutschen Sprache ganz offensichtlich gerade Konjunktur: Bücher wie „Der Dativ ist dem Genitiv sein Tod" stürmen die Bestsellerlisten, die Sprachberatungen der Gesellschaft für Deutsche Sprache und anderer Organisationen werden ausgiebig und gerne in

Abb. 1.2

Sprachberatung
der Gesellschaft für
Deutsche Sprache
http://www.gfds.de
(02.02.07)

[!] *langer Hafer* – Die Bezeichnung ist alt, sie kommt aus dem Umkreis der Kutscher bzw. der Bauern und bezieht sich als bildliche Redewendung auf den Hafer, das Hauptfutter der Pferde. Die Sprache deutet oft um, und so kann man dem Pferd „Hafer geben" oder „langen Hafer geben" – man schlägt es mit der Peitsche (als Spott: „da hast du deinen Hafer!").

Anspruch genommen. Dort kann man nachfragen oder in der Zeitschrift „Der Sprachdienst" nachlesen, wenn es einem *spanisch vorkommt,* über das Wort *schnüstern* zu stolpern, wenn einem gar *langer Hafer* angedroht wird oder auf eine Frage mit *nicht wirklich* geantwortet wird.

Wen gruselt's nicht bei einer Hamburger Kneipe namens *Oma's Apotheke,* bei *Sabine's Friseurstudio* oder der Behauptung, jemand habe *Scharm*?

In sprachlichen Fragen sind wir hochsensibel, und manche Zeitgenossen gründen gar einen Verein, um gegen das „Denglisch" zu kämpfen. Hinter all diesen Aktivitäten steckt natürlich das weit verbreitete Bestreben, Deutsch korrekt bzw. gut zu sprechen. Professionelle Schützenhilfe können die ratsuchenden Menschen hier von zwei Seiten erwarten: der Sprachkritik und der

Sprachkritik

Sprachwissenschaft, die unterschiedliche Ziele verfolgen: Die SPRACHKRITIK hat die Auseinandersetzung und Beurteilung herrschender Sprachnormen im Blick (z. B. Stilkritik, Anglizismenkritik, Bürokratensprache usw.) und sensibi-

Sprachwissenschaft

lisiert gegen unangemessene Sprachverwendung. Die SPRACHWISSENSCHAFT (Linguistik) dagegen versucht, Sprache zu beschreiben und zu erklären, wie auch das „Metzler-Lexikon Sprache" hervorhebt:

4

WAS IST SPRACHE?　　**Einheit 1**

Linguistik [Sprachwissenschaft]: Wissenschaftliche Disziplin, die sich mit der Beschreibung und Erklärung von Sprache, Sprachen und sprachlicher Kommunikation befasst. Das Gesamtgebiet der Sprachwissenschaft ist in eine Reihe einzelner Teildisziplinen gegliedert, die sich in Gegenstandsbereichen, Methoden und Erkenntnisinteressen vielfach scharf voneinander unterscheiden. Kern der Sprachwissenschaft ist die Erforschung von sprachlichen Zeichen auf unterschiedlichen Hierarchieebenen, in die Sprache zum Zwecke ihrer Beschreibung eingeteilt wird, nämlich Phonetik und Phonologie, Graphematik, Morphologie, Wortbildung, Syntax, Semantik. Textlinguistik und Stilistik befassen sich mit sprachlichen Einheiten jenseits der Satzebene. In der linguistischen Pragmatik werden die Bedingungen und Regularitäten sprachlichen Handelns untersucht. (vgl. Metzler-Lexikon Sprache 2004, „Sprachwissenschaft")

Definition

Eine etwas wuchtige Definition, deren Inhaltsbereiche auch die Gliederung dieser Einführung spiegeln. Die drei wichtigsten Aspekte der Definition sind: SPRACHE, BESCHREIBUNG und ERKLÄRUNG. Dies wirft ein erstes inhaltliches Schlaglicht auf das, was Sie im BA-Studium Germanistische Linguistik oder Deutsche Sprachwissenschaft erwartet. Sie werden sich intensiv damit beschäftigen, die deutsche Sprache zu analysieren, zu beschreiben und zu erklären. Wie macht man das? Man benötigt dazu Techniken (Methoden) und eine eigene Fachsprache, deren Grundlagen wir Ihnen in dieser Einführung näher bringen möchten.

Was ist Sprache?

1.2

Wenn Sie sich von Ihrem Radio wecken lassen, beim Frühstück die Zeitung oder aber noch ein wenig verschlafen die Inhaltsstoffe Ihrer Margarine studieren, wegen Ihres kaputten Fahrradschlauches halblaut vor sich hin fluchen, später eine Vorlesung hören, im Seminar an der Diskussion teilnehmen oder gar ein Referat halten, sich in der Mensa mit Ihren Kommilitonen austauschen, flüchtig einen Bekannten grüßen, einen Flyer überfliegen, mit Hilfe des Internets oder in einer Sprechstunde Ihren Stundenplan optimieren, einen Blick in Ihre Prüfungsordnung werfen, für eine Hausarbeit einschlägige Fachliteratur konsultieren, zwischendurch per Telefon, Internet-Chat, Weblog, E-Mail oder SMS kommunizieren, einen Essay verfassen und am Abend noch ein bisschen fernsehen oder ein Buch aus vergangenen Tagen lesen: Überall haben Sie es dabei mit SPRACHE zu tun, wenn auch in unterschiedlicher Form und Funktion.

Sprache

Ein Fachwörterbuch liefert folgende Darstellung:

Sprache (engl. language, frz. langue, langage): Wichtigstes und artspezifisches Kommunikationsmittel der Menschen, das dem Austausch von Informationen dient sowie epistemologische (die Organisation des Denkens betreffende), kognitive und affektive Funktionen erfüllt. Der Ausdruck ‚Sprache' hat zwei elementare Bedeutungskomponenten:

Definition

a) Sprache an sich, die Bezeichnung der menschlichen Sprachbegabung als solcher (frz. faculté de langage),

b) Sprache als Einzelsprache, d. h. die Konkretisierung von a) in einer bestimmten Sprachgemeinschaft, zu einer bestimmten Zeit und in einem bestimmten geographischen Raum (frz. langue) und deren Ausdruck in konkreten Kommunikationsereignissen (frz. parole). (vgl. Metzler-Lexikon Sprache 2004, „Sprache")

Abb. 1.3
Duden: Großes Wörterbuch der Deutschen Sprache (2000)

Phi|lo|lo|gie, die; -, -n [lat. philologia ‹ griech. philología]: *Wissenschaft, die sich mit der Erforschung von Texten in einer bestimmten Sprache beschäftigt.*

„Sprache an sich" und „Sprache als Einzelsprache" sind die Kernbotschaften dieser Definition. Die germanistische Linguistik als Einzelphilologie untersucht in erster Linie die deutsche Sprache als Einzelsprache. Allerdings sind die Vorstellungen von Sprache sehr unterschiedlich, denn zu dem, was Sprache sei, haben ja nicht nur Sprachwissenschaftler eine eigene Meinung, sondern auch die meisten Sprecherinnen und Sprecher. Fragt man etwa einmal Menschen in einer Fußgängerzone: „Was ist Sprache?", bekommt man Antworten wie die folgenden:

► „wat man so spricht"
► „Kommunikationsmittel"
► „Mittel des Denkens"
► „Dialekt und Hochsprache"
► „geschrieben, gesprochen"
► „Wortschatz und Grammatik"
► „Machtinstrument".

Mehrere Facetten von Sprache sind hier schon thematisiert. All diese Aspekte sind auch in der Linguistik im Rahmen von Sprachtheorien aus vielen Jahrhunderten untersucht worden. Auf einige der prominentesten Positionen wollen wir im Folgenden kurz eingehen.

Dionysios Thrax
(2. Jh. v. Chr.)

So hat bereits der Grammatiker Dionysios Thrax („der Thraker") aus Alexandria im 2. Jahrhundert v. Chr. GRAMMATIK dargestellt als „die auf Erfahrung beruhende Kenntnis dessen, was meistens von den Dichtern und Prosaschriftstellern gesagt wird" (Cherubim 1976: 123). Thrax verfasste die erste griechische Grammatik, in der er Erkenntnisse zusammenfasste, die in den Jahrhunderten zuvor zu Sprache und Grammatik erzielt worden waren. Seine „Technē Grammatikē" (Die Kunst der Grammatik) war auch für das Latein und die frühen europäischen Nationalsprachen wegweisend. Cherubims (1976: 123–126) Hinweise zu den Wortklassen beim Thraker zeigen, wie weitgehend seine Erkenntnisse auch heute noch verwendbar sind.

Als Wortarten unterscheidet er:

1. Das **Nomen** ist ein Redeteil mit Kasusflexion, das einen körperlichen Gegenstand oder eine (unkörperliche) Sache bezeichnet, einen Gegenstand wie z. B. *Stein*, eine Sache wie z. B. *Erziehung*.
2. Das **Verb** ist ein Wort ohne Kasusflexion, das Temporal-, Person- und Numerusbildung zulässt (und) eine Tätigkeit oder ein Widerfahrnis anzeigt.
3. **Partizip**
4. **Artikel** (einschließlich Relativpronomen)
5. Das **Pronomen** ist ein Wort, das anstelle eines Nomens gebraucht wird (und) das bestimmte Personen anzeigt.
6. Die **Präposition** ist ein Wort, das vor alle Redeteile gesetzt wird (und zwar) in Komposition und Kombination.
7. **Adverb**
8. **Konjunktion** (vgl. Cherubim 1976: 124f.)

Plato (ca. 427–347 v. Chr.) hat in seinem „Kratylos"-Dialog diskutiert, ob Sprache auf Übereinkunft beruht oder ob ein innerer Zusammenhang zwischen Wörtern und Dingen bestehe. Auch bei den Römern verfassten bereits gegen Ende des ersten vorchristlichen Jahrhunderts „mehrere Autoren bedeutende Werke auf den Gebieten Grammatik und Rhetorik [...] insbesondere Cicero (106–43 v. Chr.) über Stil und Quintilian (im 1. Jh. n. Chr.) über Sprachgebrauch und Rhethorik". (Crystal 1998: 405) Sogar Julius Caesar fand, angeblich während er auf einem Feldzug die Alpen überquerte, Zeit über grammatische Regeln zu schreiben. Wie man sieht, zählte das Nachdenken über Sprache bereits in der Antike zu einer der vornehmsten Tätigkeiten der Gebildeten. Diese Tradition setzte sich im Mittelalter fort. In Bezug auf das Deutsche befassten sich die Gelehrten jener Tage vor allem mit folgenden drei Themenkreisen:

Plato
(ca. 427–347 v. Chr.)

1. Das Deutsche in seinen grammatischen, lexikalischen und stilistischen Eigenschaften, insbesondere im Gegensatz zum Lateinischen;
2. das Deutsche als Zielsprache von Übersetzungen, auch hier im Kontrast zum Lateinischen, das Ausgangssprache dieser Übersetzungen ist;
3. das Deutsche in seiner dialektgeografischen Binnengliederung. (vgl. Gardt 1999: 12f.)

Cicero (106–43 v. Chr.)

Aus der jüngeren Vergangenheit stammen einige besonders wichtige Theorien:

SPRACHE ALS ORGANISMUS: Für diese Vorstellung im Umfeld der Romantik steht Wilhelm von Humboldt (1767–1835) Pate. Seine Auffassung von Sprache als einer organisch gewachsenen Ganzheit kommt in seinen Schriften deutlich zum Ausdruck, wenn er betont, Sprache sei:

Sprache als Organismus

Wilhelm von Humboldt (1767–1835)

> unmittelbarer Aushauch eines organischen Wesens in dessen sinnlicher und geistiger Geltung, theilt sie darin die Natur alles Organischen, dass Jedes in ihr nur durch das Andre, und Alles nur durch die eine, das Ganze durchdringende Kraft besteht. (Humboldt 1820a: 3)

Sprache ist für Humboldt demnach etwas Dynamisches, das intern so verfasst ist, dass die Elemente systematisch wechselseitig voneinander abhängen. Diese Auffassung steht bei Humboldt vor dem Hintergrund von Sprache als Tätigkeit:

> Die Sprache, in ihrem wirklichen Wesen aufgefasst, ist etwas beständig und in jedem Augenblicke Vorübergehendes. Selbst ihre Erhaltung durch die Schrift ist immer nur eine unvollständige, mumienartige Aufbewahrung, die es doch erst wieder bedarf, dass man dabei den lebendigen Vortrag zu versinnlichen sucht. Sie selbst ist kein Werk (Ergon), sondern eine Thätigkeit (Energeia). Ihre wahre Definition kann daher nur eine genetische seyn. Sie ist nemlich die sich ewig wiederholende Arbeit des Geistes, den articulirten Laut zum Ausdruck des Gedanken fähig zu machen. (Humboldt 1820b: 45f.)

Dieser Gedanke vom sich entwickelnden Organismus Sprache findet auch weiterhin Anklang; so veröffentlichte 1841 Karl Ferdinand Becker (1775–1849) eine viel beachtete Grammatik unter dem Titel „Organism [sic!] der Sprache", und 1863 verbindet August Schleicher (1821–1868) die Metapher vom Sprachorganismus mit der Evolutionstheorie Darwins:

> Die Sprachen sind Naturorganismen, die, ohne vom Willen des Menschen bestimmbar zu sein, entstanden, nach bestimmten Gesetzen wuchsen und sich entwickelten und wiederum altern und absterben; auch ihnen ist jene Reihe von Erscheinungen eigen, die man unter dem Namen ‚Leben' zu verstehen pflegt. Die Glottik, die Wissenschaft der Sprache, ist demnach eine Naturwissenschaft; ihre Methode ist im ganzen und allgemeinen dieselbe wie die der übrigen Naturwissenschaften. (Schleicher 1863: 6)

Stammbaumtheorie

Sprache wird auch hier aufgefasst als ein organisches Wesen mit eigener Entwicklung und mit Aufwuchs-, Blüte- und Vergehensphasen. Davon ausgehend entwickelt Schleicher in seiner STAMMBAUMTHEORIE die Vorstellung von der Entstehung der indoeuropäischen Einzelsprachen aus einer hypothetischen indogermanischen Ursprache. Aus deren Wurzelwerk und Stamm, so die Vorstellung, haben sich die verschiedenen europäischen Sprachen entwickelt (s. Abb. 2.4).

Junggrammatiker
Sprache als psychophysische Tätigkeit

Für die sogenannten JUNGGRAMMATIKER war Sprache kein Organismus, sondern, wie es Bartschat (1996) zusammenfasst, eine PSYCHOPHYSISCHE TÄTIGKEIT. Sie lehnen die Vorstellung von der Ursprache als Fiktion ab, und auch Schleichers Einschätzung, die älteren Sprachzustände stellten Blütephasen der

Sprachentwicklung dar und bei den neueren Phasen der Sprachentwicklung handele es sich um Verfallsprodukte, teilen sie nicht. Im programmatischen Vorwort von Herrmann Osthoffs und Karl Brugmanns „Morphologische[n] Untersuchungen auf dem Gebiete der indogermanischen Sprachen" stellen sie ihr Konzept dar:

> Man erforschte zwar eifrigst *die sprachen*, aber viel zu wenig den *sprechenden menschen*. […] Der menschliche sprechmechanismus hat eine doppelte Seite, eine psychische und eine leibliche. Ueber die art seiner thätigkeit ins klare zu kommen muss ein hauptziel des vergleichenden sprachforschers sein. Denn nur auf grund einer genaueren kenntnis der einrichtung und der wirkungsweise dieses seelisch-leiblichen mechanismus kann er sich eine vorstellung davon machen, was sprachlich überhaupt möglich ist […]. (Osthoff/Brugmann 1878: III)

Zwei Jahre später verfasste Hermann Paul (1846–1921) mit seinen „Prinzipien der Sprachgeschichte" die „Bibel der Junggrammatiker" (Bartschat 1996: 22), in der er die Positionen dieser Leipziger Schule zusammenfasste und der Richtung eine prominente Stellung im System der Wissenschaften einräumte. Für Hermann Paul, dessen „Deutsches Wörterbuch" von 1897 bis heute weitergeführt wird, war, wie er betont, die Sprachwissenschaft eine KULTURWISSENSCHAFT. Und Grundlage einer Kulturwissenschaft, so Paul, sei der Einbezug der Psychologie in die Forschung:

Hermann Paul
(1846–1921)

> Das psychische Element ist der wesentlichste Faktor in aller Kulturbewegung, um den sich alles dreht, und die Psychologie ist daher die vornehmste Basis aller in einem höheren Sinne gefassten Kulturwissenschaft. Das Psychische ist darum aber nicht der einzige Faktor; es gibt keine Kultur auf rein psychischer Unterlage. (Paul: 1880)

Die Junggrammatiker konzentrierten ihre Erforschung der Sprache auf die beobachtbare, psychophysische Sprechtätigkeit des Individuums, nämlich den LAUTWANDEL, und betonten, bei den formulierten LAUTGESETZEN handele es sich um ausnahmslose Gesetze:

Lautgesetze

> Aller lautwandel […] vollzieht sich nach ausnahmslosen gesetzen, d. h. die richtung der lautbewegung ist bei allen angehörigen einer sprachgenossenschaft […] stets dieselbe und alle wörter werden ohne ausnahme von der änderung ergriffen. […] (Osthoff/Brugmann 1878: XIII)

SPRACHE ALS ZEICHENSYSTEM: Ein weiterer Meilenstein ist die Konzeption von Sprache als einem Zeichensystem, die der Begründer des europäischen Strukturalismus, Ferdinand de Saussure (1857–1913), entwickelt hat. Er geht davon aus, dass Sprache ein geschlossenes Zeichensystem ist und dass es Aufgabe der Linguistik sei, dieses System zu erfassen. Dazu stellte er eine Reihe von Ordnungsprinzipien auf, die in der folgenden Einheit Semiotik näher

Sprache als Zeichensystem

behandelt werden. Sein Hauptwerk, der „Cours de linguistique générale" (dt. Ausgabe: „Grundfragen der allgemeinen Sprachwissenschaft"), der nicht von ihm selbst geschrieben, sondern im Jahr 1916, drei Jahre nach seinem Tod, von seinen Schülern Charles Bally und Albert Sechehaye herausgegeben wurde, ist eines der einflussreichsten Bücher der europäischen Sprachwissenschaft.

Sprache als Struktur

Franz Boas
(1858–1942)

SPRACHE ALS STRUKTUR: Der amerikanische Strukturalismus entwickelte sich weitgehend eigenständig und ohne expliziten Bezug zur europäischen Sprachbetrachtung und zu de Saussure. Ein wichtiger Gegenstand des US-amerikanischen Strukturalismus waren die Indianersprachen Nordamerikas. Franz Boas (1858–1942) geht in seinem Handbuch der amerikanischen Indianersprachen von zwei Grundgedanken aus: „de[m] Hinweis, dass die traditionellen in Europa für die indoeuropäischen Sprachen entwickelten Methoden nicht auf Indianersprachen übertragen werden dürfen, und [der] humanistische[n] These, dass es keine rückständigen Sprachen gibt". (Bartschat 1996: 129) Er kommt zu drei allgemeingültigen Schlussfolgerungen:

1. In jeder Sprache gibt es eine begrenzte Anzahl von Einheiten, aus denen sich die Sprache aufbaut.
2. In jeder Sprache gibt es eine begrenzte Anzahl von grammatischen Kategorien. Diese Auswahl aus einem Kategorieninventar braucht in verschiedenen Sprachen nicht übereinzustimmen. Der Komplex von Kategorien einer Sprache bildet ihre Grammatik.
3. Die Ähnlichkeit zwischen Sprachen kann auch anders als durch Verwandtschaft begründet sein, insbesondere kann sie durch lange währende territoriale Nachbarschaft erworben werden. (Bartschat 1996: 130)

In Boas Nachfolge erarbeiteten vor allem Edward Sapir (1884–1939) und Leonard Bloomfield (1887–1949) die Grundlagen einer empirischen Linguistik (griech.: émpeiros = erfahren, also: aus der Erfahrung abgeleitet), die ein Set von Beschreibungsmaximen beinhaltet, die bis heute Verwendung finden, so etwa:

▶ die sogenannte „IC-Analyse", die Ihnen in Einheit 5 Morphologische Analyse begegnen wird;
▶ die Überprüfung der „Distribution" von Elementen in bestimmten Kontexten, die Sie in der Einheit 3 Phonetik und Phonologie wiederfinden werden;
▶ die Annahme von Varianten eines Phänomens, die mit der Vorsilbe „Allo" markiert werden, was Sie durch einige Einheiten dieser Einführung begleiten wird, z. B. in „Allophon" (Lautvariante), „Allograph" (Schreibvariante), „Allomorph" (Formvariante).

Sprache als Organon

SPRACHE ALS ORGANON: Der Sprachpsychologe Karl Bühler (1879–1963) unterstreicht in seinem Grundlagenwerk „Sprachtheorie. Die Darstellungsfunktion der Sprache" (1934), dass Sprache in erster Linie ein Werkzeug sei, ein Organon zur Verwirklichung sprachlicher Aufgaben. Er fasst Sprache als umfassendes Kulturorganon auf, das zentrale Aufgaben in der Kommunikation übernimmt. Sein Organon-Modell (siehe Abb. 2.7) wird in der Einheit 2 Semiotik näher erläutert. Bühler macht besonders deutlich, dass Sprache eine Form des Handelns ist, und demgemäß ist es für ihn die zentrale Aufgabe der Sprachwissenschaft, zu erklären, wie die Systematik des Zeichensystems aus dieser Handlungsorientierung heraus erwächst.

Wie Bühler, so stellen auch die Sprachphilosophen John Langshaw Austin (1911–1960) und John Rogers Searle (*1932) den Handlungscharakter von Sprache in den Vordergrund ihres Ansatzes. In einer Vorlesungsreihe mit dem programmatischen Titel „How to do things with words" konturierte Austin 1955 die Grundlinien dieser Theorie, die sein Schüler John Searle weiterentwickelte. Im Kern fassen die beiden Linguisten SPRACHE ALS SPRECHAKTENSEMBLE auf; im Zentrum ihrer Untersuchungen steht beispielsweise also nicht die formale Beschaffenheit von Wörtern oder die Struktur von Sätzen, sondern der Handlungscharakter von Sprache. Die Sprechakttheorie ist eine der wichtigsten Grundlagen der linguistischen Pragmatik, weswegen wir sie in Einheit 13 ausführlicher behandeln.

Sprache als Sprechaktensemble

*John Searle (*1932)*

Eine besonders einflussreiche Schule befasst sich mit SPRACHE ALS KOGNITION (lat.: cognoscere = erkennen). Es geht hier also um die Frage: Wie kommt Sprache in unsere Köpfe? Wie kommt es, dass wir alle in kurzer Zeit in der Phase des natürlichen Spracherwerbs unsere jeweilige Muttersprache lernen, egal wie komplex sie ist? Als Erwachsene tun wir uns im Zweit- oder Drittspracherwerb deutlich schwerer. Auf derartige Fragen gibt der meistzitierte Geisteswissenschaftler unserer Zeit, Noam Chomsky (*1928), Antwort. Nach seiner Theorie folgen alle natürlichen Sprachen gemeinsamen grammatischen Prinzipien, die den Menschen in Form einer Universalgrammatik angeboren sind. Die Unterschiede in den Nationalsprachen lassen sich als unterschiedliche Besetzung der angeborenen Parameter auffassen. Hierfür ein einfaches Beispiel: Ein allgemein gültiges Prinzip lautet, dass Aussagesätze ein Subjekt haben. Im Deutschen ist dieses Subjekt in der Regel im Satz obligatorisch ausgedrückt, in anderen Sprachen – wie etwa dem Italienischen – jedoch nicht; vgl. *sie spricht Englisch* vs. *parla inglese*. Das Italienische gilt in dieser Theorie als Null-Subjekt- (bzw. Pro-drop-)Sprache, das Deutsche nicht. Der betreffende Parameter oder „Schalter", der im Gehirn in Richtung Null-Subjekt oder in Richtung Subjekt umgelegt wird, wird als Null-Subjekt-Parameter bezeichnet. Die sprachlichen Ausdrücke lassen sich nach einem von Chomsky entwickelten System mit Hilfe einer Metasprache auf der Grundlage von rekursiven (lat.: recurrere = wiederkehren) Regeln definieren, d. h. auf der Basis von Regeln, die mehr als einmal bei der Bildung eines Satzes anwendbar sind. So lässt sich mit Hilfe eines begrenzten Inventars sprachlicher Regeln eine nahezu unendliche Menge von Sätzen generieren (= hervorbringen).

Sprache als Kognition

*Noam Chomsky (*1928)*

Wichtige Ansätze Chomskys, die bis heute für die Linguistik überaus fruchtbar geworden sind, sind die Generative Transformationsgrammatik, die Government and Binding-Theorie, die Minimalgrammatik und weitere Fortentwicklungen seiner Theorien.

1.3 | Wie gehen Linguisten bei der Untersuchung von Sprache vor?

Wenn ihr Gegenstand so facettenreich ist, wie kann dann die Linguistik zu klaren Aussagen und Erklärungen kommen? Der Weg führt über Hypothesenbildung und klare Vorgehensweisen, d. h. REFLEKTIERTE METHODEN. Nötig sind also bestimmte Techniken, um Sprache zu erklären und zu beschreiben. Das findet auf verschiedenen sprachlichen Ebenen statt.

Reflektierte Methoden

Dazu ein Beispiel: Nehmen wir an, wir wollen den folgenden Text aus dem Bereich Deutsch als Fremdsprache analysieren. Es ist ein Ausschnitt aus einer denkwürdigen Pressekonferenz:

> Ein Trainer ist nicht eine Idiot. Ein Trainer sei – seh, was passieren in Platz. Diese Spieler, die zwei und drei, diese Spieler waren schwach wie eine Flasche leer! [...]
>
> Wissen Sie, warum die Italien-Mannschaft kaufen nicht diese Spieler? Weil wir haben gesehen viel Male dumme Spiel.
>
> Haben gesagt, sind nicht Spieler für die italienisch, eh, Meisters.
>
> Struunz! Struunz is zwei Jahr hier, hat gespielt zehne Spiel. Is immer verletzt. Was erlaube Struunz?
>
> Letzte Jahr Meister geworden mit Hamann, eh, Nerlinger [...]
>
> Einer is Mario, einer is, eh, andere Mehmet! Strunz ich spreche nicht, hat gespielt nur 25 Prozent der Spiel! Ich habe fertig.

Welche Aufschlüsse können wir durch die Beschäftigung mit diesem Text gewinnen?

Er kann Aufschlüsse geben über:

► systematische Regelverstöße von Deutschlernern;
► die zugrunde liegenden Regeln;
► die unterschiedlichen grammatischen Strukturen zwischen verschiedenen natürlichen Sprachen.

Wie kann man einen solchen Text nun analysieren? Dazu müssen wir ihn zunächst einmal auf Papier bringen. Wir benötigen eine sogenannte TRANSKRIPTION – aus der im Zweifelsfall all das hervorgeht, was wir auch hören: Pausen – Verschleifungen usw. Dann können wir den Text untersuchen – und zwar zumindest auf den Ebenen:

> der Laute (phonetisch-phonologisch), dazu gehört auch die Betonung (Prosodie);
> der Wörter und Wortgruppen (wie kommt es etwa zu einem Plural wie „die italienisch… Meisters" oder der ungewöhnlichen Formulierung „was passieren in Platz"?);
> der Sätze (für das Deutsche ungewöhnliche Satzstellungsmuster und andere Abhängigkeiten im Satz);
> schließlich auf der Ebene des Textes (z. B. das Schlusssignal: „Ich habe fertig.").

Für jede dieser Untersuchungsebenen gibt es eigene Untersuchungsmethoden, Sie werden sie im Verlauf dieser Einführung kennenlernen. Diese Methoden richten sich auch nach der spezifischen Fragestellung. Das bedeutet: Die *eine* Methode für alles gibt es nicht. Es gibt aber typische Vorgehensweisen innerhalb bestimmter Theorien und Fragerichtungen. Dazu ein kurzer Überblick entlang der leicht ironischen Gruppenbezeichnungen von Manfred Geier (1998: 116–120):

Datensammlung und Analyse: Der linguistische „Jäger und Sammler" hat eine bestimmte Fragestellung und versucht dazu repräsentatives Material zusammenzustellen und zu untersuchen. Will er z. B. wissen, wie die gesellschaftliche Diskussion über den Einfluss des Englischen auf die deutsche Sprache verläuft, sammelt er Material im Internet und in Zeitungen und stellt es zu einem Sprachdatenkorpus (kurz: Korpus) zusammen und wertet dieses aus.

Analyse und Synthese der Sprachstruktur: Hier sind die „Bastler" zuhause. Sie fragen sich z. B.: Wie ist das System der Laute, Wörter und Sätze aufgebaut? Um diese Frage zu beantworten werden Laute, Wörter und Sätze in ihre Grundelemente zerteilt (Segmentieren) und auf Unterschiede und Gemeinsamkeiten hin untersucht (Klassifizieren).

Deduktive Modellbildung: Die deduktive Modellbildung ist die Sache der „Sprachingenieure" Sie entwerfen zunächst ein theoretisches Modell, dessen Aussagekraft an konkreten Beispielen überprüft und belegt wird. Beispiel ist etwa die Valenz-Grammatik, die u. a. davon ausgeht, dass das Verb eine dominante Position im Satz einnimmt und eine bestimmte Anzahl von Ergänzungen fordert, z. B. *helfen* (= 2-wertig): *Ich **helfe** dir*.

Analyse und Synthese der Sprachstruktur mit Hilfe von Computern: Hierzu werden von den „Sprachtechnikern" reale Maschinen eingesetzt. Bei dieser Richtung geht es darum, Strukturen von Sprache so zu beschreiben, dass ein Computer die Beschreibung verarbeiten kann. Flaggschiff dieser Richtung ist die maschinelle Übersetzung, denn um einen Satz aus Sprache A in die Sprache B zu übersetzen, muss der Rechner in der Lage sein, den Satz zuerst, etwa im Deutschen, zu zerlegen und dann nach den Regeln der Zielsprache eine äquivalente Übersetzung zusammenzubauen.

SPRACHE UND LINGUISTIK

Analyse der biologischen, sozialen u. a. Hintergründe der Sprachverwendung: Dies ist die Domäne der „Diagnostiker". Sie fassen sprachliche Phänomene als Symptome für etwas anderes auf. So erfahren Psycholinguisten etwas über die mentalen Voraussetzungen von Sprache, indem sie Sprachstörungen untersuchen; Politolinguisten nehmen die Sprache der Politik in den Blick. Andere untersuchen die Sprache in den Medien oder vor Gericht, um Aufschluss über den Zusammenhang von Gesellschaft, Machtverteilung und Kommunikation zu erhalten. Deutlich wird insgesamt, dass Sprachwissenschaft ein sehr weites Feld darstellt, weil man sich mit Sprache aus sehr unterschiedlichen Blickwinkeln befassen kann.

All diese verschiedenen Perspektiven richten den Blick auf unseren zentralen Gegenstand: die deutsche Sprache in all ihren Facetten. Das Werkzeug für die Untersuchung dieses hochkomplexen und hochspannenden Analyseobjekts erhalten Sie Schritt für Schritt im Verlauf dieser Einführung. Und nun ist es Zeit, den Werkzeugkasten zu füllen. Wir schauen zunächst auf eine der wichtigsten Eigenschaften von Sprache: ihren Zeichencharakter.

1.4 | Übungen

1 Unterscheiden Sie am Beispiel des „Sprachpanscher-Textes" zwischen Sprachwissenschaft und Sprachkritik.

2 Welcher Sprachbegriff wird im „Sprachpanscher-Text" zugrunde gelegt?

Sprachpanscher 2005

Bauchlandung beim Goethe-Jump: Museumsdirektor wird Sprachpanscher des Jahres

Mit großem Vorsprung haben die 25.000 Mitglieder des Vereins Deutsche Sprache e. V. den Direktor des Frankfurter Städel-Museums und Erfinder des „Goethe-Jumps", Prof. Dr. Herbert Beck, zum Sprachpanscher des Jahres 2005 gewählt. Der so Ausgezeichnete lädt ein zu „Unfinished Print" und „Art after Work" mit anschließendem „Get-together", inklusive „Member's Night" in der „Holbein's Lounge". Und am „Family Day" gibt es einen „Art Talk for Families".

„Ich habe nichts dagegen, daß der Kollege Beck mit seinen ausländischen Besuchern Englisch spricht", kommentierte der VDS-Vorsitzende Prof. Walter Krämer diese Wahl. „Aber warum redet er denn nicht mit seinen deutschen Kunden Deutsch?"

Beck folgt dem ZDF-Intendanten Markus Schächter nach, der wegen der vielen englisch betitelten ZDF-Programme der Sprachpanscher des Jahres 2004 geworden ist. Weitere Sprachpanscher des Jahres sind der DFB-Präsident Mayer-

---

14

Vorfelder, die Modeschöpferin Jil Sander, Ex-Telekom Chef Ron Sommer, Ex-Bahnchef Johannes Ludewig oder der Vorsitzende des Bundesverbandes Deutscher Bestatter e. V., der diese zweifelhafte Anerkennung für die Einführung des „funeral masters" erhalten hatte.

Mit dem „Sprachpanscher des Jahres" zeichnen die Mitglieder des Vereins Deutsche Sprache jährlich Personen, Firmen oder sonstige Einrichtungen aus, die im abgelaufenen Jahr auf besonders augenfällige Weise die deutsche Sprache und Kultur mit überflüssigen Imponier-Anglizismen oder anderen Angriffen mißhandelt haben. (http://www.vds-ev.de/presse/pressemitteilungen/archiv/2005_08_31.php)

3 Unterscheiden Sie mit Humboldt ERGON und ENERGEIA. Lässt sich diese Unterscheidung auf den „Sprachpanscher-Text" sinnvoll anwenden?

4 Welche Sprachtheorie gehört zu den folgenden Etikettierungen:

Sprache ist Kognition.	
Sprache ist ein Organismus.	
Sprache vollzieht sich nach ausnahmslosen Lautgesetzen.	
Sprache ist ein Zeichensystem.	
Sprache ist ein Organon.	

Verwendete und weiterführende Literatur |1.5

Bartschat, Brigitte (1996): Methoden der Sprachwissenschaft. Von Hermann Paul bis Noam Chomsky. Berlin: Erich Schmidt.

Cherubim, Dieter (1976): Grammatische Kategorien: Das Verhältnis von „traditioneller" und „moderner" Sprachwissenschaft. Tübingen: Niemeyer. (= Reihe Germanistische Linguistik 1).

Crystal, David (1998): Die Cambridge Enzyklopädie der Sprache. Sonderausgabe. Köln: Parkland.

Duden (2000) – Das große Wörterbuch der deutschen Sprache. Hrsg. vom Wissenschaftlichen Rat der Dudenredaktion. CD-ROM-Ausgabe auf Basis der 3., völlig neu bearb. u. erw. Aufl. der Buchausgabe in 10 Bänden von 1999. Mannheim: Bibliographisches Institut.

Gardt, Andreas (1999): Geschichte der Sprachwissenschaft in Deutschland. Vom Mittelalter bis ins 20. Jahrhundert. Berlin, New York: de Gruyter.

Geier, Manfred (1998): Orientierung Linguistik. Was sie kann, was sie will. Reinbek bei Hamburg: Rowohlt.

Humboldt, Wilhelm von (1820a): Über das vergleichende Sprachstudium in Beziehung auf die verschiedenen Epochen der Sprachentwicklung. In: Wilhelm von Humboldts Werke. Band 4. Hrsg. v. Albert Leitzmann. Berlin: B. Behr, 1–34.

Humboldt, Wilhelm von (1820b): Einleitung zum Kawi-Werk. In: Wilhelm von Humboldts Werke. Band 7. Hrsg. v. Albert Leitzmann. Berlin: B. Behr.

Metzler-Lexikon Sprache (2004): Hrsg. v. Helmut Glück. CD-ROM-Ausgabe. Berlin: Directmedia Publishing (= Digitale Bibliothek 34).

Osthoff, Herrmann/Brugmann, Karl (1878): Morphologische Untersuchungen auf dem Gebiete der indogermanischen Sprachen. Leipzig [Nachdruck als Documenta Semiotika (1974), Serie I Linguistik. Hildesheim, New York: Olms].

Paul, Hermann (1880): Prinzipien der Sprachgeschichte. Online unter: http://gutenberg.spiegel.de/paulh/prinzip/paulinha.htm.

Schleicher, August (1863): Die Darwinsche Theorie und die Sprachwissenschaft. Weimar: Böhlau.

Einheit 2

Semiotik

	Inhalt	
2.1	Semiotik – Was macht das Zeichen zum Zeichen?	18
2.2	Zeichentypen	19
2.3	Sprachliche Zeichen	21
2.4	Zeichen und Zeichenbenutzer	28
2.5	Semiotik als Wissenschaft	33
2.6	Übungen	34
2.7	Verwendete und weiterführende Literatur	34

2.1 | Semiotik – Was macht das Zeichen zum Zeichen?

Zeichen

Wenn Sie dieses Buch in Händen halten, ist das ein Zeichen. Es zeigt zunächst einmal, dass Sie sich (hoffentlich) für Linguistik interessieren. Darüber hinaus enthält dieses Buch eine ganze Menge Zeichen – in erster Linie Buchstaben, aber auch Bilder, Zeichnungen, Zahlen usw. Die Fragen, die sich nun stellen, sind: Was macht das Zeichen zum Zeichen? Was macht aus einem Buch ein Zeichen für das Interesse an einem bestimmten Gegenstand? Was macht aus einem kleinen, manchmal ovalen Kreis einen Buchstaben, den wir O nennen?

Abb. 2.1 |
„Verbot der Einfahrt"

Stellvertreter-Funktion

Die Antwort lautet: Das, was das Zeichen zum Zeichen macht, ist seine sogenannte STELLVERTRE-TER-FUNKTION. Das Zeichen steht also für etwas anderes, wie es in der Scholastik in einer auf Aristoteles zurückgehenden Definition ausgedrückt wird: aliquid stat pro aliquo. Wenn wir in einem Auto sitzen und vor uns das Schild in Abb. 2.1 auftaucht, dann freuen wir uns nicht über das schöne rote Schild, sondern registrieren seine Bedeutung und fahren besser nicht falsch herum in die Einbahnstraße.

Wenn man die Definition des Zeichens so weit fasst, wie hier geschehen, ergibt sich die Frage, ob es irgendetwas gibt, was man nicht als Zeichen interpretieren kann. Versuchen Sie es selbst, indem Sie sich dort umschauen, wo Sie sich gerade befinden. Sie können z. B. den Stuhl, auf dem Sie möglicherweise gerade sitzen, isoliert als ein Zeichen Ihres momentanen Aufenthaltsortes betrachten. Ist es ein Küchenstuhl, sitzen Sie vermutlich in der Küche; ist es ein Schreibtischstuhl, dann befinden Sie sich wohl im Arbeitszimmer. Sie haben kein Arbeitszimmer? Das können Sie als Zeichen dafür werten, dass Sie noch studieren und sich daher noch keines leisten können.

Definition

> **Zeichen:** Die wesentliche Eigenschaft des Zeichens ist seine Stellvertreter-Funktion. Ein Zeichen wird dadurch zum Zeichen, dass es für etwas anderes steht.

Die Disziplin, die sich mit den Zeichen im Allgemeinen beschäftigt, ist die Semiotik. Bei einer so weiten Zeichendefinition, wie sie hier vorgestellt wurde, ist das erste Problem, das sich stellt, das ihrer Grenzen, wie Umberto Eco 1972 in seiner „Einführung in die Semiotik" feststellt. Er bezieht sich dabei auf zwei prominente Autoren, deren Definitionen und Konzepte die Semiotik bis heute prägen: Ferdinand de Saussure (1857–1913) und Charles Sanders Peirce (1839–1914). Deren Ansätze sollen im Folgenden erläutert werden, um somit das Feld der Semiotik abzustecken.

Zeichentypen

| 2.2

Es ist offensichtlich, dass es sich bei einem Verkehrsschild, einem Buchstaben und einem Schreibtischstuhl auch aus semiotischer Sicht um sehr unterschiedliche Zeichentypen handelt. Mit diesem Phänomen hat sich Peirce beschäftigt, der die Zeichen in drei verschiedene Kategorien einteilt, je nachdem, welche Beziehung zwischen dem Zeichen und dem Bezeichneten besteht: INDEX, IKON und SYMBOL.

Charles Sanders Peirce (1839–1914)

Von einem Index (lat.: Anzeiger, Zeigefinger) oder SYMPTOM (griech.: sýmptōma = Krankheitserscheinung) spricht Peirce, wenn das Zeichen eine Folge eines Geschehens darstellt. Wenn beispielsweise jemand, den Sie gestern noch gesehen haben, heute plötzlich eine ganz andere Frisur hat, ist diese neue Frisur ein Zeichen dafür, dass er beim Friseur war. Ist die Frisur völlig misslungen, könnte das ein indexikalisches Zeichen seines schlechten Geschmacks oder Friseurs sein – oder dass er Opfer eines Selbstversuchs geworden ist. Die Beziehung zwischen dem Zeichen und dem, wofür es steht, lässt sich also als Folge-Verhältnis oder Wenn-Dann-Relation beschreiben. Dabei ist es wichtig zu beachten, dass das Zeichen die Folge darstellt: Erst geht man zum Friseur, dann sieht man das Zeichen der veränderten Frisur. Indexikalische Zeichen kann man daher auch Anzeichen nennen.

Index/Symptom

Bei Ikonen (oder engl. icons; griech.: eikṓn = (Ab-)Bild) herrscht zwischen dem Zeichen und dem Bezeichneten ein Ähnlichkeitsverhältnis. Wenn Sie sich z. B. das Verkehrsschild in Abb. 2.2 anschauen, können Sie in dem Piktogramm ein Fahrzeug erkennen, das leicht schräg steht. Steht ein solches Schild am Straßenrand, so können Sie sich mit Hilfe Ihres Weltwissens denken, dass Sie an der entsprechenden Stelle mit zwei Rädern auf dem Gehweg parken sollen.

Ikon

|Abb. 2.2
„Parken auf Gehwegen"

Die Klasse der symbolischen Zeichen (griech.: sýmbolon = Zeichen, Kennzeichen; von symbállō = zusammentreffen, zusammenstellen; deuten) zeichnet sich weder durch ein Ähnlichkeits- noch durch ein Folgeverhältnis aus. Dass z. B. ausgerechnet die Taube ein Symbol des Friedens ist, nehmen die meisten Zeitgenossen einfach als gegeben hin. Und warum der Buchstabe *A* so aussieht, wie er aussieht, ist zumindest für den Laien auch vollkommen unerklärlich. Diese willkürliche Beziehung zum Bezeichneten gilt für die meisten sprachlichen Zeichen.

Symbol

Wenn man die verschiedenen Zeichentypen miteinander vergleicht, lassen sich einige wesentliche Gemeinsamkeiten festhalten. Zunächst einmal wird deutlich, dass alle Zeichentypen ein bestimmtes Welt- oder Vorwissen voraussetzen, damit sie richtig interpretiert werden können. Wer noch nie von

Zeichentyp

Windpocken gehört hat, wird die roten, mit der Zeit juckenden Pusteln am ganzen Körper vielleicht eher für ein indexikalisches Zeichen oder Symptom einer Allergie halten. Ohne eine gewisse Erfahrung im Straßenverkehr ist man nicht in der Lage, runde weiße Schilder mit einem roten Rand und einer schwarzen Zahl als Geschwindigkeitsbegrenzungen aufzufassen. Tarzan war bekanntlich zunächst auch nicht in der Lage, menschliche Sprachlaute korrekt zu dekodieren. Eng mit dem notwendigen Vorwissen hängt die Tatsache zusammen, dass der Kontext die Interpretation eines Zeichens beeinflusst. Das gilt besonders für indexikalische Zeichen. So kann eine zerrissene Jeans als Zeichen von Armut oder Ungepflegtheit interpretiert werden, aber auch als besonders chic gelten.

Zeichenbenutzer | Eine wesentliche Gemeinsamkeit zwischen den ikonischen und symbolischen Zeichen besteht darin, dass sie immer von einem ZEICHENBENUTZER verwendet werden. Man findet keine Verkehrsschilder und keine Texte, die nicht vorher jemand mit einer bestimmten Intention aufgestellt oder aufgeschrieben hat. Ein indexikalisches Zeichen wie z. B. eine nasse Straße erhält seinen Zeichencharakter hingegen erst durch seine Interpretation als Zeichen (in diesem Falle dafür, dass es geregnet hat). Infolgedessen werden Indices oft nicht als Zeichen im eigentlichen Sinne gesehen.

Definition | **Zeichentyp:** Peirce nennt drei Zeichentypen: Indexikalische bzw. symptomatische Zeichen stehen zum Bezeichneten in einem Folge-Verhältnis und sind daher Anzeichen. Ikonische Zeichen weisen ein Ähnlichkeitsverhältnis zum Bezeichneten auf. Der Bezug zwischen einem symbolischen Zeichen und dem Bezeichneten ist hingegen willkürlich.

Grundsätzlich gilt – wie bei allen Kategorisierungen – auch für die verschiedenen Zeichentypen, dass die Abgrenzung nicht immer ganz eindeutig ist. Wenn das Siegel eines Briefes aufgebrochen wurde, ist sich der Verursacher in der Regel sehr wohl der Wirkung dieses Anzeichens bewusst, so dass man in gewisser Weise von einem Zeichenbenutzer sprechen kann, obwohl es sich um einen Index handelt. Der deutsche Verkehrsschilderwald enthält eine Reihe von Beispielen, bei denen die Einordnung „ikonisch" oder „symbolisch" nicht immer eindeutig zu treffen ist (vgl. Aufgabe 2). Auch anhand der Entwicklung der Schrift lassen sich, z. B. bei den Hieroglyphen, fließende Übergänge vom Ikonischen zum Symbolischen nachzeichnen.

Virtualität und Aktualität | Schließlich ist für alle Zeichen die Unterscheidung zwischen VIRTUALITÄT und AKTUALITÄT zu beachten. Wenn in den bisherigen Ausführungen von nassen Straßen oder Tauben die Rede war, dann nur in einem *virtuellen* Sinne: Sie haben sich beim Lesen eine nasse Straße vorgestellt, diese aber nicht *aktuell* vor Augen gehabt. Etwas anders verhält es sich mit den beiden oben abgebildeten Verkehrsschildern. Diese (bzw. ihre Abbildungen) hatten Sie zwar aktuell konkret vor Augen, allerdings losgelöst von irgendeiner Situation bzw. dem Kontext, in dem sie normalerweise vorzufinden sind. Wirklich aktuell sind diese Zeichen nur im Straßenverkehr. Im Gegensatz dazu liegen die einzelnen Buchstaben bzw. Wörter, die Sie gerade lesen, aktuell vor Ihnen, d.h. im konkreten Gebrauch.

> **Virtualität und Aktualität:** Unterscheidung zwischen einem Zeichen im System und einem Zeichen im konkreten Gebrauch.

Definition

Mit anderen Worten: Das im virtuellen System der deutschen Sprache existierende Wort *Unterscheidung* finden Sie im vorigen Absatz einmal in aktuellem Gebrauch vor. Wenn Sie mehr über das virtuelle Zeichen *Unterscheidung* wissen wollen, schauen Sie dort nach, wo die lexikalischen Elemente des Systems der deutschen Sprache alphabetisch aufgelistet und erläutert werden: in einem Lexikon oder Wörterbuch.

Sprachliche Zeichen | 2.3

Ferdinand de Saussure hat sich, anders als Peirce, in seinem „Cours de linguistique générale" ausschließlich mit der Struktur SPRACHLICHER ZEICHEN beschäftigt. Mit diesem Ansatz hat er eine linguistische Richtung begründet, die später als STRUKTURALISMUS bezeichnet wurde. Seine Grundannahme besagt zunächst, dass alle Menschen die Fähigkeit der sprachlichen Verständigung gemein haben, die er als FACULTÉ DE LANGAGE bezeichnet. Unter dem Oberbegriff der LANGAGE unterscheidet er dichotomisch (d.h. mit einem zweigliedrigen, gegensätzlichen Begriffspaar; griech.: dichotoméō = in zwei Teile spalten) zwischen LANGUE und PAROLE. Bei der Langue handelt es sich um das System einer Einzelsprache, wie es in den Köpfen der Sprecherinnen und Sprecher vorkommt. Da dieses virtuelle System für die Linguistik nicht direkt beobachtbar ist, muss sie auf konkrete, aktuelle sprachliche Äußerungen zurückgreifen, die zur Parole gehören.

Ferdinand de Saussure (1857–1913)

Langage

Langue und Parole

Eine Grundeigenschaft sprachlicher Zeichen ist ihre Bedeutung. Das Wort *schmöll* (vgl. Kapitel 12.2.2) beispielsweise würde man nicht als Element der deutschen Sprache und damit nicht als sprachliches Zeichen auffassen, weil es unmöglich ist, ihm eine Bedeutung zuzuweisen. In einem sprachlichen Zeichen vereinigen sich somit immer zwei Aspekte: der sogenannte ZeichenAUSDRUCK und der ZeichenINHALT. De Saussure, der seine Überlegungen vor dem Hintergrund mündlicher Äußerungen angestellt hat, spricht auch von IMAGE ACOUSTIQUE (Lautbild) und CONCEPT (Vorstellung oder Bedeutung). Ersteres ist materiell und damit messbar, Letzteres lässt sich nur aus dem Sprachgebrauch ableiten. Alternativ verwendet de Saussure auch die Begriffsdichotomie SIGNIFIANT und SIGNIFIÉ: Mit dem Signifiant wird auf

Sprachzeichen

Ausdrucks- und Inhaltsseite des Sprachzeichens

Signifiant und Signifié

SEMIOTIK

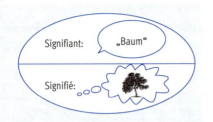

Abb. 2.3 | Das bilaterale Zeichen nach de Saussure

das Bezeichnende verwiesen, also das Lautbild eines Wortes, während mit dem Signifié das Bezeichnete, also die zu einem Zeichen gehörende Vorstellung bzw. Bedeutung gemeint ist. Wie bei der Vorder- und Rückseite eines Blattes Papier sind beide untrennbar miteinander verknüpft, weswegen auch vom BILATERALEN (lat.: zweiseitigen) Zeichenbegriff gesprochen wird. Zwischen diesen beiden Seiten, der Ausdrucks- (= Signifiant) und Inhaltsseite (= Signifié), existiert also ein enges Verhältnis, das de Saussure mit drei Begriffen beschreibt: ARBITRARITÄT, KONVENTIONALITÄT und ASSOZIATIVITÄT.

Arbitrarität

Wie schon gesagt, erscheint – zumindest dem normalen zeitgenössischen Sprachverwender – die Wahl eines bestimmten symbolischen Zeichens wie der Taube für ein Konzept wie Frieden vollkommen willkürlich. Die entsprechenden, von de Saussure geprägten Fachtermini lauten ARBITRÄR (frz.: arbitraire) oder UNMOTIVIERT (frz.: immotivé). Das bedeutet, dass das Konzept, welches durch ein Zeichen vermittelt wird, die Form des Zeichens in keiner Weise beeinflusst. Deutlich wird das u. a. auch daran, dass in verschiedenen Sprachen ganz unterschiedliche Wörter für dasselbe Konzept vorkommen, ohne dass man beispielsweise sagen könnte, die Bezeichnung *bicycle* passe besser oder schlechter zu der Vorstellung eines zweirädrigen Gefährts als das Wort *Fahrrad*.

Definition

> **Sprachliches Zeichen:** nach de Saussure ein bilaterales Zeichen, das aus einer Ausdrucksseite (= Signifiant) und einer Inhaltsseite (= Signifié) besteht.

Konventionalität

Damit die Menschen miteinander sprachlich kommunizieren können, müssen sie sich trotz der willkürlichen Beziehung zwischen Zeichen und Bezeichnetem an die Übereinkunft halten, immer dasselbe Wort für dasselbe Konzept zu verwenden. Diese Übereinkunft oder KONVENTION (frz.: convention) muss im Wesentlichen stabil bleiben. Wenn, wie in der berühmten Geschichte „Ein Tisch ist ein Tisch" von Peter Bichsel (vgl. Einheit 11), ein Mann plötzlich beschließt, zum *Tisch* immer *Teppich* zu sagen und an Stelle von *stehen* immer *frieren*, führt das letztlich dazu, dass die Leute ihn nicht mehr verstehen und er vereinsamt. Ähnlich wie sonstige sprachliche Normen, z. B. grammatische Regeln, dienen also diese konventionellen Beziehungen zwischen Zeichen und Bezeichnetem der Kommunikationsfähigkeit einer Gesellschaft.

Assoziativität

Mit dem Begriff ASSOZIATIV schließlich beschreibt de Saussure das psychologische Phänomen, dass der Zeichenausdruck und der Zeicheninhalt im Gedächtnis miteinander verknüpft sind. Daran wird die mentale Beziehung zwischen Zeichen und Bezeichnetem deutlich. Zum einen haben Sie vermut-

SPRACHLICHE ZEICHEN   **Einheit 2**

lich, wenn Sie an die nasse Straße von weiter oben denken, eine bestimmte
Straße vor Augen. Mit anderen Worten: Sie können kaum das Wort *Straße*
hören, ohne automatisch die Vorstellung einer Straße mental aufzurufen.
Andererseits kennen Sie sicher das Phänomen, dass Ihnen etwas auf der Zunge
liegt, aber das Wort dazu Ihnen nicht einfallen will. Dieses sogenannte TIP-OF-   Tip-of-the-tongue-
THE-TONGUE-PHÄNOMEN ist ein Beleg dafür, dass Ausdrucks- und Inhaltsseite   Phänomen
eines sprachlichen Zeichens zwar miteinander assoziiert, aber doch getrennt
im Gedächtnis gespeichert werden und dass es bei Störungen dieser Assozi-
ation passieren kann, dass man auf eines der beiden nicht kommt. Dies lässt
sich u. a. bei Aphasikern beobachten, also Menschen mit einer Sprachstörung,
die z. B. durch eine Verletzung des Gehirns infolge eines Unfalls hervorgerufen
werden kann. Dabei kann es – vereinfacht formuliert – passieren, dass der Teil
des Gehirns, in dem die Konzepte gespeichert sind, unverletzt bleibt, während
der Teil, in dem die zugehörigen sprachlichen Einheiten aufbewahrt werden,
nicht mehr „funktioniert", so dass Menschen mit einer solchen Störung zwar
einen Gegenstand erkennen, aber nicht benennen können.

Da sprachliche Zeichen in der Regel Symbole darstellen, weisen auch
sie meistens das Merkmal auf, dass die Beziehung zwischen dem Zeichen
und dem Bezeichneten zwar konventionell, aber vollkommen willkürlich
gewählt ist. Am Beispiel der meisten sprachlichen Zeichen wie etwa dem
oben erwähnten *Baum* bzw. *tree* lässt sich das gut zeigen. Anders verhält es
sich bei lautmalerischen Ausdrücken, den sogenannten ONOMATOPOETIKA   Onomatopoetika
(griech.: ónoma = der Name, poiētikós = bildend, schaffend). Die kindersprachlichen Bezeichnungen für Hund im Deutschen (*Wauwau*), Französischen (*tou-tou*) und Englischen (*bow-wow*) ähneln sich, da sie allesamt
MOTIVIERT, d. h. dem Geräusch nachempfunden sind, das ein Hund von sich
gibt, wenn er bellt. Auch die Lautungen der Verben *klatschen* und *to clap*
gleichen dem Geräusch der Handlung, die sie beschreiben. Sie sind also nicht
willkürlich, sondern durch ihre Ähnlichkeit mit den Geräuschen, für die sie
stehen, motiviert. Dementsprechend gehören auch diese sprachlichen Zeichen
zu der Klasse der Ikone.

Onomatopoetikon: sprachliches Zeichen, bei dem in irgendeiner Form eine lautliche   Definition
Ähnlichkeit zwischen seiner Ausdrucksseite und dem, was es bezeichnet, besteht.

Die Grundannahme des Strukturalismus ist nach de Saussure, dass man Spra-   Strukturalismus
che nicht einfach als eine Ansammlung von sprachlichen Einheiten aufzufassen
hat, sondern als ein System. Innerhalb dieses Systems stehen die einzelnen Elemente zueinander in speziellen Beziehungen und bilden somit eine Ordnung,
mit anderen Worten: eine STRUKTUR. Jedes Element des Systems existiert in
dieser Struktur nicht isoliert, sondern in einer bestimmten Relation zu anderen Elementen. Aufeinander bezogen lassen sich für verschiedene Elemente

23

SEMIOTIK

des Systems sowohl (partielle) Gemeinsamkeiten wie auch Unterschiede feststellen. Beispielsweise verhalten sich die beiden sprachlichen Elemente *tief* und *schief* – in Hinsicht auf ihre Flexionseigenschaften – insofern gleich, als sie beide steigerbar (*tiefer, schiefer*) sind, weswegen sie in der Regel derselben Wortklasse, nämlich den Adjektiven, zugerechnet werden. Hinsichtlich ihrer Aussprache hingegen ist ganz offenkundig, dass sie mit verschiedenen Anlauten beginnen; sonst könnten Sie sie ja auch nicht unterscheiden. De Saussure spricht in diesem Zusammenhang vom WERT (VALEUR) eines sprachlichen Elements. Die Wörter *tief* und *schief* haben in punkto Wortart denselben Wert; bezogen auf ihr Lautinventar sind sie hingegen aus Elementen zusammengesetzt, deren Werte sich teilweise unterscheiden.

Wert (Valeur) eines Sprachelements

An diesem Beispiel wird auch ein wesentliches Prinzip des Strukturalismus deutlich: Um die Beziehungen verschiedener sprachlicher Elemente im System zueinander zu beleuchten, ist es notwendig, sich jeweils auf einen Aspekt zu konzentrieren. Darüber hinaus dient es der Übersichtlichkeit, Elemente eines Systems miteinander zu vergleichen, die – bezogen auf einen bestimmten Aspekt wie hier die Lautung – einander möglichst ähnlich sind. Auf diese Weise lässt sich z. B., wie in der Einheit 3 Phonetik und Phonologie noch genauer ausgeführt werden wird, für die mit den Buchstaben *t* und *sch* bezeichneten Laute festhalten: Sie weisen offenbar eine bedeutungsunterscheidende Funktion auf, sie bilden eine Opposition. Mit anderen Worten: Das strukturalistische Vorgehen sieht so aus, dass man aus einem KORPUS, also einer Sammlung von mündlichen und/oder schriftlichen Äußerungen (lat.: corpus = Sammlung, eigtl.: Körper), heraus zunächst sprachliche Einheiten SEGMENTIERT (in diesem Fall Laute) und diese Segmente dann KLASSIFIZIERT.

Segmentieren und Klassifizieren

Korpus

Definition

Der Strukturalismus

„Strukturalismus" ist eine von Roman Jakobson (1896–1982) geprägte Sammelbezeichnung für verschiedene linguistische Aktivitäten seit dem Ende der 1920er Jahre. Der Strukturalismus wurde als neue wissenschaftliche Betrachtungsweise angesehen, derzufolge man sich die Gesamtheit der Phänomene einer bestimmten Disziplin als Struktur vorstellt, also als ein Ensemble von Phänomenen, die zueinander in Beziehung stehen. Der europäische Strukturalismus beruft sich auf den Genfer Sprachwissenschaftler Ferdinand de Saussure (1857–1913). Kern der Lehre de Saussures ist das Ziel, Sprache als Form, nicht als Substanz zu beschreiben. Der amerikanische Strukturalismus steht – im Unterschied zum europäischen – vornehmlich in der Tradition von Leonard Bloomfield (1887–1949). Im amerikanischen Strukturalismus standen methodologische Fragen im Vordergrund. Wichtigstes Verfahren des Strukturalismus ist die Analyse der Distribution sprachlicher Einheiten, also deren Verteilung. Beispielsweise sind die Phone [ç] und [x] im Deutschen komplementär

SPRACHLICHE ZEICHEN **Einheit 2**

verteilt (vgl. Kapitel 3.3.1). Gemeinsam ist dem amerikanischen und dem europäischen Strukturalismus u. a. die Etablierung elementarer Beschreibungseinheiten wie des Phonembegriffs in der Phonologie oder des Morphembegriffs in der Morphologie sowie die Entwicklung von Segmentierungs- und Klassifizierungsverfahren.

De Saussures „Cours de linguistique générale" ist eines der einflussreichsten Bücher der Sprachwissenschaft des 20 Jh., dessen Rezeption allerdings durch verfälschende Eingriffe der Herausgeber beeinflusst wurde.

(Vgl. Metzler-Lexikon Sprache 2004, „Strukturalismus" und „Distribution")

Die beiden genannten sprachlichen Elemente *t* und *sch* kommen natürlich im alltäglichen Sprachgebrauch normalerweise nicht isoliert, sondern in Form einer linearen Verkettung vor. Diese Linearität ist nach de Saussure eine weitere Grundeigenschaft der natürlichen Sprache. Eine solche Verkettung nennt er SYNTAGMA. So kennen Sie vermutlich das Sprichwort *Stille Wasser sind tief.* Aus grammatischer Sicht könnte man stattdessen genauso gut behaupten: *Stille Wasser sind flach* oder *schmutzig* oder *kalt.* Oder auch: *Stille Wasser sind keine Fließgewässer.* Sie können aber nicht einfach irgendetwas nebeneinander stellen; der Satz *Stille Wasser sind deswegen* ist nicht möglich. Zwischen den einzelnen Elementen dieser Syntagmen bestehen nämlich sogenannte SYNTAGMATISCHE BEZIEHUNGEN. Als grammatische Begründung könnte man etwa sagen, dass das Verb *sein*, so wie es hier verwendet wird, ein Subjekt und ein Prädikativum erfordert und *deswegen* diese Funktion eben nicht erfüllen kann. Auch die Sätze *Stille Wasser sind wild* oder *Stille Wasser sind Straßenbahnen* klingen wenig plausibel, weil hier die syntagmatische Beziehung auf semantischer Ebene entweder einen Widerspruch ergibt oder eine völlige Zusammenhanglosigkeit darstellt. Den Satz *Stille Wasser hampelt tief* lassen die syntagmatischen Beziehungen der einzelnen Elemente zueinander sowohl in grammatischer als auch in semantischer Hinsicht als falsch bzw. sinnlos erscheinen.

Einen Widerspruch erkennen Sie auch, wenn Sie die beiden Sätze *Stille Wasser sind tief* und *Stille Wasser sind flach* nebeneinander stellen. Allerdings bewegt sich dieser Vergleich nicht mehr auf der syntagmatischen Ebene, sondern es wird hier an einer bestimmten Stelle ein Element ausgetauscht. Zwischen diesen austauschbaren Elementen bestehen PARADIGMATISCHE BEZIEHUNGEN, im Falle von *tief* und *flach* offenkundig auf der semantischen, also der Bedeutungs-Ebene. Sie können das Sprichwort aber auch in den Konjunktiv setzen und sagen, *Stille Wasser seien tief* oder *wären tief.* In diesem Fall haben Sie aus dem grammatischen PARADIGMA (genauer gesagt dem verbalen Flexionsparadigma) des Verbs *sein* verschiedene Modus-Kategorien ausgewählt.

Syntagmatische Beziehungen

Syntagma

Paradigmatische Beziehungen

Paradigma

Tab. 2.1 | Syntagmatische und paradigmatische Beziehungen

Diachrone Sprachbetrachtung

Würde man Sie bitten, den Konjunktiv II von *wachsen* in der 3. Person Plural zu bilden, kann es evtl. sein, dass Sie nicht gleich darauf kommen oder sagen: *würden wachsen*. Der Konjunktiv wird im heutigen Deutsch von vielen Sprecherinnen und Sprechern entweder gar nicht mehr verwendet oder mit *würde* umschrieben. Ersteres ist für viele Sprachkritiker ein Beleg für Sprachverfall, Letzteres (außer für einige Kulturpessimisten) eher für Sprachwandel. Beides lässt sich allerdings in jedem Falle nur genauer untersuchen, wenn man (gesprochene und geschriebene) Texte aus verschiedenen Zeitstufen miteinander vergleicht. De Saussure spricht in diesem Zusammenhang von DIACHRONER (griech.: diá = durch, chrónos = die Zeit) Sprachbetrachtung. Bis zum Aufkommen des Strukturalismus war die Sprachwissenschaft vor allem historisch orientiert. So sah z. B. die romantische Sprachauffassung (Jacob Grimm, Wilhelm von Humboldt, August Schleicher) Sprache als einen Organismus mit Blütephasen und stellte historisch-vergleichende Studien in den Mittelpunkt ihrer Bemühungen. Nach Schleichers Stammbaumtheorie (vgl. Abb. 2.4) wird die indogermanische bzw. indoeuropäische Sprachenverwandtschaft als ein Baum mit Wurzeln, Stamm und Verzweigungen dargestellt. Ursprung der Sprachen ist demnach eine rekonstruierte indoeuropäische Ursprache, deren lautliches Erscheinungsbild sich bis in die siebziger Jahre des 19. Jahrhunderts eng am Phonembestand des Sanskrit orientierte. Von dieser Vorstellung setzten sich die sogenannten Junggrammatiker (Karl Brugmann, Herrmann Osthoff, Hermann Paul) zwar ab; dennoch standen auch für sie historische Phänomene, insbesondere solche des Lautwandels, im Mittelpunkt.

Synchrone Sprachbetrachtung

Erst mit de Saussure etablierte sich in der modernen Sprachwissenschaft die SYNCHRONE Betrachtungsweise. Dieser Paradigmenwechsel, also der Wechsel zu ganz neuen Fragestellungen und Herangehensweisen, insbesondere zu einer stärkeren Beachtung der Gegenwartssprache, ist eine wichtige Leistung des Strukturalismus.

SPRACHLICHE ZEICHEN **Einheit 2**

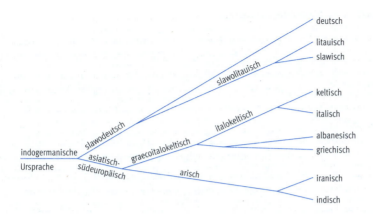

Abb. 2.4
Schematische Darstellung von Schleichers Stammbaumtheorie

Saussuresche Begriffe und Dichotomien	
Faculté de langage: menschliche Fähigkeit zur sprachlichen Verständigung	
Langue: virtuelles System einer Einzelsprache	*Parole:* aktuelle sprachliche Äußerungen, Sprachgebrauch
Signifiant: Zeichenausdruck, Bezeichnendes	*Signifié:* Zeicheninhalt, Bezeichnetes
Image acoustique: Lautbild	*Concept:* Vorstellung oder Bedeutung
arbiträr/Arbitrarität: willkürliche Beziehung zwischen Zeichen und Bezeichnetem	*motiviert/Motiviertheit:* (i. d. R. durch irgendeine Ähnlichkeit) begründete Beziehung zwischen Zeichen und Bezeichnetem
Konventionalität/Konvention: Übereinkunft zwischen Sprechern über die stabile Beziehung zwischen Zeichenausdruck und Zeicheninhalt	
assoziativ/Assoziativität: psychologisches Phänomen der Verknüpfung von Zeichenausdruck und Zeicheninhalt im Gedächtnis	
Struktur: aus den speziellen Beziehungen einzelner Elemente im System zueinander abzuleitende Ordnung	
Valeur: Wert eines sprachlichen Zeichens im System	
Korpusbildung, Segmentierung, Klassifizierung: die drei Schritte des strukturalistischen Analyseverfahrens	
Linearität: Grundeigenschaft der natürlichen Sprache, die einzelnen Elemente zu verketten	
Syntagma: lineare Verkettung	*Paradigma:* Klasse von austauschbaren Elementen
synchron: Betrachtung einer Sprache zu einem bestimmten Zeitpunkt	*diachron:* historische Betrachtung einer Sprache, Erfassung von Sprachwandel

Definition

2.4 | Zeichen und Zeichenbenutzer

In Abschnitt 2.2 war bereits einmal von einer semiotischen Kategorie die Rede, die bei de Saussure noch weitgehend ausgeblendet war: dem Zeichenbenutzer. Symbolische und ikonische Zeichen existieren erst dadurch, dass sie von jemandem verwendet werden, und auch ein Blitz wird erst dann zum indexikalischen Zeichen für ein Gewitter, wenn jemand da ist, der ihn als solches interpretiert.

Semiotisches Dreieck

Der Bezug von etwas Bezeichnendem auf etwas Bezeichnetes wurde schon in der Antike bei Platon und Aristoteles mit einer Dreiecksrelation beschrieben, bei der die Gedankenebene als Vermittlerin zwischen dem bezeichnenden Sprachzeichen und dem bezeichneten Gegenstand fungiert. Im Mittelalter formulierte dann die Scholastik prägnant: „Die Laute bezeichnen die Sachen durch Vermittlung der Gedanken." Diese triadische (griech.: treis, tría = drei) Struktur haben Ogden/Richards 1923 in Abgrenzung zum bisher beschriebenen dyadischen (griech.: dýo = zwei) Modell in einem Dreiecksmodell veranschaulicht. Im viel zitierten SEMIOTISCHEN DREIECK sind jedoch die Begriffe REFERENZ und REFERENT terminologisch unklar voneinander abgegrenzt, sodass sie in Abb. 2.5 durch die Begriffe GEDANKE bzw. BEDEUTUNG und REFERENZOBJEKT ergänzt werden. Dem Begriff SYMBOL, der in diesem Kapitel bereits eine spezielle Definition im Rahmen der Peirceschen Zeichentypen erhalten hat, wird der allgemeinere Terminus ZEICHENTRÄGER zur Seite gestellt.

Semiose

In dieser Darstellung ist die Linie zwischen dem Zeichenträger und dem Referenzobjekt gestrichelt gezeichnet. Das verweist auf die Tatsache, dass beispielsweise zwischen dem Wort *Auto* und dem Vehikel, mit dem Bertha Benz 1888 von Mannheim nach Pforzheim fuhr, keine direkte Beziehung besteht. Der Zeichenträger *Auto* und das entsprechende Referenzobjekt sind lediglich in unseren Gedanken miteinander assoziiert, mit anderen Worten: Wir kennen die Bedeutung von *Auto* bzw. wir wissen, wie das entsprechende Referenzobjekt heißt, wenn wir es auf der Straße sehen. Diese Zuordnung von bestimmten Zeichenträgern zu bestimmten Referenzobjekten, die sich als ein psychologischer Prozess beschreiben lässt, bezeichnet man seit Peirce als SEMIOSE.

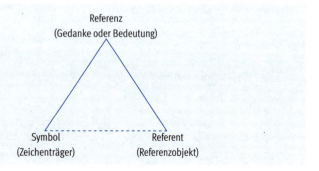

Abb. 2.5 | Das semiotische Dreieck in Anlehnung an Ogden & Richards

ZEICHEN UND ZEICHENBENUTZER **Einheit 2**

Semiose: Prozess der Zuordnung von bestimmten Zeichenträgern zu bestimmten Referenzobjekten vermittels psychologischer Prozesse.

Definition

Wichtig zu wissen ist, dass es nicht nur einen, sondern mehrere Entwürfe von semiotischen Dreiecken gibt, woraus immer ein gewisses Maß an Verwirrung entsteht. Ein wichtiges Modell (1939) ist das von Charles W. Morris, der das Zeichen im Prozess der Semiose mit den drei Dimensionen Syntaktik, Semantik und Pragmatik in Beziehung setzt (vgl. Abb. 2.6). Im Zentrum dieses Modells befindet sich wiederum ein Zeichenträger. Dieser steht – in syntaktischer Dimension – in einer Beziehung zu anderen Zeichenträgern. Die semantische Dimension beschreibt die Korrelation zwischen dem Zeichenträger und dem DESIGNAT; das ist eine Gegenstandsart oder Gegenstandsklasse mit bestimmten Eigenschaften, die durch die Gegenwart des Zeichenträgers von den Interpreten assoziiert werden. Die einzelnen Elemente dieses Designats heißen DENOTAT. Der INTERPRET selbst wiederum ist in pragmatischer (sprechhandlerischer) Dimension mit dem Zeichenträger verknüpft. Die Disposition eines Interpreten, aufgrund eines Zeichens in einer bestimmten Weise zu reagieren, nennt Morris INTERPRETANT.

Charles W. Morris (1901–1979)

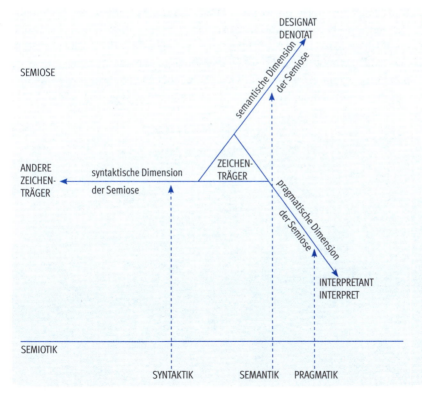

Abb. 2.6

Semiotisches Dreieck nach Charles W. Morris. (Aus: Metzler-Lexikon Sprache 2004)

Wenn Sie jetzt terminologisch etwas verwirrt sind, liegt das nicht an Ihnen. Beispielsweise verwendet Morris den Begriff „syntaktisch" sehr viel allgemeiner, als er gewöhnlich in der Linguistik und auch in diesem Buch verwendet wird, nämlich im Sinne einer allgemeinen Relation der Zeichen zueinander, also sowohl in syntagmatischer als auch in paradigmatischer Hinsicht. Auch der Unterschied von Designat und Denotat leuchtet vielleicht nicht auf den ersten Blick ein, wird aber klarer, wenn Sie sich den Yeti vorstellen. Dieser existiert nämlich nur als Designat, also, wie oben beschrieben, nur als Gegenstandsart oder Gegenstandsklasse mit bestimmten Eigenschaften in Ihrer Vorstellung, nicht aber als reales Element dieser Klasse im Sinne eines Denotats (die Ausnahme bildet in diesem Fall Reinhold Messner). Und um das Konzept des Interpretanten genau zu verstehen, müsste man sich in die Denkweise des Behaviorismus einarbeiten, wozu an dieser Stelle der Platz fehlt.

Definition

Semiotisches Dreieck: Sammelbezeichnung für eine Reihe von – teilweise erheblich voneinander abweichenden – Modellen, in deren Zentrum die Darstellung der Relation von Zeichen zu ihrer Bedeutung steht, z.T. unter Berücksichtigung ihrer Relation zu anderen Zeichen, zum Zeichenbenutzer oder zur Zeichenverwendung.

Organon-Modell von Karl Bühler (1879–1963)

Stattdessen soll noch ein weiteres Dreieck erwähnt werden, das Sie möglicherweise aus dem Schulunterricht kennen. Es handelt sich um das berühmte ORGANON-MODELL von Karl Bühler (1879–1963). Er bezieht sich auf Platon, der im „Kratylos" angibt, die Sprache sei ein organum (lat.: Werkzeug; griech.: órganon), womit einer dem anderen etwas über die Dinge mitteilen könne. Aus dieser Vorstellung leitet er sein Zeichenmodell ab (vgl. Abb. 2.7).

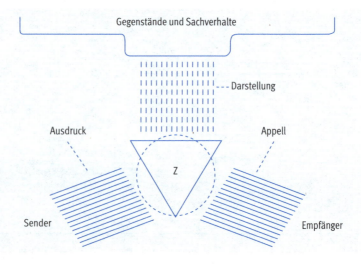

Abb. 2.7
Das Bühlersche Organon-Modell

In diesem Modell symbolisiert der Kreis in der Mitte das konkrete Schallphänomen. Dieses ist in dreierlei Hinsicht als Zeichen interpretierbar. Wie Bühler sagt, ist es Symbol kraft seiner Zuordnung zu Gegenständen und Sachverhalten, Symptom (Anzeichen, Indicium) kraft seiner Abhängigkeit vom Sender, dessen innere Befindlichkeit es ausdrückt, und Signal kraft seines Appells an den Hörer, dessen äußeres oder inneres Verhalten es steuert. In diesem Modell vereinen sich also verschiedene in den bisherigen Ausführungen beschriebene Kategorien, allerdings mit einer speziellen Akzentuierung. Beispielsweise wird beim Zeichenbenutzer zwischen Sender und Empfänger unterschieden. Die Peirceschen Kategorien „Symbol" und „Symptom" werden auf alle sprachlichen Zeichen gleichermaßen angewandt. Morris' pragmatische Dimension der Semiose ist in gewisser Weise in der Appellfunktion wiederzufinden. Die Darstellungsfunktion weist Parallelen zu Morris' semantischer Dimension bzw. allgemein zum Verhältnis von Zeichenausdruck und -inhalt bei de Saussure auf. Insgesamt besitzt dieses Modell schon einen über die Semiotik im engeren Sinne hinausgreifenden Charakter, weswegen es häufig nicht als Zeichen-, sondern als Kommunikationsmodell bezeichnet wird.

Schließlich sei noch auf eine andere wesentliche zeichentheoretische Grundunterscheidung hingewiesen. Wenn bisher von sprachlichen Zeichen die Rede war, waren damit in erster Linie VERBALE Zeichen gemeint, also Laute, Wörter, Sätze, Texte. Besonders in der mündlichen Kommunikation treten diese aber nie isoliert, sondern immer in Verbindung mit PARAVERBALEN (griech.: pará = bei) und NONVERBALEN ZEICHEN auf. Zu den paraverbalen Zeichen gehört beispielsweise die Intonation. Mit deren Hilfe können Sie u. a. ein und denselben Satz entweder als Aussage oder als Frage markieren. Sie können auch einem Teil Ihrer Aussage besonderes Gewicht verleihen, indem Sie einzelne Wörter durch Betonung hervorheben. In der schriftlichen Kommunikation findet man diese Form der paraverbalen Markierung auch immer häufiger. So wird ungläubiges Erstaunen in Chats häufig mit Großschreibung und Satzzeichenhäufung ausgedrückt: „WIRKLICH??????????"

Verbale Zeichen

Paraverbale und nonverbale Zeichen

Abb. 2.8
Verschiedene Emoticons

Nonverbale Kommunikation begleitet Sprache ebenfalls, kann aber auch ohne sie stattfinden. Die offensichtlichsten nonverbalen Dimensionen in der Alltagskommunikation sind Mimik und Gestik, aber auch Blickkontakt, Körperhaltung, Nähe/Distanz zum Gesprächspartner sowie im weiteren Sinne z. B. Kleidung oder Frisur gehören dazu. Auch bei den oben abgebildeten Verkehrsschildern handelt es sich um nonverbale Zeichen, wobei es auch verbale Schilder gibt, die häufig als Zusatzschilder dienen und z. B. bei Parkverbots-

Nonverbale Kommunikation

schildern den Zeitraum genauer beschreiben, in dem das Parken verboten ist. In dem Maße, in dem sich Alltagsgespräche in schriftbasierte elektronische Medien verlagern, findet man auch dort zunehmend nonverbale Elemente wie die bekannten Emoticons oder Smileys (vgl. Abb. 2.8). Mit diesen (teilweise animierten) stilisierten Mimikdarstellungen wird ähnlich wie in der mündlichen Kommunikation versucht, eigene Aussagen in einer bestimmten Weise zu relativieren.

Definition

> **Verbal, paraverbal, nonverbal:** Klassifikationskriterien zur Abgrenzung der sprachlichen Zeichen im engeren Sinne (verbal), also Wörtern, Sätzen bzw. Texten, von den sie begleitenden Zeichen, also z. B. Intonation, Lautstärke, Sprechtempo (paraverbal), Gestik, Mimik, Blickkontakt (nonverbal).

Type

Eingangs dieses Kapitels wurde gesagt, dass Zeichen erst dann zu Zeichen werden, wenn sie als solche verwendet bzw. interpretiert werden. Allerdings verfügen Sie über einen Vorrat an Zeichen, der in Ihrem mentalen Lexikon (vgl. Kapitel 5.1) verankert ist. Diese „Zeichen auf Vorrat" werden TYPES genannt. Ähnlich den Typen bei einer Schreibmaschine stehen sie jederzeit zur Verfügung. Um konkret verwendet werden zu können, müssen sie in irgendeiner Form materialisiert werden. Bei einer Schreibmaschine geschieht das, indem man den entsprechenden Buchstaben auf der Tastatur drückt, woraufhin die Type auf das eingespannte Blatt Papier schnellt und darauf mit Hilfe eines Farbbandes einen Buchstaben erzeugt. Dieses „Zeichen in Verwendung"

Token

heißt TOKEN. Mit einer Type können Sie zahllose Buchstaben erzeugen. Entsprechendes gilt für jedes Type im mentalen Lexikon, das Sie im Laufe Ihres Lebens so oft als Token verwenden können, wie Sie wollen. Die Relation zwischen Tokens und Types lässt sich demnach als das Verhältnis verwendeter Zeichen insgesamt zu der Anzahl verschiedener Zeichen beschreiben. Auf die Ebene der Buchstaben bezogen bedeutet das z.B., dass Sie im Rahmen einer 15-seitigen Hausarbeit mit rund 30.000 Tokens nicht mehr als 30 verschiedene (26 Buchstaben des Alphabets, drei Umlaute und das ß) Types verwenden.

Type-Token-Relation

Schon interessanter ist die TYPE-TOKEN-RELATION auf der Ebene der Wörter. Falls Sie die insgesamt rund 4.500 Wörter einer durchschnittlichen Hausarbeit mit einem Wortschatz von nur 500 verschiedenen Wörtern bestreiten, würde man Ihren Wortschatz als nicht sehr differenziert wahrnehmen.

Definition

> **Type-Token-Relation:** Verhältnis zwischen der Anzahl **verschiedener** Zeichen und der **Gesamtanzahl** von Zeichen in einem Text. Die Type-Token-Relation kann u. a. zur Feststellung dienen, wie differenziert der Wortschatz eines Textes ist.

Semiotik als Wissenschaft | 2.5

Die Semiotik ist, ebenso wie der Strukturalismus, natürlich nicht auf dem Stand von de Saussure, Peirce und Morris stehen geblieben, sondern hat sich weiterentwickelt. Anhand von zwei weiteren, allerdings etwas jüngeren Klassikern soll dies hier ansatzweise skizziert werden; mehr Informationen finden Sie in der Literatur, die am Ende dieser Einheit angegeben ist.

Semiotik

Möglicherweise ist Ihnen schon mal das Schlagwort des POSTSTRUKTURALISMUS begegnet. Wie alle Schlagwörter weist auch dieser Begriff eine schillernde Bedeutung auf, die sich eigentlich nicht in wenigen Sätzen beschreiben lässt. Von grundlegender Relevanz ist das Konzept der historischen Diskursanalyse von Michel Foucault (1926–1984). Dabei handelt es sich um ein Analyseverfahren, das zum Teil strukturalistisch, zum Teil aber auch mit den Prinzipien des Strukturalismus unvereinbar ist. Die Grundeinheit des Diskurses, bei dem es sich vereinfacht formuliert um ein Ensemble von Äußerungen zu einem bestimmten Thema handelt, ist nach Foucault die Aussage, deren Sinn sich aus der Opposition zu anderen Aussagen ergibt, seien sie nun wirklich oder möglich, gleichzeitig oder vergangen. Das erinnert stark an den Saussureschen Begriff des Wertes (Valeur) eines sprachlichen Zeichens, der sich ebenfalls mit Hilfe von Oppositionen herleiten lässt. Nicht mit den Prinzipien des Strukturalismus vereinbar ist hingegen das Prinzip der diskursiven Praxis, bei dem es sich nach Foucault um ein unbewusstes Ensemble von Regeln zur Erzeugung und Verbreitung von Aussagen handelt, wobei die Regeln auf der Ebene der Parole wirken. Man kann also sagen, im Poststrukturalismus wird das strukturalistische Denken nicht einfach abgelöst, sondern – mit einigen Korrekturen und Akzentverschiebungen – als Ausgangspunkt der theoretischen Weiterentwicklung genommen. Weitere wichtige Vertreter des Poststrukturalismus sind neben Foucault u. a. Jacques Lacan (1901–1981), Roland Barthes (1915–1980) und Jacques Derrida (1930–2004).

Poststrukturalismus

Der bekannteste Semiotiker ist wohl Umberto Eco (*1932). Der Titel seines 1968 entstandenen Buches „La struttura assente" (= die abwesende Struktur) lautet in der deutschen Übersetzung von 1972 „Einführung in die Semiotik", worin sich bereits die Entwicklung der neueren Semiotik aus dem Strukturalismus widerspiegelt. Eco versteht, vereinfacht formuliert, die Semiotik als KULTURSEMIOTIK, in der alle kulturellen Phänomene, also beispielsweise ein Auto oder auch die Architektur, als semiotische Einheiten untersucht werden. Auf dieser Grundlage bestimmt er die Grenzen zwischen allem Semiotischen – dem semiotischen Feld – und dem Nicht-Semiotischen. Das zentrale Konzept in seinem Forschungsprogramm ist der Code, den er zunächst als ein System von Regeln, die von einer Kultur gegeben sind, definiert. Darin eingeschlossen sind tierische Zeichensysteme, Geruchssignale, Kommunikation durch Berührung, Geschmackscodes, paralinguistische Elemente (z. B. mit dem

Kultursemiotik

Umberto Eco (*1932)

SEMIOTIK

Alter, Geschlecht etc. verbundene Stimmtypen; außerdem Stimmqualitäten und Stimmgebungen wie Lachen, Weinen, Flüstern usw.), die medizinische Semiotik (Verhältnis von Symptomen und Krankheiten), Kinesik und Proxemik (z. B. Gestik, Pantomime) und auch musikalische Codes. Der semiotische Code-Begriff wird damit bei Eco erheblich ausgeweitet; die Grenzen der Semiotik sind dementsprechend weit gesteckt.

Definition

> **Semiotik:** Disziplin, die sich mit den Zeichen im Allgemeinen beschäftigt. Ausgehend von de Saussure und Peirce haben sich innerhalb der Semiotik verschiedene Richtungen wie die Historische Diskursanalyse (Foucault) und die Kultursemiotik (Eco) entwickelt. Ihre sehr weit gefasste, grundlegende Gemeinsamkeit besteht darin, dass sie sich – auf unterschiedlichen Ebenen – mit Sprache bzw. allgemeiner mit kulturellen Prozessen unter dem Gesichtspunkt ihrer Zeichenhaftigkeit beschäftigen.

2.6 | Übungen

1 Indices heißen auch Symptome. Erläutern Sie den Zusammenhang, indem Sie auf die Wortgeschichte und die alltagssprachliche Verwendung beider Wörter eingehen.

2 Wenn Sie sich z. B. das Verkehrsschild in Abb. 2.1 anschauen, können Sie in dem weißen Balken eine Art Schranke erkennen. Erläutern Sie vor diesem Hintergrund die indexikalischen, ikonischen und symbolischen Anteile eines so komplexen Zeichens wie dieses Verkehrsschildes.

3 Ein Hufeisen wird in vielen Kulturen als Zeichen für Glück verstanden. Warum? Und was ist aus semiotischer Sicht dazu zu sagen, dass ein Hufeisen in Deutschland mit der Öffnung nach oben an die Wand gehängt wird („damit das Glück nicht rausfällt"), während es in Russland umgekehrt aufgehängt wird („damit", wie eine russische Kommilitonin einmal sagte, „das Glück nicht rausfliegt")?

4 Erläutern Sie anhand des Satzes *Die Kuh macht Muh* den Unterschied zwischen syntagmatischen und paradigmatischen Relationen.

5 In Abb. 2.8 sehen Sie mehrere sogenannte Emoticons. Erläutern Sie anhand dieser noch relativ jungen Zeichen die in dieser Einheit vorgestellten Begriffe und Dichotomien von de Saussure und Peirce bzw. versuchen Sie sie darauf zu übertragen.

2.7 | Verwendete und weiterführende Literatur

Bühler, Karl (1982): Sprachtheorie. Die Darstellungsfunktion der Sprache. Ungekürzter Neudr. d. Ausg. Jena: Fischer 1934. Stuttgart u. a.: Fischer.

Eco, Umberto (1972): Einführung in die Semiotik. Autorisierte dt. Ausg. v. Jürgen Trabant. München: Fink.

VERWENDETE UND WEITERFÜHRENDE LITERATUR

Einheit 2

Lexikon der Sprachwissenschaft (2002). Hrsg. v. Hadumod Bußmann. 3., aktual. und erw. Aufl. Stuttgart: Kröner.

Metzler-Lexikon Sprache (2004). Hrsg. v. Helmut Glück. CD-ROM-Ausgabe. Berlin: Directmedia Publishing (= Digitale Bibliothek 34).

Nöth, Winfried (2000): Handbuch der Semiotik. 2., vollst. neu bearb. und erw. Aufl. Stuttgart, Weimar: Metzler.

Saussure, Ferdinand de (2001): Grundfragen der allgemeinen Sprachwissenschaft. Hrsg. v. Charles Bally. Berlin, New York: de Gruyter.

Einheit 3

Phonetik und Phonologie

Inhalt

3.1	Phonetik und Phonologie – Wie sprechen wir?	38
3.2	Phonetik – Was tun wir, um zu sprechen?	38
3.2.1	Artikulation	40
3.2.2	Artikulation der Konsonanten	43
3.2.3	Artikulation der Vokale	47
3.3	Phonologie – Was tun wir, um Laute zu erkennen?	49
3.3.1	Das Phonemsystem	50
3.3.2	Die Silbe	54
3.4	Übungen	55
3.5	Verwendete und weiterführende Literatur	56

3.1 | Phonetik und Phonologie – Wie sprechen wir?

Primat der mündlichen Sprache

am ˈanfaŋ vaːɐ̯ das vɔrt[1] und dieses Wort war ein gesprochenes Wort, so wie wir alle zuerst zu sprechen lernen und danach zu schreiben. Sollte das bei Ihnen oder Ihren Kindern anders sein, informieren Sie die Presse. Die mündliche Sprache ist somit die primäre Form menschlicher Sprache, weswegen auch vom PRIMAT DES MÜNDLICHEN gesprochen wird.

Phonetik und Phonologie

Phonetik und Phonologie untersuchen diese mündliche Sprache aus jeweils unterschiedlicher Perspektive. Gemeinsam ist ihnen, dass sie nach den Merkmalen von Lauten und der Abgrenzung gegenüber anderen Lauten fragen. Die Unterschiede liegen im Detail des Untersuchungsinteresses: Die PHONETIK untersucht und beschreibt eher naturwissenschaftlich orientiert, wie Sprachlaute materiell gebildet und hörend wahrgenommen werden. Die PHONOLOGIE dagegen interessiert aus einem eher geisteswissenschaftlichen Blickwinkel in erster Linie die bedeutungsunterscheidende Funktion der Laute im Lautsystem einer Sprache.

Tab. 3.1 |
Phonetik und Phonologie

	Phonetik	Phonologie
Ziel	Die Phonetik untersucht und beschreibt die materielle Seite des Sprechens und Hörens.	Die Phonologie untersucht und beschreibt die Funktion und Position der Laute im Lautsystem als bedeutungsunterscheidende Einheiten.
Methode	Ihre Methoden sind eher naturwissenschaftlich orientiert und sie nutzt dazu Wissen und Methoden aus Anatomie, Physiologie, Physik und Mathematik.	Ihre Methoden sind eher geisteswissenschaftlich orientiert: Datensammlung (= Korpusbildung), Erkennung unterscheidender (distinktiver) Merkmale von Lauten, Klassifizierung zu Lautklassen (Phonemen).
Grundeinheit	Phon/Laut (z. B. [r], [ʀ]) als Phänomen des Sprachgebrauchs (Parole). Phone werden in eckigen Klammern transkribiert (schriftlich fixiert).	Phonem/Lautklasse (z. B. /ʀ/) als Phänomen des abstrakten Sprachsystems (Langue). Phoneme werden in Schrägstrichen transkribiert.

3.2 | Phonetik – Was tun wir, um zu sprechen?

Phonetik

Wie kommen Sprache und Sprachverstehen zustande? Wie lassen sich die Vorgänge beim Hören und Sprechen möglichst präzise beschreiben? Das sind die Fragen, auf die die Phonetik Antworten gibt.

---

1 ‹Am Anfang war das Wort›, die phonetischen Transkriptionen in diesem Kapitel richten sich nach der Notation des Duden-Aussprachewörterbuches (2005).

PHONETIK – WAS TUN WIR, UM ZU SPRECHEN? **Einheit 3**

Phonetik: Die Phonetik (griech.: phōnḗ = Laut, Ton, Stimme) wird auch als Lautlehre oder Sprechaktlautlehre bezeichnet. Sie ist die Wissenschaft von der Hervorbringung (artikulatorische Phonetik), der akustischen Struktur (akustische Phonetik) sowie der Wahrnehmung (auditive Phonetik) lautsprachlicher Äußerungen.

Definition

Sprachlaute (PHONE) entstehen aus dem Zusammenspiel von Atemluft, Kehlkopf, aktiven und passiven Artikulatoren, verschiedenen Resonanzräumen und dem Gehirn. Wenn die Phonetik diese Vorgänge genau untersuchen will, dann muss sie die Prozesse auf der Senderseite wie der Empfängerseite in den Blick nehmen. Während die ARTIKULATORISCHE PHONETIK die biomechanischen Vorgänge und Prozesse der Sprachlautproduktion untersucht, beschreibt die AKUSTISCHE PHONETIK die Eigenschaften und Übertragungscharakteristika des Sprachsignals; die AUDITIVE PHONETIK analysiert die Aufnahme des Sprachsignals durch den Hörer. Diese Abläufe ergeben, idealtypisch in ihrer zeitlichen Folge betrachtet, das sogenannte signalphonetische Band, mit dessen Hilfe sich die Teilvorgänge den Teilgebieten der Phonetik zuordnen lassen.

Phon

Artikulatorische Phonetik

Akustische Phonetik
Auditive Phonetik

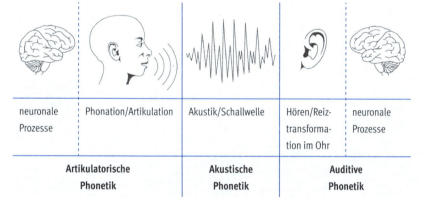

Abb. 3.1

Das signalphonetische Band und die drei Teilgebiete der Phonetik

Bei einer derart schematisierten Darstellung darf indes nicht aus dem Blick geraten, dass die wirklichen Vorgänge sehr viel komplexer sind und wechselseitig voneinander abhängen. So spielen beim Sprechen und Hören auch SELBSTREFLEXIVE KOMPONENTEN eine wichtige Rolle, wie Pompino-Marschall zusammenfasst: „[Der Sprecher] registriert die Lage und Bewegung seiner Artikulationsorgane, spürt taktil die Berührungen z. B. der Zunge mit dem Gaumen bzw. den Kontakt zwischen beiden Lippen und nicht zuletzt hört er auch seine Äußerung, wobei er all seine Sinne eben auch dazu einsetzt sich ggf. zu korrigieren." (Pompino-Marschall 2003: 15)

Selbstreflexive Komponenten

Bezieht man daneben auch die KOMMUNIKATIVEN ASPEKTE in den Prozess der Produktion und Rezeption von Sprachlauten ein, wird deutlich, dass die

Kommunikative Aspekte

Phonetik sich nicht statisch auf Teilvorgänge beziehen kann, sondern dass diese Ebenen nur zu Analysezwecken voneinander abgegrenzt werden. Im tatsächlichen Sprech- und Hörgeschehen sind die Prozesse meist eng aufeinander bezogen und darüber hinaus von Situation und Kontext abhängig: „Gegenstand der Phonetik [ist] das Schallereignis der sprachlichen Kommunikation in all seinen Aspekten, d.h. die Produktion, die Transmission und die Rezeption von Sprachschall einschließlich der psychologischen und soziologischen Voraussetzungen in der Kommunikationssituation zwischen Sprecher und Hörer, wobei sowohl symbol- als auch meßphonetische Betrachtungsweisen dieses Objekt prägen." (Kohler 1995: 22, Hervorh. A.B.) Vor diesem Hintergrund muss das signalphonetische Band zu einem signalphonetischen Kommunikationsmodell erweitert werden:

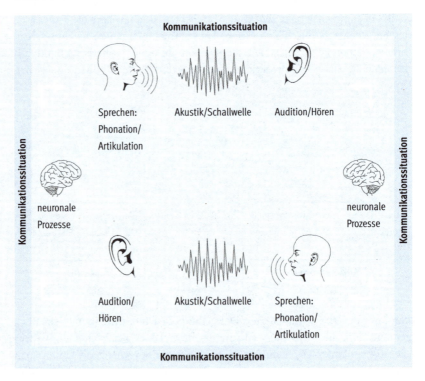

Abb. 3.2 | Das signalphonetische Kommunikationsmodell

3.2.1 | Artikulation

Was genau tun wir, wenn wir sprechen? Wir atmen aus und erzeugen damit erstens einen sogenannten pulmonalen (lat.: pulmo = Lunge) egressiven (lat.: egredi = herauskommen) Atemstrom, schlicht formuliert den AUSATEMSTROM. Dieser durchströmt den Kehlkopf und bringt zweitens die Stimmlippen zum Schwingen, wobei ein Grundton entsteht, der Rohschall, den wir drittens so

Ausatemstrom

PHONETIK – WAS TUN WIR, UM ZU SPRECHEN? **Einheit 3**

verändern, dass er als Sprachlaut akzeptiert wird. Diese drei Prozesse heißen INITIATION, PHONATION und ARTIKULATION.

> 1. **Initiation:** Ausatmung (Exspiration; lat.: exspirare = ausatmen): das Erzeugen eines Luftstroms, der zur Lautproduktion benötigt wird.
> 2. **Phonation:** Stimmbildung mithilfe des Kehlkopfes und der Stimmlippen.
> 3. **Artikulation:** Modifizierung des Schallsignals zu einem Sprachlaut.

Definition

Die Phase der phonetischen INITIATION (lat.: initium = Anfang) bildet die Grundlage aller Lautproduktion, denn Sprachlaute sind in physikalischer Hinsicht Schallphänomene, und dieser Schall muss durch den Luftstrom erst erzeugt werden. Dazu ist der menschliche Atemapparat notwendige Voraussetzung, denn der Luftstrom wird im Rahmen des Atmungsprozesses erzeugt.

Initiation

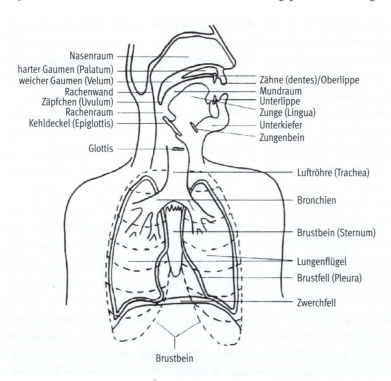

| Abb. 3.3
Atmungs- und Artikulationssystem (nach Kohler 1995: 44). Die Glottis (Stimmritze) befindet sich im Kehlkopf (Larynx).

Bei der Einatmung (Inspiration; lat.: inspirare = einatmen) sinkt das Zwerchfell, das den Lungenraum vom Bauchraum trennt, tiefer, Rippen und Brustbein werden erweitert und es strömt Luft in die Lungen. Bei der Ausatmung (Exspiration) senken sich Rippen und Brustbein wieder, die Lungenflügel ziehen sich durch ihre Eigenelastizität wieder zusammen: Die Luft strömt durch die Luftröhre (Trachea) und den Kehlkopf wieder aus. Dieses Atemgeschehen

41

Phonation

dient in erster Linie der Aufnahme von Sauerstoff und der Abgabe von Kohlenstoffdioxid. Dass der Ausatemstrom auch zur Lautbildung genutzt wird, ist ein sekundärer Effekt.

Im Prozess der PHONATION (Stimmbildung) entsteht die Stimme. Diese Stimmbildung oder Rohschallerzeugung ist die erste Veränderung des Ausatemstroms im Kehlkopf (Larynx). Dieser stellt ein komplexes Ventil dar, dessen primäre Aufgabe es ist, mithilfe des Kehldeckels (Epiglottis) die Luftröhre (Trachea) beim Schlucken abzuschließen, damit keine feste oder flüssige Nahrung eindringen kann. Er besteht aus fünf Knorpelstrukturen: dem Schildknorpel, der bei Männern meist als sogenannter Adamsapfel deutlich erkennbar ist, einem Ringknorpel, dessen Name auf seine Form verweist, zwei Stellknorpeln und dem Kehldeckel, der die Form eines Blattes hat, dessen Stiel nach unten gerichtet ist.

Im Kehlkopf entstehen die Laute. Die Stimmlippen schwingen im Ausatemstrom und verändern durch das Zusammenwirken von Muskeln, Knorpeln und Bändern ihre Position zueinander. So entsteht zwischen ihnen eine Öffnung, die Glottis oder Stimmritze genannt wird und durch die die Atemluft nach außen fließt. Dabei können „durch die Kehlkopfmuskulatur im Zusammenspiel mit dem Druck der ausgeatmeten Luft das Auftreten, die Geschwindigkeit, die Stärke und die Form dieser Schwingung und somit die Stimmhaftigkeit, die Stimmtonhöhe, die Lautstärke und die Stimmqualität kontrolliert werden." (Pompino-Marschall 2003: 31)

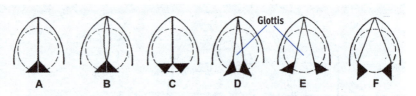

Abb. 3.4 | Der Pas de deux der Stimmlippen

Stellungen der Stellknorpel und Stimmlippen; A: Glottisverschluss, B: Phonationsstellung, C: Flüsterstellung, D: Hauchstellung, E: Atmungsstellung oder Ruhestellung, F: Tiefatmungsstellung

Artikulation

Die ARTIKULATION ist die Verwandlung des im Kehlkopf erzeugten Grundtons in Sprachlaute. Sie findet im sogenannten Ansatzrohr statt, dem supraglottalen (lat.: supra = darüber, d.h. dem sich oberhalb der Glottis befindenden) Artikulationsraum zwischen der obersten Grenze des Nasen-Rachen-Raumes und der Glottis. Ist das Ansatzrohr zentral offen, entstehen VOKALE, wird es schallmodifizierend verengt oder geschlossen und explosionsartig wieder geöffnet, entstehen KONSONANTEN.

Artikulation der Konsonanten

| 3.2.2

KONSONANTEN lassen sich nach ihren artikulatorischen Eigenschaften klassifizieren: Kohler (1995: 52–64) beschreibt zehn Parameter, nach denen Laute klassifiziert werden können. Aber statt der zehn Parameter kommt man für gewöhnlich mit drei Begriffsbestimmungen aus: Artikulationsort, Artikulationsart und Art der Phonation (stimmhaft oder stimmlos). Der ARTIKULATIONSORT ist der Teil des Ansatzrohrs, an dem mit Hilfe von Zungenspitze und Zungenrücken der Laut gebildet wird; die nachfolgende Abbildung zeigt die wichtigsten Artikulationsorte für das Deutsche:

Artikulation der Konsonanten

Artikulationsort

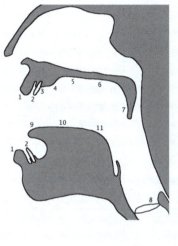

1	labial	(lat.: labium = Lippe)
2	dental	(lat.: dentes = Zähne)
3	alveolar	(Alveolen = Zahndamm, Zahntaschen; lat.: alveolus = kleine Mulde)
4	postalveolar	(lat.: post = hinter)
5	palatal	(lat.: palatum = (vorderer, harter) Gaumen)
6	velar	(lat.: velum = (Gaumen-)Segel)
7	uvular	(Gaumenzäpfchen; lat.: uvula = kleine Traube)
8	glottal	(griech.: glottis = Stimmritze)
9	apikal	(Zungenspitze; lat.: apex = Spitze)
10	dorsal	(lat.: dorsum = (Zungen-)Rücken)
11	radikal	(lat.: radix = (Zungen-)Wurzel)

nicht im Bild: koronal (lat.: corona = (Zungen-)Kranz)

| Abb. 3.5
Die wichtigsten Artikulationsorte für das Deutsche

Für die folgende Übersicht wurde eine stark vereinfachte Notation gewählt, die sich an den für das Deutsche komprimierten Darstellungen im Duden-Aussprachewörterbuch (2005: 10, 13) orientiert (vgl. auch die differenzierte Darstellung bei Kohler 1995: 61). Verschriftet werden die Laute dabei mit den Symbolen der International Phonetic Association (IPA oder API = Association Phonétique Internationale). Eine vollständige IPA-Tabelle findet sich auf www.bachelor-wissen.de. Im Folgenden werden nur Laute verzeichnet, die zum Konsonanteninventar indigener (lat.: indiges = einheimisch) Wörter der deutschen Sprache gehören.

Phonetische Notation

PHONETIK UND PHONOLOGIE

Artikulationsort	Beteiligte Artikulatoren	IPA-Zeichen & Beispiel
bilabial	Ober- und Unterlippe	[b] _Ball_ [p] _Pult_ [m] _Mann_
bilabial/ labiodental	Ober- und Unterlippe, Zähne	[pf] _Pfanne_
labiodental	Unterlippe, Zähne	[v] _Wal_ [f] _Frosch_
(post-)alveolar	Korona (Zungenkranz) und Alveolen (Zahndamm, Zahntaschen)	[z] _Sinn_ [s] _Muße_ [d] _Dampf_ [t] _Tier_ [ts] _Zahn_ [tʃ] _Matsch_ [n] _Nase_ [r] _Rand_ [ʃ] _Schnee_ [l] _List_
palatal	Palatum (harter Gaumen/ vorderer Gaumen) und Dorsum (Zungenrücken)	[ç] _China_ [j] _Jacke_
velar	Radix (Zungenwurzel) und Velum (weicher Gaumen/ hinterer Gaumen)	[k] _Kamm_ [g] _Gans_ [x] _Buch_ [ŋ] _Ring_
uvular	Radix (Zungenwurzel) und Uvula (Gaumenzäpfchen)	[R, ʁ] _Rand_
glottal/ laryngal	Glottis (Stimmritze) im Larynx (Kehlkopf)	[h] _Haus_ [l] auch [ʔ] _be_atmen_

Tab. 3.2 | Die Artikulationsorte: Wo werden Konsonanten gebildet?

Artikulationsart

Die ARTIKULATIONSART bezeichnet die Art und Weise, wie der Luftstrom mithilfe der Artikulationsorgane modifiziert wird. Man unterscheidet für das deutsche Konsonantensystem sechs Artikulationsarten.

PHONETIK – WAS TUN WIR, UM ZU SPRECHEN? **Einheit 3**

Plosive (auch: Explosive, Verschlusslaute, Sprenglaute):
Der Luftstrom wird unterbrochen und der Verschluss wird plötzlich geöffnet.
[p], [b], [t], [d], [k], [g], [ʔ]

Nasale: Mundraum geschlossen, Luftstrom geht durch die Nase.
[m], [n], [ŋ]

Vibranten (auch: Schwinglaute):
Schlagende Bewegung eines beweglichen Artikulators gegen einen unbeweglichen.
► apikaler Vibrant [r] (Zungenspitzen-R): Die Zungenspitze (Apex) schlägt gegen die Alveolen
► uvularer Vibrant [ʀ] (Zäpfchen-R): Das Zäpfchen (Uvula) schlägt gegen den hinteren Gaumen

Frikative (auch: Spiranten, Reibelaute, Engelaute):
Der Luftstrom geht durch eine Engstelle zwischen zwei Artikulatoren, es entsteht ein „Reibegeräusch".
[f], [v], [s], [z], [ʃ], [ç], [j], [x], [ʁ], [h]

Laterale (auch: Seitenlaute):
Der Zungenkranz (Korona) berührt den Zahndamm (die Alveolen), deshalb kann der Luftstrom nur durch die Seiten der Mundhöhle entweichen.
[l]

Affrikaten (auch: Doppellaute):
Kombinationen aus einem Frikativ und einem Plosiv, die vielfach als ein Laut bewertet werden.
[t͜s], [t͜ʃ], [p͜f]

|**Tab. 3.3**

Die Artikulationsarten:
Wie werden
Konsonanten gebildet?

Der Artikulationsort und die Artikulationsart führen zusammen mit der Art der Phonation (stimmhaft – stimmlos) dazu, dass man sämtliche Laute des Deutschen voneinander unterscheiden kann; man spricht daher von DISTINK-TIVEN (lat.: distinguere = unterscheiden) Merkmalen. Dies veranschaulicht die folgende Kreuzklassifikation.

Distinktive Merkmale

Artikulationsort										
		bilabial	labio-dental	alveolar	post-alveolar	palatal	velar	uvular	glottal/laryngal
Frikative	sth.		[v]	[z]		[j]		[ʁ]	
	stl.		[f]	[s]	[ʃ]	[ç]	[x]		[h]
Plosive	sth.	[b]		[d]			[g]		
	stl.	[p]		[t]			[k]		[ʔ] = [ʔ]
Nasale	sth.	[m]		[n]			[ŋ]		
Vibranten	sth.			[r]				[ʀ]	
Laterale	sth.			[l]					
Affrikaten	stl.	[p͜f]		[t͜s]	[t͜ʃ]				

sth. = stimmhaft; stl. = stimmlos

(Artikulationsart)

|**Tab. 3.4**

Phonetische
Konsonanten-Kreuz-
klassifikation

45

Zu dieser Tabelle sind einige Anmerkungen zu machen. Zum einen werden die Affrikaten nicht einheitlich bewertet. Sie können (wie in dieser Einführung) als Einzellaut angesehen werden (MONOPHONEMATISCHE BEWERTUNG) oder als zwei Laute (BIPHONEMATISCHE BEWERTUNG). Zum anderen ist festzuhalten, dass das Duden-Aussprachewörterbuch zum Teil andere Zeichen verwendet als z. B. das Lexikon der Sprachwissenschaft, wo der Knacklaut, der im Deutschen vor jedem vokalisch anlautenden Wort gesprochen wird, als [ʔ] verschriftlicht wird. Außerdem werden Wörter, die auf <r> anlauten, im Duden-Aussprachewörterbuch grundsätzlich mit [r] wiedergegeben, obwohl dieses Zeichen in vielen phonetischen Einführungen für das sogenannte Zungenspitzen-R steht, wie es z. B. im Fränkischen gesprochen wird.

Phonation

Bei der PHONATION ist hinsichtlich der Konsonanten zu unterscheiden zwischen dem periodischen Schwingen der Stimmlippen oder dessen Ausbleiben, also STIMMHAFTIGKEIT vs. STIMMLOSIGKEIT. Schwingen die Stimmlippen bei der Produktion eines Konsonanten, so ist er stimmhaft; schwingen sie nicht, bleibt er stimmlos. Das lässt sich leicht überprüfen, indem man bei der Lautbildung mit der Hand an den Kehlkopf fasst. Das Schwingen der Stimmlippen ist deutlich zu spüren. Das Oppositionspaar stimmlos vs. stimmhaft ist bei den Plosiven und Frikativen distinktiv: Es unterscheidet [p] von [b], [t] von [d], [s] von [z] usw.

Fortis vs. Lenis

Es gibt zwei Begriffspaare, die mit diesem Merkmal eng verwandt sind: Fortis vs. Lenis und Tenuis vs. Media. FORTIS (lat.: stark) vs. LENIS (lat.: sanft) bezieht sich auf die unterschiedliche Intensität der Muskelspannung beim Produzieren von Lauten. Bei Fortis-Lauten ist der Luftdruck hinter der Artikulationsstelle stärker als bei Lenis-Lauten. Im Deutschen korrespondieren die Merkmale stimmhaft und Lenis sowie stimmlos und Fortis miteinander.

Tab. 3.5
Fortis und Lenis

Fortis	stimmlos	[p], [t], [k], [f], [s], [ç], [ʃ], [x]
Lenis	stimmhaft	[b], [d], [g], [v], [z], [j]

Tenuis vs. Media

TENUIS (lat.: dünn) vs. MEDIA (lat.: medius = mittel) ist ein Begriffspaar, mit dessen Hilfe man in der griechisch-lateinischen Grammatiktradition die stimmlosen Plosive von den stimmhaften unterscheidet.

Tab. 3.6
Tenues und Mediae

Die „dünnen" Plosive	Tenues	[p], [t], [‚k]
Die „mittleren" Plosive	Mediae	[b], [d], [g]

Aspiration

Die Tenues [p], [t], [k] können zusätzlich das Merkmal der BEHAUCHUNG (ASPIRATION) aufweisen, d. h. dass auf sie eine mehr oder weniger große Menge frei ausströmender Atemluft folgt. Das ist z. B. am Wortanfang und am Wortende vor einer Pause der Fall wie in *Pack* [pʰakʰ] oder *Tat* [tʰaːtʰ].

Mit der Unterscheidung zwischen OBSTRUENTEN (lat.: obstruere = versperren) und SONORANTEN (lat.: sonor = Ton) werden die Laute, bei denen der Luftstrom ein Hemmnis überwinden muss, also die Frikative, Plosive und Affrikaten, von den Vokalen, Nasalen, Lateralen und Vibranten abgegrenzt, bei denen das nicht der Fall ist, weswegen die letzten drei auch Halbvokale genannt werden.

Obstruenten vs. Sonoranten

So isoliert und nach ihren SEGMENTALEN MERKMALEN (Artikulationsart, -ort) sortiert wie in den oben dargestellten Tabellen treten Laute beim Sprechen allerdings nicht auf. Sie sind durch lautübergreifende Prozesse miteinander verbunden: die KOARTIKULATION und die PROSODIE. Mit Koartikulation ist gemeint, dass Laute immer in Verbindung mit den Lauten stehen, die sie umgeben, und von diesen verändert werden. Wie man mit Tonbandmitschnitten zeigen kann, klingt der Plosiv [k] z. B. unterschiedlich, je nachdem, ob ein heller Vokal wie [ɪ] oder ein dunkler Vokal wie [ʊ] folgt. Die Prosodie (griech.: prosōdía = Betonung) beschäftigt sich mit dem Phänomen, dass Laute nicht nur nach ihren segmentalen Merkmalen klassifizierbar sind, sondern in der konkreten Realisierung immer auch SUPRASEGMENTALE, prosodische MERKMALE aufweisen. Dazu gehören Merkmale wie Akzent, Intonation, Sprechtempo oder Pausen. Es ist beispielsweise ein Unterschied, ob Sie etwas *umfáhren* oder jemanden *úmfahren*.

Segmentale Merkmale

Koartikulation und Prosodie

Suprasegmentale Merkmale

Artikulation der Vokale

| 3.2.3

VOKALE sind Öffnungslaute, d. h. der Ausatemstrom wird im Ansatzrohr nicht durch Verschluss oder Reibung gehemmt. So entstehen stimmhafte Laute, die im Mundraum modifiziert werden. Wie aber wird nun der Luftstrom verändert, werden Vokale geformt? Welche Artikulationsmerkmale bestimmen die Eigenart jedes einzelnen Vokals? Vier Hauptmerkmale werden zur Klassifizierung herangezogen: 1. vertikale Zungenlage/Öffnungsgrad, 2. horizontale Zungenlage/Klangfarbe, 3. Lippenrundung, 4. gespannt/ungespannt. Diese Merkmale werden häufig in Form eines Vokaltrapezes abgebildet, das die Zungenstellung bei der Vokalartikulation schematisiert abbilden soll. Dieses Trapez wird wiederum oft auch in eine Tabelle überführt, wie Abb. 3.6 und Tab. 3.7 zeigen.

Vokale

Hinzu kommen einige sehr enge Verbindungen zweier Vokale, die DIPHTHONGE; im Deutschen vor allem [a͜i] (wie in *Ei*), [a͜u] (*aua!*) und [ɔy] (*Heu*). Bei diesen bestehen, wie bei den Affrikaten, verschiedene Forschungsmeinungen darüber, ob sie als ein Laut bewertet werden können oder ob man sie adäquater erfasst, wenn sie als zwei Laute aufgefasst werden.

Diphthonge

PHONETIK UND PHONOLOGIE

Abb. 3.6
Das Vokaltrapez (nach Bußmann 2002: 739)

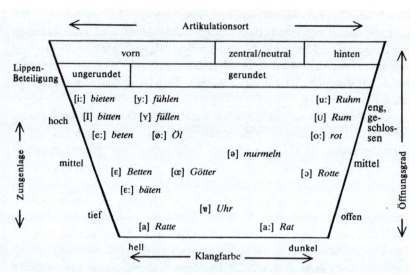

Tab. 3.7
Das Vokalsystem im Deutschen in Anlehnung an Bußmann (2002: 738f.) und die IDS-Grammatik (1997: 166–169)

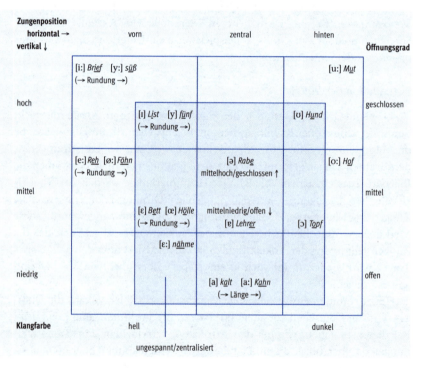

PHONOLOGIE – WAS TUN WIR, UM LAUTE ZU ERKENNEN?   **Einheit 3**

Phonologie – Was tun wir, um Laute zu erkennen? |3.3

Die oben dargestellten phonetischen Prozesse der Lautbildung erklären, wie   Sprachlaut
die Stimme entsteht und wie Laute artikuliert werden. Stark vereinfachend
kann man dies als Gleichung formulieren:

Rohschallerzeugung + Artikulation = Sprachlaut

Zu wissen, auf welche Weise Laute gebildet werden, erklärt aber noch nicht,   Lautverstehen
wie wir Laute verstehen, sogar wenn die Laute unsauber oder unterschiedlich
artikuliert werden. Wenn wir etwa stark erkältet sind, hören sich alle Laute verändert an; dennoch werden wir verstanden. Um dies zu erklären, müssen die
kommunikativen und bedeutungsverändernden Charakteristika eines Lautes
im Vergleich zu anderen Lauten analysiert werden. D.h., die Laute und ihre
kommunikative Funktion müssen im Zusammenhang des kommunikativen
Systems analysiert werden. Erst durch die Erkennung der bedeutungsunterscheidenden Merkmale von Lauten wird das reine Identifizieren von Sprachlauten zum Verstehen von Lauten und damit von Wörtern und Sätzen:

Sprachlaut + Erkennung der bedeutungsunterscheidenden Merkmale = Lautverstehen

Die Untersuchung des Lautverstehens und des bedeutungsunterscheidenden   Phonologie
Potenzials von Lauten ist Aufgabe der PHONOLOGIE.

Phonologie (auch: funktionelle Phonetik, funktionale Phonetik, Phonematik, Phone-   Definition
mik, Phonemtheorie, Sprachgebildelautlehre): linguistische Teildisziplin, die das Lautsystem und dessen Funktionalität in einer Sprache bzw. von Sprachen zum Gegenstand
hat. Nach der Terminologie des russischen Linguisten Nikolai Trubetzkoy (1890–1938)
ist die Phonologie als Sprachgebildelautlehre von der naturwissenschaftlich arbeiten-
den Phonetik (Sprechaktlautlehre) abzugrenzen.

Die PHONOLOGISCHE ANALYSE verfolgt dabei drei Kernziele: Phonologische Analyse

1) **Phoneme ermitteln:** Zuordnung der Laute zu Phonemen durch die Ermittlung der in einer Sprache vorhandenen minimalen distinktiven, d.h. bedeutungsunterscheidenden lautlichen Oppositionen (Minimalpaar, distinktive
   Merkmale).
2) **Phonemsystem erstellen:** Erstellung des Phoneminventars jeder Einzelsprache.
3) **Allophone ermitteln:** Bestimmung der Regularitäten von phonetischer
   Realisierung und Variantenbildung (Allophonie) der Phoneme.

49

PHONETIK UND PHONOLOGIE

3.3.1 | **Das Phonemsystem**

Phonem

1) Phoneme ermitteln: Die Phonologie ermittelt Phoneme, indem sie die physischen Laute nach ihren jeweiligen Merkmalen kleinsten bedeutungsunterscheidenden Klassen zuordnet. Dabei geht sie schrittweise vor:

1) Ein Korpus von Äußerungen wird per Tonaufnahme zusammengestellt und in phonetischer Notation transkribiert.
2) Die Lautketten werden in einzelne Phone segmentiert.
3) Die ermittelten Phone werden durch Oppositionsbildung (Minimalpaare) auf ihre bedeutungsunterscheidende Funktion hin überprüft und klassifiziert.
4) Die Phone werden Phonemen zugeordnet.

Die Phoneme sind dabei das Ergebnis von Klassifizierungsentscheidungen und damit geistige und nicht materielle Gebilde wie die Phone: Phone sind materielle Einheiten, Phoneme sind abstrakte Klassen.

Definition

Phonem (griech.: phṓnēma = Laut): Bezeichnung für die kleinste bedeutungsunterscheidende segmentale Lauteinheit einer Sprache.

Minimalpaar

Das wichtigste Verfahren zur Ermittlung von Phonemen ist die MINIMALPAARANALYSE. Wenn ein Phonem die kleinste bedeutungsunterscheidende Lauteinheit einer Sprache ist, lässt es sich auffinden, indem man zwei Wörter nebeneinander stellt, die sich nur an einer einzigen Lautstelle unterscheiden und unterschiedliche Bedeutung haben. Dann kann davon ausgegangen werden, dass die Bedeutungsunterschiede gerade durch den Lautunterschied signalisiert werden. Solche Wortpaare wie etwa *Tisch – Fisch* nennt man MINIMALPAARE.

Definition

Minimalpaar: Ein Minimalpaar besteht aus zwei bedeutungsverschiedenen Wörtern einer Sprache, die sich lediglich in einem Phon unterscheiden.

Mit solchen Minimalpaaren spielen Autoren, so z. B. Robert Gernhardt im Nachwort zu „Reim und Zeit":

Einst Land der Dichter und der Denker,
Dann Land der Richter und der Henker,
Heut' Land der Schlichter und der Lenker –:
Wann Land der Lichter? Wann der Schenker?

„Kein gutes Gedicht, zugegeben", sagt Gernhardt selbst, aber doch eines, in dem einige Minimalpaare Platz finden, die jeweils auf ein Phonem deuten:

50

Einheit 3

Minimalpaar	Phone	Phoneme als distinktive Einheiten
Dichter – Richter	['dɪçtɐ] – ['rɪçtɐ]	/d/, /r/
Denker – Henker	['dɛŋkɐ] – ['hɛŋkɐ]	/d/, /h/
Lenker – Schenker	['lɛŋkɐ] – ['ʃɛŋkɐ]	/l/, /ʃ/
Kein Minimalpaar		
Schlichter – Lichter	['ʃlɪçtɐ] – ['lɪçtɐ]	unterschiedliche Anzahl von Phonen

|Tab. 3.8

Minimalpaaranalyse

Ein ' steht vor der betonten Silbe.

Die Gernhardt-Beispiele illustrieren, wie in der Minimalpaaranalyse die phonematischen Unterschiede über einfache Oppositionsbildung sichtbar werden. Sie zeigen überdies, dass für die Minimalpaaranalyse die Lautoppositionen entscheidend sind und nicht die graphematischen Realisierungen der Laute durch Buchstaben. Ein Wortpaar wie *Lenker – Schenker* ist durchaus ein Minimalpaar, auch wenn auf der Schriftebene das Phon [ʃ] im Deutschen durch drei Buchstaben realisiert wird; auf der Lautebene liegt jedoch nur ein Lautunterschied vor. Dagegen bildet das Wortpaar *Schlichter – Lichter* kein Minimalpaar, weil *Schlichter* ein Phon mehr aufweist und seine phonetische Struktur damit nicht mit der von *Lichter* vergleichbar ist.

Gültige Minimalpaare weisen also nur einen einzigen Lautunterschied und einen Bedeutungsunterschied auf; das ist die wichtigste Regel. Daneben gelten noch einige weitere Regeln zur Bildung gültiger Minimalpaare.

Zulässige Minimalpaare bestehen aus:

▶ zwei Wörtern, die sich nur in einem Phon unterscheiden;

▶ zwei Wörtern, bei denen sich durch den Austausch eines einzigen Phons ein Bedeutungsunterschied ergibt;

▶ indigenen Wörtern (keinen Fremdwörtern);

▶ Wörtern, die keine Eigennamen sind;

▶ ein- bis zweisilbigen Wörtern;

▶ Mitgliedern derselben Wortklasse.

|Tab. 3.9

Bedingungen für zulässige Minimalpaare

2) **Phonemsystem erstellen:** Erstellt man auf der Grundlage dieser Regeln ein Phonemsystem für die Konsonanten der deutschen Sprache, sollte, soweit möglich, jedes Phonem durch Minimalpaare mit entsprechenden Lautunterschieden im Anlaut, Inlaut und Auslaut nachgewiesen werden, so z. B. in den folgenden Fällen:

Phonemsystem

PHONETIK UND PHONOLOGIE

Tab. 3.10

Minimalpaaranalyse
zur Erstellung eines
Phonemsystems

Phon	Phonem	Anlaut	Inlaut	Auslaut
[p]	/p/	Pass – Hass	Mappe – Matte	Raub – Raum
[b]	/b/	Bass – Fass	Leber – Leder	–
[t]	/t/	Tat – Rat	leiten – leiden	Tat – Tag
[l]	/l/	Leid – Neid	Bälle – Bäche	Fall – Fach
[ʃ]	/ʃ/	Schuh – Kuh	Masche – Masse	Barsch – Bart

Weitgehend vollständige Tabellen jeweils für das System der deutschen Kon-
sonanten- und Vokalphonemsysteme bietet Grassegger (2004: 88f.).

Das Minimalpaar *Raum – Raub* steht für das Phonem /p/ im Auslaut,
geschrieben wird aber ein <b>. Das deutet auf eine phonetische Besonder-
Auslautverhärtung   heit hin, die AUSLAUTVERHÄRTUNG. Am Wort- bzw. Silbenauslaut werden die
stimmhaften Obstruenten zu ihren stimmlosen Pendants verhärtet. Innerhalb
des Wortes dagegen bleibt das Merkmal der Stimmhaftigkeit erhalten, wie etwa
in *des Raubes* oder *des Tages* (allerdings nicht im Silbenauslaut, vgl. *Raubtier*).
Deshalb findet sich auch kein Minimalpaar für das Phonem /b/ im Auslaut.

Ordnet man die Phoneme der deutschen Sprache nach ihren artikulatorischen Merkmalen in die aus der Phonetik bekannte Kreuzklassifikation ein,
kommt man zu folgendem Bild:

Tab. 3.11

Phonologische
Konsonanten-Kreuz-
klassifikation

			bilabial	labio-dental	alveolar	post-alveolar	palatal	velar	uvular	glottal/laryngal
Artikulationsart	Frikative	sth.		/v/	/z/		/j/			
		stl.		/f/	/s/	/ʃ/		/x/		/h/
	Plosive	sth.	/b/		/d/			/g/		
		stl.	/p/		/t/			/k/		
	Nasale	sth.	/m/		/n/			/ŋ/		
	Vibranten	sth.							/ʀ/	
	Laterale	sth.			/l/					
	Affrikaten	stl.	/pf̯/		/ts̯/	/tʃ̯/				

sth. = stimmhaft; stl. = stimmlos

Während die Unterschiede in der Länge (Quantität) bei den Vokalphonemen
(vgl. Tab. 3.12) als bedeutungsunterscheidende und damit phonologisch relevante Merkmale erhalten geblieben sind, unterscheiden sich diese Konsonan-
tenphonemzusammenstellungen an einigen Stellen von denen der weiter oben
zusammengestellten Phone. Schließlich handelt es sich bei den Phonemen ja

52

PHONOLOGIE – WAS TUN WIR, UM LAUTE ZU ERKENNEN?   **Einheit 3**

um Abstraktionen, bei Phonen dagegen um konkrete, hörbare Laute. Einige der Phone, etwa [ə], [ɐ] oder [ç], sind nicht phonologisch relevant, weil sie keine Bedeutungen unterscheiden; es sind phonetische Varianten von Phonemen, die ALLOPHONE (griech.: állos = ein anderer).

|Tab. 3.12

Die Vokalphoneme im Deutschen in Anlehnung an Bußmann und die IDS-Grammatik (1997: 169–175)

Zungenposition

horizontal → vorn · zentral · hinten

vertikal ↓ · Öffnungsgrad

	vorn	zentral	hinten	
hoch	/iː/ Brief /yː/ süß (→ Rundung →)		/uː/ Mut	geschlossen
	/ɪ/ List /y/ fünf (→ Rundung →)		/ʊ/ Hund	
mittel	/eː/ Reh /øː/ Föhn (→ Rundung →)		/oː/ Hof	mittel
	/ɛ/ Bett /ø/ Hölle (→ Rundung →)		/ɔ/ Topf	
niedrig		/ɛː/ nähme		offen
		/a/ kalt /aː/ Kahn (→ Länge →)		

Klangfarbe · hell · dunkel

ungespannt/zentralisiert

3) **Allophone ermitteln:** Allophone sind Realisierungsvarianten eines Phonems, deshalb sind sie im Phonemsystem nicht einzeln aufgeführt, sondern jeweils nur das übergeordnete Phonem. So wird etwa der Schwa-Laut [ə], der im Deutschen nur in unbetonten Nebensilben vorkommt, hier nicht als Phonem aufgeführt; denn es gibt, wie Best (2005: 7) betont, „zumindest im Erbwortschatz des Deutschen […] kein einziges Minimalpaar, das ausschließlich auf einer Opposition zwischen [ə] und [ɛ] beruht". Demnach lässt sich [ə] als Allophon des Phonems /ɛ/ auffassen. Es gibt hierzu aber auch andere Bewertungen.

Allophon

Neben dem normalen Streubereich von Varianten, etwa durch dialektale oder pathologische Variantenbildung, werden nach den Regeln des russischen Linguisten Nikolai Trubetzkoy kombinatorische und freie Allophone unterschieden. FREIE ALLOPHONE treten nach Trubetzkoy unabhängig von der Lautumgebung auf. Wenn Sie etwa auf dem Weg zur Mensa sagen: *Mein Magen knurrt*, werden sie das Phonem /ʀ/, je nach Ihrer regionalen Herkunft, ganz

Freie Allophone

PHONETIK UND PHONOLOGIE

unterschiedlich phonetisch realisieren, z. B. als uvularen („Zäpfchen-[ʀ]")
oder alveolaren Vibranten („Zungenspitzen-[r]"), als uvularen Frikativ [ʁ]
oder vokalisch [ɐ].

Tab. 3.13

Freie Allophonie (vgl.
Duden-Aussprache-
wörterbuch 2005: 11)

Freie Allophonie		
Phonem	**Beispiele**	**Allophone**
/ʀ/	[knʊʁt]	[ʁ] uvularer Frikativ
	[knʊʀt]	[ʀ] uvularer Vibrant
	[knʊrt]	[r] alveolarer Vibrant
	[knʊɐt]	[ɐ/ɐ] vokalisch

Der Bogen unter dem [ɐ] beim vokalischen *R* bezeichnet einen sogenannten unsilbischen Vokal.

Kombinatorische
Allophone

KOMBINATORISCHE ALLOPHONE sind nach Trubetzkoy als stellungsbedingte
Allophone abhängig von der Lautumgebung. Das trifft im Deutschen auf den
sogenannten Ach-Laut und den Ich-Laut zu, die komplementär verteilt sind,
d. h. nach /a/, /ɔ/, /ʊ/ und den jeweiligen Langvokalen sowie [aʊ] steht grundsätzlich [x], in allen anderen Fällen [ç].

Durch die Unterschiede zwischen Phonemsystem und phonetischer Realisierung unterscheiden sich auch Transkriptionen voneinander, je nachdem,
ob es sich um phonetische oder phonologische Transkriptionen handelt. Dazu
ein weiterer Gernhardt-Ausschnitt:

Tab. 3.14

Transkriptionsbeispiele
(phonetisch nach Duden-
Aussprachewörterbuch)

phonetisch (Duden-Aussprachewörterbuch)	phonologisch
[ɪç ʃpʀaːx naxt̯s ɛs 'veːɐ̯ də lɪçt]	/ɪx ʃpʀaːx naxt̯s ɛs veːʀdə lɪxt/
['aːbɐ 'hɛlɐ vʊrt ɛs nɪçt]	/aːbɐʀ hɛlɐʀ vʊrt ɛs nɪxt/

3.3.2 | Die Silbe

Silbe

Eine weitere wichtige Grundeinheit ist die SILBE: phonetisch betrachtet ist
diese kleinste suprasegmentale Einheit eine Sprechsilbe, so wie wir sie beim
langsamen Sprechen bilden. Phonologisch betrachtet ist die Silbenstruktur
wichtig, also die Frage, aus welchen Elementen eine Silbe besteht und in welcher Beziehung diese zueinander stehen.

Definition

> **Silbe** (griech.: syllabḗ = das zusammen Gesprochene): Phonologisch unterscheidet
> man nach dem Gesichtspunkt ihrer segmentalen Konstruktion zwischen der (konso-
> nantischen) Silbenschale (bestehend aus **Silbenkopf** und **Silbenkoda**) und dem voka-
> lischen **Silbenkern**. Silbenkern und -koda werden auch als **Reim** bezeichnet.

Silbentypen

Nach ihrer Struktur lassen sich verschiedene Silbentypen unterscheiden. Eine
vokalisch anlautende Silbe (z. B. *Ei*) wird als NACKTE SILBE bezeichnet, wobei

54

ignoriert wird, dass sie eigentlich mit einem Knacklaut beginnt. Eine Silbe mit einem Konsonanten im Anlaut (z. B. *bei*) heißt BEDECKTE SILBE. Endet eine Silbe mit einem Vokal im Auslaut, wird sie OFFENE SILBE genannt, wie z. B. *so*. Eine GESCHLOSSENE SILBE hingegen ist eine Silbe mit konsonantischer Koda, z. B. *ein*.

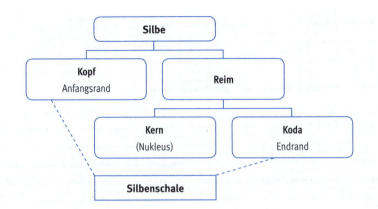

Abb. 3.7
Die Silbe

	Kopf	Kern	Koda	
Ei		V	–	nackt/ offen
bei	K	V	–	bedeckt/ offen
ein	–	V	K	nackt/ geschlossen
Bein	K	V	K	bedeckt/ geschlossen

Tab. 3.15
Silbentypen

K = Konsonant; V = Vokal

Übungen

3.4

1 Transkribieren Sie die folgenden Wörter phonetisch und bestimmen Sie, in wie viele Laute sie sich segmentieren lassen. In Zweifelsfällen schlagen Sie bitte im Duden-Aussprachewörterbuch nach: *Oh, roh, Stroh, Schoß, schoss, China, Dach, winseln, schnoddrig, Matsch, Pfeife, Zähne, tschilpen, Jeep, Dieb, Rate, Ratte, Rahmen, Ihre, Ire, irre, Waage, Vase, Dutzend, duzen.*

2 Bestimmen Sie die unterstrichenen Vokale: *Ein unvorsichtiger Linguist fragte in einem Vortrag zu „Wahn und Sprache" die Zuhörenden im Auditorium: „Stop! Können Sie mich überhaupt verstehen?" Zügige Antwort eines fetten Hörers: „Nee, nur akustisch".*

3 Beschreiben Sie die Konsonanten des Wortes ‹Angstschweiß› artikulatorisch.

4 Welche der folgenden Wörter bilden Minimalpaare?

a) *Hose – Hase – Heft – Haft – Fuß – Fass – Vase – Phase*

b) *Stäbe – Lippe – Schabe – schreibe – schiebe – Schippe – schriebe – buhlen – Bullen – bliebe – Liebe*

c) *Igel – Kegel – Brezel – Rudel – Kugel – Regel – Land – Stand*

5 Finden Sie deutsche Wörter für folgende Phonempaare im An- und Inlaut?

/k/ – /g/   /m/ – /n/   /f/ – /v/   /p/ – /pf/   /l/ – /r/   /s/ – /z/

3.5 | Verwendete und weiterführende Literatur

Best, Karl-Heinz (2005): Linguistik in Kürze. Mit einem Ausblick auf die Quantitative Linguistik. 3., überarb. Aufl. Göttingen: Skript.

Duden-Aussprachewörterbuch (2005). 6., überarb. u. aktual. Aufl. Mannheim et al.: Dudenverlag.

Grassegger, Hans (2004): Phonetik, Phonologie. 2. Aufl. Idstein: Schulz-Kirchner.

IDS-Grammatik (1997): Grammatik der deutschen Sprache. Von Gisela Zifonun, Ludger Hoffmann, Bruno Strecker. Berlin, New York: de Gruyter.

Kohler, Klaus J. (1995): Einführung in die Phonetik des Deutschen. 2., neubearb. Aufl. Berlin: Erich Schmidt.

Lexikon der Sprachwissenschaft (2002). Hrsg. v. Hadumod Bußmann. 3., aktual. u. erw. Aufl. Stuttgart: Kröner.

Metzler-Lexikon Sprache (2004). Hrsg. v. Helmut Glück. CD-ROM-Ausgabe. Berlin: Directmedia Publishing.

Pompino-Marschall, Bernd (2003): Einführung in die Phonetik. 2., durchges. u. erw. Aufl. Berlin et al.: de Gruyter.

Einheit 4

Graphematik und Orthographie

Inhalt		
4.1	Graphematik und Orthographie – Wie schreiben wir?	58
4.2	Graphematische Grundbegriffe	58
4.3	Die Ermittlung des Grapheminventars mittels Minimalpaaranalyse	60
4.4	Die Ermittlung des Grapheminventars mittels Zuordnung von Phonemen: Graphem-Phonem-Korrespondenzen	61
4.5	Graphematische Prinzipien	63
4.6	Rechtschreibreform	69
4.7	Übungen	72
4.8	Verwendete und weiterführende Literatur	72

4.1 | Graphematik und Orthographie – Wie schreiben wir?

Über Orthographie wird sehr emotional diskutiert. Das verwundert auf den ersten Blick, ist doch Rechtschreibung an sich vermeintlich ein recht trockenes Thema. Dennoch wurde kein sprachbezogener Diskurs in der jüngeren Vergangenheit so aufgeregt geführt wie die Rechtschreibreform.

Man kann das Thema allerdings auch sachlich behandeln, und das soll im folgenden Kapitel geschehen. Dazu werden zunächst die grundlegenden Begriffe der Graphematik erklärt – der Teildisziplin der Linguistik, die sich mit der Schreibung von Wörtern und deren Zustandekommen befasst. Danach werden die Korrespondenzen zwischen geschriebener und gesprochener Sprache erläutert und die Frage gestellt, nach welchen Prinzipien diese eigentlich zustande kommen. Zum Schluss wird dann auf die Rechtschreibreform eingegangen, deren Grundschwierigkeiten aus den vorausgehenden Ausführungen ersichtlich werden.

4.2 | Graphematische Grundbegriffe

Graphematik

Bevor man die Grundbegriffe der GRAPHEMATIK definieren kann, muss erst einmal der Terminus selbst bestimmt werden. Die Forschungslage ist diesbezüglich nicht eindeutig. Das Lexikon der Sprachwissenschaft schlägt vor, die Graphematik (oder auch: Graphemik) sei die „Wissenschaft von den distinkten [= distinktiven, O. S.] Einheiten des Schriftsystems […] einer bestimmten Sprache. […] Bei Alphabetschriften basiert G. aufgrund der Korrelationen zwischen gesprochener und geschriebener Sprache weitgehend auf den Analysemethoden der Phonologie." (Bußmann 2002: 264)

Dependenz-Hypothese

Damit wird zunächst einmal deutlich, dass die Graphematik eng auf die Phonologie bezogen ist, die ja für die gesprochene Sprache die distinktiven, also bedeutungsunterscheidenden Einheiten zu ermitteln versucht. Zugespitzt könnte man sagen: Das gesprochene Wort geht dem geschriebenen voraus. Eine in diesem Zusammenhang vertretene These ist die DEPENDENZ-HYPOTHESE (lat.: dependere = abhängen), die auf de Saussures These von der Schrift als sekundäres Zeichensystem zurückgeht. Demnach ist Schrift nichts anderes als die Visualisierung des Gesprochenen. Als Argumente für diesen sogenannten ‚Primat des Mündlichen' werden nicht nur der Spracherwerb – auch Sie haben vermutlich das Sprechen vor dem Schreiben gelernt – und die Entwicklung von Sprachen ganz allgemein angeführt, sondern auch die Tatsache, dass Sprache ohne Schrift existiere, aber nicht umgekehrt, und dass gesprochene Sprache viel häufiger verwendet werde als geschriebene.

Autonomie-Hypothese

Das hat dazu geführt, dass die Graphematik, die sich erst seit den 70er Jahren des 19. Jahrhunderts zu einer eigenständigen linguistischen Teildisziplin entwickelt, häufig selbst zunächst eine phonologische Perspektive einnimmt.

GRAPHEMATISCHE GRUNDBEGRIFFE **Einheit 4**

Wenn man so vorgeht, beschränkt sich Graphematik tatsächlich auf die Beziehungen zwischen Phonemen und Graphemen. Allerdings wird man auf diese Weise Schwierigkeiten bekommen, ein Phänomen wie die Großschreibung von Substantiven zu erklären – die meisten Menschen sprechen ein großgeschriebenes Wort wohl kaum anders aus als ein kleingeschriebenes, weswegen man die Ursachen für die Großschreibung woanders als in der Phonologie suchen muss. Man muss deswegen nicht gleich so weit gehen wie die Vertreter der AUTONOMIE-HYPOTHESE, für die Schrift eine völlig eigenständige Realisationsform von Sprache ist. Aber es reicht für die graphematische Beschreibung einer (Schrift-)Sprache nicht aus, Grapheme nur als Spiegelbilder von Phonemen zu bewerten.

Graphematik: Wissenschaft, die die distinktiven Einheiten des Schriftsystems einer bestimmten Sprache und davon ausgehend die möglichen Schreibungen von gesprochener Sprache ermittelt. Aufgrund der Korrelationen zwischen gesprochener und geschriebener Sprache ist häufig das Phonemsystem Ausgangspunkt der Analysen. Um graphematische Phänomene vollständig erfassen zu können, ist aber auch ein Bezug auf andere linguistische Teildisziplinen wie z. B. Morphologie und Syntax notwendig.	Definition

Die Grundeinheiten der Graphematik sind – Sie ahnen es bereits – GRAPH und GRAPHEM. Im Lexikon der Sprachwissenschaft wird <u>der</u> Graph (also im Maskulinum) als „einzelner, schriftlich realisierter Buchstabe, dessen Zugehörigkeit zu einem bestimmten Graphem noch nicht festgestellt ist" (Bußmann 2002: 263), beschrieben. Demnach wäre ein Graph dasselbe wie ein BUCHSTABE. Auch in dieser Definition wird wieder der Bezug zur Phonologie deutlich, wenn es weiter heißt: „Analog zu dem Phon als Variante des Phonems auf der Lautebene ist der G. eine Variante des Graphems auf der Ebene der Schrift." (Bußmann 2002: 263) Demgegenüber ist <u>das</u> Graph im Metzler-Lexikon Sprache Neutrum und kann entweder für einen Buchstaben oder ein Graphem stehen. Der Unterschied zwischen Buchstabe und Graphem ist in der Forschung nicht immer eindeutig, besteht aber grundsätzlich darin, dass ein Buchstabe nicht zwangsläufig ein Graphem sein muss, während ein Graphem immer aus einem oder mehreren Buchstaben besteht.

Graph und Graphem

Buchstabe

Deutlich wird das am besten an einem Wort wie *weich*. Dass es aus fünf Buchstaben besteht, werden Sie hoffentlich nicht bestreiten. Folgt man der Definition im Lexikon der Sprachwissenschaft, müssten es also auch fünf Graphe sein. Aber wie viele Grapheme liegen vor?

Um diese Frage endgültig zu klären, werden in den beiden folgenden Kapiteln zwei verschiedene Wege zur Ermittlung des Grapheminventars aufgezeigt. Diese bilden die Voraussetzung für eine praktikable Definition des Terminus „Graphem".

59

4.3 | Die Ermittlung des Grapheminventars mittels Minimalpaaranalyse

In der Phonologie wird das Phonem definiert als kleinste bedeutungsunterscheidende Lauteinheit der Sprache. Überträgt man diese Definition auf die Schriftsprache, wäre dort das Graphem die kleinste bedeutungsunterscheidende Einheit. Mit welcher Methode lassen sich nun diese Einheiten ermitteln?

Minimalpaaranalyse

Eine Möglichkeit besteht darin, die Minimalpaaranalyse auf die Graphematik zu übertragen. Bezogen auf das oben genannte Wort *weich* würde das heißen: Welche Einheiten muss man mindestens austauschen, damit sich die Bedeutung des Wortes ändert? In Abb. 4.1 sind einige mögliche Beispiele für solche graphematischen Minimalpaare zu sehen.

Abb. 4.1 |

Mögliche graphematische Minimalpaare

⟨w̲eich⟩ – ⟨r̲eich⟩

⟨weich̲⟩ – ⟨weit̲⟩

⟨w̲eich⟩ – ⟨w̲ach⟩, aber:

⟨Fei̲er⟩ – ⟨Feu̲er⟩, ⟨Scheu̲⟩ – ⟨Schau̲⟩

An den ersten drei Beispielen ist zu erkennen, dass man nur den Buchstaben *w* allein austauschen kann. Ansonsten müssen jeweils Buchstabenkombinationen ausgetauscht werden, um einen Bedeutungsunterschied zu erzielen. Demnach bestünde das Wort *weich* aus fünf Buchstaben, aber nur drei Graphemen: <w>, <ei> und <ch>. Allerdings reichen drei Minimalpaare noch nicht aus, um diese drei Grapheme als gesicherte Bestandteile des deutschen Grapheminventars festzuhalten. Nimmt man etwa die Minimalpaare <Feier> vs. <Feuer> und <Scheu> vs. <Schau> hinzu, kommt man zu dem Ergebnis, dass die Diphthonge keine Grapheme darstellen, so dass <weich> entsprechend aus den vier Graphemen <w>, <e>, <i> und <ch> bestünde und das Minimalpaar <weich> – <wach> keines wäre. Für eine ausführliche Herleitung der Grapheme des Deutschen ist hier kein Platz. Deswegen sei an dieser Stelle nur auf das weithin akzeptierte Grapheminventar der Grammatik von Eisenberg verwiesen, welches in Abb. 4.2 wiedergegeben ist.

Abb. 4.2 |

Grapheminventar des Deutschen nach Eisenberg (2004: 306)

Konsonantengrapheme

⟨p⟩, ⟨t⟩, ⟨k⟩, ⟨b⟩, ⟨d⟩, ⟨g⟩, ⟨f⟩, ⟨s⟩, ⟨ß⟩, ⟨w⟩, ⟨j⟩, ⟨h⟩, ⟨m⟩, ⟨n⟩, ⟨l⟩, ⟨r⟩, ⟨qu⟩, ⟨ch⟩, ⟨sch⟩, ⟨z⟩

Vokalgrapheme

⟨a⟩, ⟨e⟩, ⟨i⟩, ⟨ie⟩, ⟨o⟩, ⟨u⟩, ⟨ä⟩, ⟨ö⟩, ⟨ü⟩

Zunächst einmal sieht man, dass Grapheme in spitzen Klammern notiert werden. Die meisten bestehen aus einem einzelnen Buchstaben; nur einige wenige aus zwei oder drei Buchstaben. Sie werden dementsprechend DIGRAPHEN (<qu>, <ch>, <ie>) oder TRIGRAPHEN (<sch>) genannt. Darüber hinaus feh-

Digraphen/Trigraphen

GRAPHEM-PHONEM-KORRESPONDENZEN **Einheit 4**

len einige Buchstaben (v, x, y) in dieser Aufzählung oder sind nur als Teile von Graphemen vorhanden (c, q). Als Begründung wird angeführt, dass sie nur in Fremdwörtern bzw. Eigennamen (*Cello, Baby, Bayern*) oder sogenannten markierten, also eher seltenen Schreibungen (*Vogel, Hexe*), vorkommen.

Die Frage, welche Grapheme zum GRAPHEMINVENTAR des Deutschen gehören, ist umstritten. Insgesamt ist aber zu erkennen, dass es nach dieser Auflistung einerseits mehr Grapheme als Buchstaben, andererseits aber offenbar weniger Grapheme als Phoneme gibt. Das ist einer der Gründe für die Schwierigkeiten in der orthographischen Praxis, vor die auch Sie sich möglicherweise einst gestellt sahen.

Grapheminventar

Die Ermittlung des Grapheminventars mittels Zuordnung von Phonemen: Graphem-Phonem-Korrespondenzen

|4.4

Neben der eingangs zitierten Definition eines Graphems als kleinstem bedeutungsunterscheidenden Zeichen der Schriftsprache findet man – ganz im Sinne der Dependenz-Hypothese – auch die Auffassung, das Graphem stelle in Alphabetschriften wie dem Deutschen die schriftliche Realisation des Phonems dar.

Unabhängig davon, ob man dieser These folgt oder nicht, kann man zwischen Phonemen und Graphemen in jedem Fall bestimmte Korrespondenzen feststellen. Je nachdem, ob man eher der Dependenz- oder der Autonomie-Hypothese anhängt, kann man diese als PHONEM-GRAPHEM- (PGK) oder GRAPHEM-PHONEM-KORRESPONDENZEN (GPK) bezeichnen, wobei Letzteres sich als allgemein gebräuchlicher Terminus allmählich durchzusetzen scheint. Eine solche Übersicht ist in Tab. 4.1 zu sehen, erneut nach dem Vorbild der Grammatik von Eisenberg, der auch von GPK spricht, obwohl es optisch eher so wirkt, als handle es sich um PGK. Allerdings wurde die Transkriptionsweise den Konventionen dieser Einführung angepasst. Außerdem wurden die Korrespondenzen für die in diesem Buch und zum Teil auch bei Eisenberg selbst ebenfalls als Phoneme geltenden Affrikaten /pf/ und /tʃ/ hinzugefügt, während der hier als Allophon von /ɛ/ aufgefasste Schwa-Laut weggelassen wurde.

Graphem-Phonem-Korrespondenzen (GPK)

In dieser Tabelle sind sowohl einzelne Phoneme und Grapheme als auch Phonem- und Graphemfolgen aufgelistet. Aus der Tabelle geht also nicht hervor, dass der Rückgriff auf das Phoneminventar mehr Grapheme zutage fördert als die Minimalpaaranalyse. Vielmehr ist zu erkennen, dass eine ganze Reihe von vokalischen Graphemen mehrfach auftaucht, nämlich als Korrespondenz sowohl zu den kurzen als auch den langen Vokalphonemen. Außerdem werden das /ŋ/, die Diphthonge sowie die Affrikaten /pf/ und /tʃ/, deren Phonemstatus jeweils umstritten ist, durch Graphemfolgen (<ng>, <ei>, <au>, <eu>, <pf>, <tsch>) verschriftlicht.

61

Tab. 4.1

Graphem-Phonem-Korrespondenzen, orientiert an Eisenberg (2004: 307f.)

Regeln für Graphem-Phonem-Korrespondenzen (GPK)			
Konsonanten			
/p/ → ‹p›	/pɔst/ – ‹Post›	/x/ → ‹ch›	/mɪlx/ – ‹Milch›
/t/ → ‹t›	/to:n/ – ‹Ton›	/v/ → ‹w›	/ve:m/ – ‹wem›
/k/ → ‹k›	/kalt/ – ‹kalt›	/j/ → ‹j›	/jʊŋ/ – ‹jung›
/b/ → ‹b›	/bʊnt/ – ‹bunt›	/h/ → ‹h›	/hant/ – ‹Hand›
/d/ → ‹d›	/dɪxt/ – ‹dicht›	/m/ → ‹m›	/mɪlx/ – ‹Milch›
/g/ → ‹g›	/gʊnst/ – ‹Gunst›	/n/ → ‹n›	/nɔx/ – ‹noch›
/kv/ → ‹qu›	/kvɑ:l/ – ‹Qual›	/ŋ/ → ‹ng›	/jʊŋ/ – ‹jung›
/f/ → ‹f›	/fʀɔʃ/ – ‹Frosch›	/l/ → ‹l›	/lɪxt/ – ‹Licht›
/s/ → ‹ß›	/ʀu:s/ – ‹Ruß›	/ʀ/ → ‹r›	/ʀɛxt/ – ‹Recht›
/z/ → ‹s›	/zamt/ – ‹Samt›	/ts/ → ‹z›	/tsa:n/ – ‹Zahn›
/ʃ/ → ‹sch›	/ʃʀo:t/ – ‹Schrot›	/pf/ → ‹pf›	/pfa:l/ – ‹Pfahl›
/tʃ/ → ‹tsch›	/matʃ/ – ‹Matsch›		
Vokale			
/i:/ → ‹ie›	/ki:l/ – ‹Kiel›	/ɪ/ → ‹i›	/mɪlx/ – ‹Milch›
/y:/ → ‹ü›	/vy:st/ – ‹wüst›	/y/ → ‹ü›	/hypʃ/ – ‹hübsch›
/e:/ → ‹e›	/ve:m/ – ‹wem›	/ɛ/ → ‹e›	/vɛlt/ – ‹Welt›
/ø:/ → ‹ö›	/ʃø:n/ – ‹schön›	/ø/ → ‹ö›	/tsvølf/ – ‹zwölf›
/ɛ:/ → ‹ä›	/nɛme/ – ‹nähme›		
/a:/ → ‹a›	/tʀa:n/ – ‹Tran›	/a/ → ‹a›	/kalt/ – ‹kalt›
/o:/ → ‹o›	/to:n/ – ‹Ton›	/ɔ/ → ‹o›	/fʀɔst/ – ‹Frost›
/u:/ → ‹u›	/mu:t/ – ‹Mut›	/ʊ/ → ‹u›	/gʊnst/ – ‹Gunst›
Diphthonge			
/ai̯/ → ‹ei›	/bai̯n/ – ‹Bein›	/au̯/ → ‹au›	/ʀau̯m/ – ‹Raum›
/ɔi̯/ → ‹eu›	/hɔi̯/ – ‹Heu›		

So weit die grundsätzlichen Regeln. Wenn Sie der deutschen Orthographie halbwegs mächtig sind, wissen Sie, dass man damit leider noch keineswegs korrekt schreiben kann. Das liegt daran, dass es noch eine Reihe weiterer Rechtschreibprinzipien gibt, die sich z. B. auf silbische und morphologische Schreibungen beziehen. Die wichtigsten werden im folgenden Kapitel kurz angesprochen.

Allographie

Wenn Sie die Tab. 4.1 genau betrachten, fällt Ihnen vielleicht auf, dass manche Beispielwörter klein-, andere großgeschrieben sind. Bei den GPK ist aber immer nur der Kleinbuchstabe aufgelistet. Das ist die gängige Praxis. Kleinbuchstaben (lat.: Minuskeln) werden in der Graphematik als unmarkierter Normalfall angesehen. Großbuchstaben (lat.: Majuskeln) hingegen treten nur als markierter Sonderfall auf – sie markieren entweder die Wortart Substantiv (inkl. der Eigennamen) oder den Beginn eines Satzes. Und ähnlich wie die unterschiedliche Realisierung eines Phonems als Allophonie bezeichnet wird, kann man in diesem Falle von ALLOGRAPHIE sprechen. Neben dieser Form von Allographie zwischen Groß- und Kleinbuchstaben kann man auch auf typographischer Ebene Allographe unterscheiden. Beispiele dafür sehen Sie in der Abb. 4.3. Neben den verschiedenen Schrifttypen und bestimmten Mitteln zur Hervorhebung wie Kursiv- oder Fettdruck handelt es sich auch bei Ihrer Handschrift um eine allographische Umsetzung von Schrift. Dass jede Handschrift individuell unterschiedlich ist, stellt so lange kein Problem dar, wie der Leser sie entziffern kann. In Klausuren führt das manchmal zu Problemen.

Times New Roman
kursiv
fett

Arial
Comic Sans MS
Haettenschweiler
Courier New

| Abb. 4.3
Allographen in typographischer Hinsicht

> **Graphem:** kleinstes bedeutungsunterscheidendes Zeichen der Schriftsprache. Ein Graphem besteht aus einem oder mehreren **Graphen (= Buchstaben)** und wird in spitzen Klammern notiert. Zu den Graphen existieren **allographische** Varianten, z. B. in Form verschiedener Schrifttypen (‹Q› – ‹Q›) oder Klein- und Großbuchstaben (‹p› – ‹P›).

Definition

Graphematische Prinzipien

| 4.5

Die deutsche Schriftsprache basiert auf dem sogenannten PHONOGRAPHISCHEN SYSTEM. Das bedeutet, dass alle Schreibungen, die man vorfindet, sich rein gedanklich auf Laute beziehen. Mit anderen Worten: Wenn Sie ein Wort lesen, denken Sie an dessen Lautgestalt. Man spricht in diesem Zusammenhang auch vom Rekodierungsprinzip. Dieses besagt, vereinfacht formuliert, dass man anhand der Schreibung eines Wortes dessen Lautung rekodieren können muss. Nicht in allen Sprachen funktioniert das Schriftsystem auf diese Weise. Ein viel zitiertes Beispiel für ein LOGOGRAPHISCHES SCHRIFTSYSTEM ist das Chinesische. Es basiert auf Hanzi – chinesischen Schriftzeichen für einzelne Wörter, die seit 1958 durch eine staatlich anerkannte Alphabetschrift ergänzt werden, das Pinyin. Um eine chinesische Zeitung lesen zu können, muss man ca. 2.000–3.000 Hanzi kennen. Diese „Wortbilder" rufen beim Leser keine lautliche, sondern eher eine gedankliche Gesamtvorstellung des Wortes hervor, auf das sie sich beziehen. Das führt bei der Übertragung von ausländischen Namen ins Chinesische zu interessanten Phänomenen. So beschreibt Dürscheid in ihrer Einführung in die Schriftlinguistik, dass der Name des russischen Komponisten Tschaikowsky für die Transkription in Hanzi in fünf lautliche Einheiten aufgeteilt wird, welche in ihrem Lautwert fünf verschiedenen Hanzi ähneln: *chai-kuo-fu-si-ji*. Da aber nun jedes Hanzi

Phonographisches System

Logographisches Schriftsystem

Abb. 4.4 | Chinesische Schriftzeichen (Hanzi) für *Peking* (oben) und *Schanghai* (unten)

eine eigene lexikalische Bedeutung hat, sagt man in China zu Tschaikowsky gewissermaßen „Feuerholz-plötzlich-anfangen-dieses-Grundlage".

Vielleicht sind Sie nun erst einmal erleichtert, dass Sie sich in einem phonographischen Schriftsystem bewegen dürfen, dessen Grundmaxime, das PHONOLOGISCHE PRINZIP, lautet: Schreibe, wie du sprichst. Leider ist das System dann doch nicht so einfach, wie es die oben aufgeführten GPK nahelegen. Wieso schreibt man [ˈhalə] mit zwei <l>, also <Halle>, während man [halt] im Sinne von *Stopp!* nur mit einem <l> schreibt? Und warum schreibt sich das phonologisch identische Wort dann wiederum mit zwei <l>, wenn es sich um die dritte Person des Verbs *hallen* handelt? Genauso übrigens wie <Stopp> mit zwei <p>? Und wieso wird *Halle* groß-, *hallen* hingegen in der Regel kleingeschrieben? Das liegt daran, dass zum phonologischen noch weitere Prinzipien kommen, die in dieser Einführung allerdings nur andeutungsweise besprochen werden können.

Phonologisches Prinzip

Definition

> **Phonologisches Prinzip:** „Schreibe, wie du sprichst." Nach diesem Prinzip ist jedem Phonem ein Graphem (bestehend aus einem oder mehreren Graphen) oder eine Graphemfolge zugeordnet, und zwar unabhängig vom Kontext, d. h. der silbischen Umgebung, in der ein Graphem steht.

Silbe
Konsonantenverdopplung/ Schärfung

Der wichtigste graphematische Bezugspunkt neben dem Phonem ist die SILBE. Sie ist z. B. dann in den Blick zu nehmen, wenn man die KONSONANTENVERDOPPLUNG bzw. SCHÄRFUNG in <Halle> erklären will. Dass man dieses Wort mit zwei <l> schreibt, lässt sich nicht allein phonologisch erklären, etwa in dem Sinne: Nach kurzem Vokal wird der folgende Konsonant verdoppelt. Wäre das so, müsste man <halten> ja auch mit zwei <l> schreiben. Die Erklärung für den Doppelkonsonanten liegt vielmehr darin, dass der Konsonant [l] hier als SILBENGELENK fungiert. Die Regel für die Konsonantenverdopplung lässt sich also etwa wie folgt zusammenfassen: Folgt nach einem kurzen Vokal ein sogenannter ambisilbischer Konsonant (lat.: ambo = beide; also ein Konsonant als Silbengelenk), wird dieser verdoppelt, so dass er sich sowohl am Ende der ersten Schreibsilbe als auch am Anfang der zweiten Schreibsilbe wiederfindet.

Silbisches Prinzip

Sie sehen an diesem Beispiel, wie sich bei der Formulierung solcher graphematischer Prinzipien phonologische und graphematische Aspekte vermischen. Noch deutlicher wird das, wenn man sich anschaut, unter welchen Voraussetzungen dieses SILBISCHE PRINZIP nicht angewendet wird – nämlich immer dann, wenn der ambisilbische Konsonant durch einen Mehrgraphen bzw. eine Graphemfolge verschriftlicht wird. Das ist u. a. bei <Tasche>, <Küche>, <Wange> oder <Katze> der Fall, wo man nicht *<Taschsche> oder *<Wangnge> schreibt

GRAPHEMATISCHE PRINZIPIEN   **Einheit 4**

(das *, der sogenannte Asterisk, bezeichnet ein fiktives sprachliches Zeichen, das in der Realität nicht vorkommt). Dass in solchen Fällen auf die (aus silbenphonologischer Sichtweise eigentlich notwendige) Verdopplung verzichtet wird, hat ausschließlich graphematische Gründe. Die Anwesenheit von mehr als einem Graphen nach einem Vokal reicht auf der Schriftebene bereits aus, um den vorausgehenden Vokal kurz zu lesen. Dabei ist es unerheblich, ob auf einen Vokal zwei gleiche oder zwei (oder mehr) verschiedene Konsonantengraphe folgen. Man kann das oben formulierte graphematische Prinzip dementsprechend einschränken und dabei die Vermischung von phonologischer und graphematischer Argumentation noch einmal verdeutlichen: Folgt nach einem kurzen Vokal ein ambisilbischer Konsonant (silbenphonologischer Aspekt), wird dieser nur verdoppelt, wenn er nicht ohnehin schon durch mehrere Graphen realisiert wird (graphematischer Aspekt).

Ähnliche graphematische Prinzipien regeln auch die DEHNUNG. So wird zwischen einer Silbe, die auf einen langen, betonten Vokal endet, und einer darauf folgenden Silbe, die mit einem kurzen, unbetonten Vokal beginnt, in der Regel ein <h> eingefügt: <Ruhe>, <früher>, <sehen>, <drohen>. Sie dachten bisher vielleicht, man würde dieses <h> auch sprechen, aber das ist ein (immer noch ziemlich weit verbreiteter) Irrtum: Sie sagen [ˈʀuːə] und [ˈdʀoːən]. Weil dieses <h> in der Silbentrennung der zweiten Silbe zugeschlagen wird, bezeichnet man es als silbeninitiales <h> (lat.: initium = Anfang). Es steht nie nach <i>, was logisch ist, da ein langes, betontes /iː/ ja in der Regel durch <ie> verschriftlicht wird, wonach wiederum ein <h> steht, wenn ein unbetonter Vokal folgt: Man schreibt z. B. <ziehen>. Bei den Diphthongen steht das silbeninitiale <h> oft hinter <ei> (<Reiher>, <verzeihen>; aber: <Eier>, <bleiern>), jedoch nie hinter <eu> und <au>. Die einzige Ausnahme, nämlich <rauher/rauhe/rauhes> inkl. aller Ableitungen wie z. B. <aufrauhen>, hat sich mit der Rechtschreibreform erledigt.

Schwieriger stellt sich die Lage beim sogenannten Dehnungs-h dar. Es tritt nur vor <l>, <m>, <n> und <r> auf und da auch nur in ungefähr der Hälfte der möglichen Fälle, also z. B. <fahren> vs. <Ware>, <wehren> vs. <beschweren>, <zählen> vs. <schälen >, <stöhnen> vs. <schön>, <ihm> vs. <dem> usw. Ein Erklärungsansatz, warum gerade vor diesen Konsonanten manchmal ein <h> steht und manchmal nicht, ist die Tatsache, dass es sich hier in allen Fällen um konsonantische Sonoranten handelt; sie sind also zwar einerseits Konsonanten, teilen aber andererseits mit den Vokalen die Eigenschaften [+ stimmhaft] und [– Geräusch erzeugende Enge- bzw. Verschlussbildung]. Insofern stehen sie gewissermaßen zwischen den Vokalen und den Obstruenten – das sind die Konsonanten, die durch eine Geräusch erzeugende Enge- bzw. Verschlussbildung zustande kommen, also alle Plosive, Frikative und Affrikaten, vor denen nie ein silbeninitiales <h> steht. Man könnte also zusammenfassend als Regel formulieren: Ein <h> steht nach einem langen, betonten Vokal

Dehnung

GRAPHEMATIK UND ORTHOGRAPHIE

fast immer, wenn ein kurzer, unbetonter Vokal folgt; es steht in ungefähr der Hälfte der Fälle, wenn ein Sonorant (z. B. /l/, /m/, /n/) folgt; es steht nie, wenn ein Obstruent (z. B. /p/, /d/, /s/, /v/) folgt. Auf die gesamte Sprache bezogen hat das durchaus System. Im Einzelfall hilft es einem natürlich nicht besonders. Zumal weitere Dehnungsschreibungen wie die Vokalverdopplung (<Seele>, <Saal>, <Boot>) das System zusätzlich verkomplizieren.

Definition

> **Silbisches Prinzip:** Mit diesem Prinzip lassen sich verschiedene graphematische Phänomene wie Konsonantenverdopplung und Dehnung erklären. Anders als beim phonologischen Prinzip ist hier der silbische Kontext relevant. So beschränkt sich z. B. die Konsonantenverdopplung auf Silben, die nicht sowieso schon auf mehr als einen konsonantischen Graphen enden.

Morphologische Prinzipien

Neben solchen silbischen Prinzipien sind auch MORPHOLOGISCHE PRINZIPIEN bei der Erklärung von Schreibweisen zu berücksichtigen. Weiter oben wurde die Frage gestellt, warum man <Stopp> mit zwei <p> und <hallt> mit zwei <l> schreibt, wenn es von *hallen* kommt. Mit dem morphologischen Prinzip kann man erklären, dass die Frage schon die Antwort enthält. Denn das Verb *hallen* besteht aus einem Stamm {hall} und einem Flexionssuffix für den Infinitiv, nämlich {en} (s. Kapitel 5.2). Wird Letzteres ausgetauscht, z. B. mit dem Flexionssuffix {t} für die 3. Person Singular, ergibt sich die Schreibweise <hallt>. Das Doppel-l, das man aus (silben)phonologischen Gründen eigentlich nicht benötigt, schreibt

Morphemkonstanz

man allein aus Gründen der MORPHEMKONSTANZ. Nach diesem Prinzip werden Morpheme in verschiedenen Flexionsformen, aber auch z. B. in verschiedenen Wortbildungsprodukten immer gleich geschrieben. Beispiele für Letzteres sind die Schreibungen <wahllos> oder <abbremsen>. In beiden Fällen könnte man sich eigentlich ein <l> bzw. <b> sparen. Denn auch Sie sagen, jedenfalls in der alltäglichen Kommunikation, nicht ['va:llo:s] oder ['abbʀɛmzən], auch wenn Sie das bisher vielleicht dachten. Das tun Sie vielleicht dann, wenn Sie für eine Schulklasse einen Text diktieren; ansonsten sagen Sie ['va:lo:s] und ['abʀɛmzən]. Auch das phonetische Prinzip der Auslautverhärtung (vgl. Einheit 3) wie z. B. in /ge:ben/ → /ga:p/ fällt graphematisch dem morphologischen Prinzip zum Opfer: <geben> → <gab>. Vielen Umlautschreibungen wie <Bäcker>, <Zähne> oder <schäumen> liegt ebenfalls das morphologische Prinzip zugrunde: Sowohl bei der Flexion als auch bei der Wortbildung sticht das Prinzip der Morphemkonstanz hier das Prinzip der Graphem-Phonem-Korrespondenz aus.

Definition

> **Morphologisches Prinzip:** Morpheme in verschiedenen Verwendungen (z. B. Flexionsformen oder Wortbildungen) werden immer gleich geschrieben (= **Morphemkonstanz**), bzw. anhand der Schreibung ist die Verwandtschaft zwischen Morphemen erkennbar, wie z. B. bei der Umlautschreibung.

GRAPHEMATISCHE PRINZIPIEN   **Einheit 4**

Oftmals ergibt sich als Konsequenz des Nebeneinanders von phonologischem   Etymologisches Prinzip
bzw. silbischem Prinzip einerseits und morphologischem Prinzip anderer-
seits, dass Homophone (griech.: homo = gleich, also gleich lautende Wörter)
unterschiedlich geschrieben werden, wie bei <lehren> vs. <leeren>, <mahlen>
vs. <malen>. Auch wenn sich nicht alle diese Fälle synchron auf verschiedene
Morpheme zurückführen lassen (z. B. <Leib> vs. <Laib>, <Lied> vs. <Lid>,
<Sohle> vs. <Sole>), ist es nach Meinung von Eisenberg übertrieben, hier von
einem eigenen Prinzip (etwa dem lexikalischen oder Homonymie-Prinzip) zu
sprechen. Dagegen spricht u. a., dass dieses Prinzip in vielen Fällen nicht angewendet wird. Man unterscheidet beispielsweise nicht zwischen <Bremse> und
*<Brämse>, <Kiefer> und *<Kifer> oder <Ton> und *<Tohn>. Als Erklärung
für die verschiedenen Schreibweisen von solchen Paaren wie <Lied> vs. <Lid>,
<Sohle> vs. <Sole> dient oftmals die diachrone Variante des morphologischen
Prinzips: das ETYMOLOGISCHE PRINZIP. Dieses ist auch synchron häufig
noch erkennbar, etwa bei Entlehnungen aus dem Englischen. So findet man
die Schreibweise <googlen> zwar nicht in der 24. Auflage des Rechtschreib-
Dudens, aber durchaus im Internet, und zwar als nach dem etymologischen
Prinzip geschriebene Variante zur nach Meinung des Dudens einzig richtigen
phonologischen, wenn auch nur zum Teil eingedeutschten Schreibweise
<googeln>. Auch viele aus dem Französischen entlehnte Wörter behalten die
etymologische Schreibung bei. Die Variante *<Niwo> ist Ihnen vermutlich
ein Dorn im Auge, auch wenn Sie dabei ausblenden, dass Sie ohne mit der
Wimper zu zucken <Büro> schreiben, was ja eigentlich genauso „schlimm" ist.
Und ähnlich wie solche jüngeren Entlehnungen lassen sich auch die Schreibweisen <Lied> und <Lid> etymologisch darauf zurückführen, dass das eine im
Mittel- bzw. Althochdeutschen noch ein Diphthong war (mhd. *liet*, ahd. *liod*),
während das andere schon seit dem Ahd. nur mit <i> geschrieben und auch
entsprechend ausgesprochen wurde (mhd. *lit*, ahd. *lid*).

Etymologisches Prinzip: Wörter bzw. Morpheme, die aus einer Fremdsprache entlehnt   Definition
wurden, behalten ihre Schreibung bei. Zum Teil ist auch an nicht bzw. schon vor sehr
langer Zeit entlehnten homophonen Wörtern noch ihre unterschiedliche Etymologie
erkennbar.

Mit den bisher beschriebenen Prinzipien lässt sich noch nicht die (inzwischen   Pragmatisches Prinzip
wieder geltende) Großschreibung von Anredepronomina (<Du>, <Sie>)
begründen. Das dahinterstehende Prinzip wird im Falle der Anredepronomina
häufig als PRAGMATISCHES PRINZIP (griech.: prägma = Handlung) bezeichnet, womit gemeint ist, dass man durch die Großschreibung der Anrede eine
Handlung ausführt, indem man der angeredeten Person gegenüber seinen
Respekt ausdrückt.

Definition

> **Pragmatisches Prinzip:** Anredepronomina werden großgeschrieben.

Syntaktisches Prinzip

Im Falle der Großschreibung von Satzanfängen ist verbreitet von einem SYNTAKTISCHEN PRINZIP (griech.: sýntaxis = Zusammenstellung, Anordnung [hier: von Wörtern]) die Rede. Diese Regel bereitet eigentlich auch keine Probleme. Das sieht bei der Großschreibung von Substantiven teilweise schon anders aus. Ein Wort wie <Halle> ist immer ein Substantiv und dementsprechend leicht als solches zu erkennen; bei den oben zitierten Beispielen <halt> und <stopp> ist das nicht so leicht. Hier muss man den syntaktischen Zusammenhang berücksichtigen. Das zehnbändige Duden-Wörterbuch klassifiziert beide als Interjektionen, die von den Imperativen der entsprechenden Verben *halten* und *stoppen* abgeleitet sind; dementsprechend sind sie kleinzuschreiben: *Du gießt jetzt so lange, bis ich halt sage.* Wenn hingegen in einer Berliner S-Bahn die Durchsage *Nächster Halt: Schönhauser Allee* auch optisch eingeblendet wird, handelt es sich bei <Halt> um ein Substantiv, das entsprechend großgeschrieben werden muss. Die syntaktische Einbettung entscheidet also bei vielen Wörtern darüber, ob es sich um großzuschreibende Substantivierungen aus einer anderen Wortart handelt oder nicht.

Zusammen- und Getrenntschreibung

Ebenfalls vor dem Hintergrund syntaktischer Überlegungen ist die Getrennt- und Zusammenschreibung zu betrachten. Das sei hier am Beispiel der Komposition (lat.: compositio = Zusammenstellung, vgl. Kapitel 6.2) von Substantiven und Partizipien I illustriert. Wie Eisenberg (2004: 335) zeigt, sind besonders Kompositionen nach dem Muster von <fleischfressend> oder <aufsehenerregend> problematisch. Bei diesen kann es sich, anders als z. B. bei <freudestrahlend> oder <ordnungsliebend>, sowohl um Wörter als auch um Syntagmen (griech.: Zusammenordnungen) handeln, wie die Abb. 4.5 verdeutlicht. Je nachdem, wofür Sie sich entscheiden, müssten Sie entweder <Fleisch fressend> oder <fleischfressend> schreiben.

Definition

> **Syntaktisches Prinzip:** Wörter bzw. Wortgruppen werden entsprechend ihrer Verwendung im Satz groß- oder klein-, auseinander- oder zusammengeschrieben.

Wie Sie sehen, lassen sich die auf den ersten Blick oftmals unsystematisch erscheinenden Schreibungen des Deutschen in der Regel auf bestimmte Prinzipien zurückführen. Umgekehrt ist es nicht so einfach: Man kann nur sehr bedingt mit Hilfe der Prinzipien vorhersagen, wie ein Wort geschrieben wird. Das gilt besonders außerhalb des Kernwortschatzes und liegt daran, dass sich die Prinzipien wie gezeigt zum Teil leider widersprechen.

RECHTSCHREIBREFORM   **Einheit 4**

Es gibt fleischfressende/Fleisch fressende und vegetarische Lebewesen.
Die Gesellschaft wirkte auf mich wie eine Fleisch, Käse und Wurst fressende Horde.
Das war ein aufsehenerregendes/Aufsehen erregendes Ereignis.
Das war ein ziemlich großes Aufsehen und in der Öffentlichkeit teilweise direkten Widerspruch
erregendes Bekenntnis.
Freudestrahlend kam er nach Hause.
Vor Freude strahlend kam er nach Hause.
*Freude strahlend kam er nach Hause.
Er ist ein ordnungsliebender Mensch.
Er ist ein Ordnung liebender Mensch.
Er ist ein *Ordnungs liebender Mensch.

| Abb. 4.5

Getrennt- und
Zusammenschreibung
von Substantiven und
Partizipien I

An dieser Stelle lässt sich gut die Differenzierung zwischen ORTHOGRAPHIE
und Graphematik erläutern. Die beschriebenen Prinzipien werden nämlich oft
auch als orthographische Prinzipien bezeichnet. Während jedoch die Graphematik, wie oben bereits definiert, verschiedene Prinzipien beschreibt, mittels
derer Sprache in unterschiedlicher Weise verschriftlicht werden kann, handelt
es sich bei der Orthographie um ein explizit geregeltes, konventionalisiertes
System von Normen, die in manchen Fällen sogar den graphematischen Prinzipien widersprechen. Das einzige orthographische Prinzip besteht darin, dass
es in der Regel für jedes Wort in einer bestimmten syntaktischen Verwendung
nur eine einzige Schreibweise geben sollte. Diese Regel wird, besonders seit
der Rechtschreibreform, durch einige Ausnahmen bestätigt, die sich vorrangig
auf den Bereich der Laut-Buchstaben-Zuordnung (vor allem bei Fremdwörtern) und der Getrennt- und Zusammenschreibung erstrecken. Mehr dazu im
folgenden Kapitel.

Orthographie

> **Orthographie:** explizit geregeltes, konventionalisiertes System von Normen, nach dem
> für jedes Wort in der Regel nur eine einzige Schreibweise gültig ist.

Definition

Rechtschreibreform

| 4.6

Die Rechtschreibreform, die seit Mitte der 1990er Jahre (insbesondere im
jährlichen Sommerloch) die deutsche Öffentlichkeit bewegt, soll in dieser
Einführung nicht in sämtlichen Details besprochen werden; vielmehr geht
es darum, anhand eines Teilbereichs exemplarisch die Schwierigkeiten einer
solchen Reform offenzulegen.

Dieser Bereich betrifft die im amtlichen Regelwerk sogenannten Laut-
Buchstaben-Zuordnungen. Die in der Öffentlichkeit besonders emotional dis-
kutierten Änderungen beschränken sich auf einige Einzelfälle, in denen nunmehr das morphologische Prinzip gilt, sowie die Eindeutschung bestimmter

Rechtschreibreform

Fremdwörter, wobei Eindeutschung in diesem Zusammenhang nichts anderes bedeutet als den Übergang vom etymologischen zum phonologischen Prinzip. Einige Beispiele sind in Tab. 4.2 aufgelistet.

Tab. 4.2

Beispiele für Änderungen durch die Rechtschreibreform im Bereich „Laut-Buchstaben-Zuordnung"

Bendel → Bändel	*Thunfisch → auch: Tunfisch*
behende → behände	*überschwenglich → überschwänglich*
numerieren → nummerieren	*Stengel → Stängel*
Kuß, sie küßten sich → Kuss, sie küssten sich (wie *küssen, ich küsse* usw.)	*plazieren → platzieren*
	selbständig → auch: selbstständig
Stallaterne → Stalllaterne	*Necessaire → auch: Nessessär*
potentiell → auch: potenziell	*Geographie → auch: Geografie*
Photometrie → auch: Fotometrie	*Spaghetti → auch: Spagetti*
Delphin → auch: Delfin	*Ketchup → auch: Ketschup*
Exposé → auch: Exposee	*Portemonnaie → auch: Portmonee*

Wie man sieht, wurde hier versucht, in einigen Teilbereichen der Rechtschreibung bestimmten Prinzipien konsequenter Geltung zu verschaffen. Die Umlautschreibungen wie z. B. <Stängel> gehen dabei auf das morphologische Prinzip zurück. Allerdings steckt der Teufel im Detail. So wird <Quäntchen> angeblich heutzutage auf *Quantum* statt auf das frühere Handelsgewicht *Quent* zurückgeführt, welches seinerseits von lat. *quintus* abgeleitet wurde. Ob der gemeine Sprachteilhaber jedoch tatsächlich an *Quantum* denkt, wenn er <Quäntchen> schreibt, erscheint doch ziemlich fraglich. Genauso unklar ist für den Laien, ob <aufwändig> von *Aufwand* oder <aufwendig> von *aufwenden* abzuleiten ist, weswegen in diesem Fall beide Varianten erlaubt sind. <Platzieren> von *Platz* klingt auf den ersten Blick logisch, führt aber in der Konsequenz dazu, dass man das ziemlich ähnlich klingende <spazieren> nun anders schreibt. Hier konkurrieren morphologisches und phonologisches Prinzip. Und an die *<Ältern>, bei denen man noch am ehesten an *alt* denkt, haben sich die Reformer nicht herangetraut, was zu der Frage führt, nach welchen Prinzipien eigentlich Änderungen vorgenommen wurden. Im Falle von <Eltern> tritt etwas zutage, was man als grundsätzliches orthographisches

Ästhetisches bzw. Gewohnheitsprinzip

Prinzip bezeichnen könnte: das ÄSTHETISCHE bzw. GEWOHNHEITSPRINZIP. Während Ihre Eltern vermutlich zu einem großen Teil auf der alten Rechtschreibung beharren, haben Sie vielleicht weniger Abneigung gegen derartige Neuschreibungen. Das deckt sich mit Forschungen zum Orthographieerwerb, denen zufolge die Rechtschreibung zumindest nicht ausschließlich auf der Basis von Regeln erworben wird, sondern gerade in der frühen Phase des

Logographische Phase

Schrifterwerbs durch das Abspeichern von Wortbildern (LOGOGRAPHISCHE PHASE). Im Falle der Änderungen im Bereich der Umlautschreibung liegt die

Vermutung nahe, dass diese überhaupt nur deshalb so kontrovers diskutiert wurden, weil hier für das Empfinden des Lesers besonders stark in vertraute Wortbilder eingegriffen wurde. Wenn Sie allerdings darüber nachdenken, wann Sie zuletzt die Wörter <Bändel>, <überschwänglich>, <behände>, <Stängel> oder <Quäntchen> geschrieben haben, kommen Sie vermutlich auch zu dem Ergebnis, dass es sich hierbei um nicht besonders alltagsrelevante Schreibungen handelt.

Letztlich auf das morphologische Prinzip zurückzuführen ist auch die Schreibung von <Kuss> und <Hass>. Hier sollte das für Orthographie-Lernende verwirrende Nebeneinander von Formen wie <küssen> und <geküßt> beseitigt werden. Dies ist auch insofern gelungen, als für das Phonem /s/ nunmehr die GPK-Regel gilt: Nach langem Vokal steht <ß>, nach kurzem Vokal <ss>. Neben einigen weniger alltagsrelevanten Ausnahmen wie <Moos> und <Mus> ist – gewissermaßen als orthographischer Kollateralschaden – durch dieses phonologische Prinzip aus <daß> <dass> geworden, während man sich an den gleichlautenden Artikel bzw. das Relativpronomen <das> nicht herangetraut hat, so dass weiterhin der Artikel, das Relativpronomen und die Subjunktion, die in der Standardsprache allesamt gleich lauten, zum Teil unterschiedlich geschrieben werden.

Am heftigsten umstritten waren jedoch die – eigentlich relativ behutsamen – Eingriffe der Reform in die Schreibung von Fremdwörtern. Als Faustregel gilt hier: Je häufiger ein Wort im ALLTÄGLICHEN SCHREIBGEBRAUCH verwendet wird, desto eher wird orthographisch eingedeutscht. Dementsprechend werden Wörter wie <Telefon>, <Büro> oder <Frisör> eher angepasst als <Megaphon>, <Niveau> oder <Stuckateur>. Schwierigkeiten kommen dadurch zustande, dass häufig verwendete Schreibsilben wie <graph> auch in seltener gebrauchten Wörtern wie <Orthographie> auftauchen, was bei konsequenter Eindeutschung zu für manche Augen unschönen Mischschreibungen wie <Orthografie> führt. Ein anderes Problem liegt darin, dass sich insbesondere Entlehnungen aus dem Englischen und Französischen oft nur bedingt eindeutschen lassen, wie man an *<Komputer> oder *<Restorant> (Letzteres war zwischenzeitlich tatsächlich so vorgesehen) erkennen kann. Dementsprechend ist die Teileindeutschung <Ketschup> auch als nicht gerade besonders geglückt zu bezeichnen.

Insgesamt sollte aus den obigen Ausführungen deutlich geworden sein, dass die Reform der deutschen Rechtschreibung ein alles andere als einfaches Unterfangen darstellt. Jede Änderung führt zu Konsequenzen im Gesamtsystem, die oftmals nicht gewollt sind. Die Alternative ist, bestimmte Fehlentwicklungen in der vermeintlich bewährten Orthographie – wie z.B. das Nebeneinander von <radfahren> und <Auto fahren>, <in bezug auf> und <mit Bezug auf>, <Schifffracht> und <Schiffahrt> etc. – für alle Zeit fortzuschreiben. Auch dass man schon nach alter Rechtschreibung <getrennt

Alltäglicher Schreibgebrauch

schreiben> getrennt, <zusammenschreiben> hingegen zusammenschreiben musste, kann man sich in diesem speziellen Fall zwar leicht merken – die dahinterstehende Logik erschließt sich aber zumindest dem Laien wohl kaum. Die Unvollkommenheit der alten Rechtschreibung muss bei aller Kritik an der Reform ebenso bedacht werden wie die Differenzierung zwischen Schreiber- (bzw. Schriftlerner-)Perspektive und Leser- (bzw. Besitzstandswahrer-)Perspektive. Die meisten Menschen, die einmal die Rechtschreibung gelernt haben, glauben fälschlicherweise, sie zu beherrschen, und möchten sich diese vermeintliche Kompetenz auch nicht wegnehmen lassen. Im Unterschied dazu haben Sie in diesem Kapitel hoffentlich gelernt, dass Orthographie ein dermaßen komplexes System darstellt, dass man es kaum komplett beherrschen kann.

4.7 | Übungen

1 Welche Buchstaben, Graphe und Grapheme sind im Wort <Reichensteuer> enthalten?

2 Welche graphematischen Prinzipien spielen bei den folgenden, durch die Rechtschreibreform bedingten Änderungen eine Rolle: <Tollpatsch>, <Delfin>, <Rad fahren>, <Stalllaterne>?

3 Im Internet finden Sie in verschiedenen Varianten sogenannte „gescrambelte" Texte wie den folgenden (Quelle: http://www.heise.de/tp/r4/artikel/15/15701/1.html; Stand: Januar 2007):

> „Afugrnud enier Sduite an enier Elingshcen Unvirestiät ist es eagl, in wlehcer Rienhnelfoge die Bcuhtsbaen in eniem Wrot sethen, das enizg wcihtge dbaei ist, dsas der estre und lzete Bcuhtsbae am rcihgiten Paltz snid. Der Rset knan ttolaer Bölsdinn sien, und du knasnt es torztedm onhe Porbelme lseen. Das ghet dseahlb, wiel wir nchit Bcuhtsbae für Bcuhtsbae enizln lseen, snodren Wröetr als Gnaezs. Smtimt's?"

Können Sie diesen Text lesen, und wenn ja, warum?

4.8 | Verwendete und weiterführende Literatur

Deutsche Rechtschreibung (2006). Regeln und Wörterverzeichnis. Amtliche Regelung. Hrsg. v. Rat für deutsche Rechtschreibung. Tübingen: Narr.

Duden (2006) – Die deutsche Rechtschreibung. Das umfassende Standardwerk auf der Grundlage der neuen amtlichen Regeln. Hrsg. v. d. Dudenredaktion. 24., vollst. neu bearb. u. erw. Aufl. Mannheim: Bibliographisches Institut.

Duden (2000) – Das große Wörterbuch der deutschen Sprache. Hrsg. v. Wissenschaftlichen Rat der Dudenredaktion. CD-ROM-Ausgabe auf Basis der 3., völlig neu bearb. u. erw. Aufl. der Buchausgabe in 10 Bänden von 1999. Mannheim: Bibliographisches Institut.

Dürscheid, Christa (2006): Einführung in die Schriftlinguistik. 3., überarb. und erg. Aufl. Göttingen: Vandenhoeck & Ruprecht.

Verwendete und weiterführende Literatur

Eisenberg, Peter (2004): Grundriß der deutschen Grammatik. Bd. 1. Das Wort. 2., überarb. u. aktual. Aufl. Stuttgart, Weimar: Metzler.

Hinney, Gabriele; Menzel, Wolfgang (1998): Didaktik des Rechtschreibens. In: Taschenbuch des Deutschunterrichts. Hrsg. v. Günter Lange et al. 6., vollst. überarb. Aufl. Baltmannsweiler: Schneider.

Lexikon der Sprachwissenschaft (2002). Hrsg. v. Hadumod Bußmann. 3., aktual. und erw. Aufl. Stuttgart: Kröner.

Metzler-Lexikon Sprache (2004). Hrsg. v. Helmut Glück. CD-ROM-Ausgabe. Berlin: Directmedia Publishing.

Neef, Martin (2005): Die Graphematik des Deutschen. Tübingen: Niemeyer.

Stenschke, Oliver (2005): Rechtschreiben, Recht sprechen, recht haben – der Diskurs über die Rechtschreibreform. Eine linguistische Analyse des Streits in der Presse. Tübingen: Niemeyer.

Einheit 5

Morphologische Analyse

	Inhalt	
5.1	Morphologie – Was ist ein Wort?	76
5.2	Morphologische Grundbegriffe	78
5.3	Die Analyse der unmittelbaren Konstituenten (IC-Analyse)	83
5.4	Spezielle Probleme der IC-Analyse	89
5.5	Übungen	91
5.6	Verwendete und weiterführende Literatur	92

5.1 | Morphologie – Was ist ein Wort?

Morphologie

In der Phonetik-Einheit konnten Sie bereits das Bibelzitat lesen, dass das Wort am Anfang von allem war. Die linguistische Teildisziplin, die sich der Beschreibung von Wörtern widmet, heißt MORPHOLOGIE (griech.: morphé = Gestalt, Form). In dieser Einheit wird zunächst die Frage geklärt, was ein Wort eigentlich ist. Danach geht es gewissermaßen noch einen Schritt zurück, d. h., es wird die Frage gestellt, woraus ein Wort besteht. Nachdem das Wort auf diese Weise in seine Bestandteile zerlegt wurde, wird es in einer weiteren morphologischen Einheit aus umgekehrter Perspektive um die Konstruktion von Wörtern gehen, also um die Wortbildung.

Definition

> **Morphologie** (von Goethe ursprünglich für die Lehre von der Form und Struktur lebender Organismen verwendeter Terminus): linguistische Teildisziplin, die sich mit der Gestalt, Flexion (Beugung) und Bildung von Wörtern beschäftigt.

Wort

Zuvor soll der Begriff WORT definiert werden. Das mag Ihnen banal erscheinen, aber schon bei der Pluralbildung kann man ins Schleudern kommen: Heißt es *Worte* oder *Wörter*? Bzw. wann nimmt man welchen Plural? Und auch die in Abb. 5.1 aufgeführten alltagssprachlichen Verwendungen machen eine Definition des Begriffs „Wort" nicht leichter.

Abb. 5.1 |

Einige alltagssprachliche Verwendungsweisen von „Wort"

1) *Ein Mann, ein Wort.*
2) *Das Wort Gottes.*
3) *Denk an meine Worte!*
4) *Durch die neue Rechtschreibung werden viele Wörter auseinandergerissen.*
5) *Die Aussprache des Wortes „China" variiert in verschiedenen Dialekten des Deutschen.*
6) *Der Lebenslauf sollte nicht mehr als 500 Wörter umfassen.*

Während in den ersten drei Beispielen unter *Wort* eine Äußerung bzw. ein Text zu verstehen ist, bezieht sich *Wort* in den Beispielen (4) bis (6) eher auf kleinere, abgeschlossene Einheiten innerhalb eines Textes oder des Systems Sprache allgemein. Die Frage ist nun, anhand welcher Kriterien die Einheit Wort im linguistischen Sinne abgegrenzt werden kann. Die Definitionsansätze sind erwartungsgemäß vielfältig; die entsprechenden Einträge in linguistischen Fachlexika wie dem „Lexikon der Sprachwissenschaft" (2002) oder dem „Metzler-Lexikon Sprache" (2004) entsprechend umfangreich. Zu den immer wieder genannten Abgrenzungskriterien zählen die in Abb. 5.2 genannten Aspekte.

Sämtliche Kriterien haben verschiedene Haken, wie z. B. an dem Satz *Der Deutsch-Lehrer setzt mir die Aufgabe auseinander* deutlich wird. So sind hier die Einheiten *der*, *mir* und *die* nicht oder nur teilweise durch phonetische Grenzsignale markiert, tragen keinen Akzent – es sei denn, man möchte sie

MORPHOLOGIE – WAS IST EIN WORT?   **Einheit 5**

1) *phonetisch-phonologisch:* Einheit mit einem Akzent, durch Grenzsignale wie Pause oder Knack-laut isolierbar

2) *orthographisch:* Einheit zwischen zwei Leerzeichen

3) *morphologisch:* strukturell stabile, nicht trennbare, minimale freie Einheit, mit der eine Frage beantwortet werden kann

4) *lexikalisch-semantisch:* kleinster, relativ selbständiger Träger von Bedeutung, der im Lexikon verankert ist

5) *syntaktisch:* kleinste verschiebbare Einheit im Satz

|Abb. 5.2

Abgrenzungskriterien für die linguistische Einheit „Wort" in linguistischen Fachlexika

besonders betonen – und wären somit keine Wörter. Die Einheiten *setzt* und *auseinander* sind durch Leerzeichen abgetrennt und wären demnach zwei Wörter, von den aktuellen orthographischen Streitigkeiten ganz zu schweigen (bis 1996 hieß es *auseinandersetzen*, dann einige Jahre *auseinander setzen* und seit den Empfehlungen des Rechtschreibrates von 2006 wieder *auseinander-setzen*). Mit der Einheit *der* kann man kaum eine Frage beantworten – und wenn Sie meinen, das ginge doch, versuchen Sie es mal mit dem Genitiv *des*. Die Einheit *Deutsch-Lehrer* kann man in zwei Einheiten aufteilen, die sich jeweils separat als selbständige Träger von Bedeutung erweisen. Dafür lässt sich die Bedeutung einer funktionalen Einheit wie *der* für sich genommen kaum beschreiben. Außerdem kann man sie zwar im Satz verschieben, aber nur zusammen mit der Einheit *Deutsch-Lehrer*.

Ein weiteres Problem kommt hinzu, wenn man sich die folgende Auflistung aus der Duden-Grammatik (2005) anschaut (vgl. Abb. 5.3). Wie viele hervor-gehobene Wörter enthält dieser Kasten? Man kann die Antwort aus verschie-denen Perspektiven formulieren. Aus der Sicht eines Wörterbuchs oder des MENTALEN LEXIKONS (gewissermaßen der im Gehirn abgespeicherten Wörter) würde man sagen, dass es sich bei den hervorgehobenen Einheiten immer um ein und dasselbe Wort handelt. Man spricht daher auch vom LEXIKALISCHEN WORT oder LEXEM.

Mentales Lexikon

Lexikalisches Wort/Lexem

a) *Die **Türme** der Burg waren schon von weitem zu sehen.*

b) *Auf den **Türmen** wehten bunte Fahnen.*

c) *Der eine **Turm** war vierzig Meter hoch.*

d) *Der andere **Turm** war nur etwa dreißig Meter hoch.*

e) *Wir sind auf den **Turm** geklettert.*

f) *Auf dem **Turm** hatten wir eine prächtige Aussicht.*

g) *Die Mauern des **Turms** bestanden aus dicken Quadern.*

|Abb. 5.3

Ein Lexem – sechs Wortformen – sieben Tokens (vgl. Duden-Grammatik 2005: 129)

Stellt man die Perspektive der Sprachverwendung in den Mittelpunkt, zählt man hingegen sieben Verwendungen des lexikalischen Wortes *Turm*. Zur Unterscheidung der abstrakten Kategorie des lexikalischen Wortes *Turm*

Syntaktisches Wort/Wortform

77

MORPHOLOGISCHE ANALYSE

(als Element der Langue) und seiner konkreten Verwendung (in der Parole) kann man das schon in der Semiotik-Einheit beschriebene Konzept der Type-Token-Relation anwenden. Demnach findet man für das Type *Turm* als lexikalische Einheit im obigen Kasten verschiedene Tokens, die sich im Hinblick auf zwei Kriterien unterscheiden: ihre äußere Form und ihre grammatischen Eigenschaften. Nimmt man beide Kriterien zusammen, lassen sich in Abb. 5.3 sechs verschiedene WORTFORMEN oder SYNTAKTISCHE WÖRTER unterscheiden, nämlich *Turm* (Nom. Sg.), *Turm* (Akk. Sg.), *Turm* (Dat. Sg.), *Turms* (Gen. Sg.), *Türme* (Nom. Pl.) und *Türmen* (Dat. Pl.). Nimmt man die hier fehlenden Formen des Akk. Pl. (*Türme*) und Gen. Pl. (*Türme*) hinzu, erhält man das vollständige Flexionsparadigma.

Definition

> **Wort:** als **lexikalisches Wort** oder **Lexem** abstrakte Einheit des Lexikons. Als **syntaktisches Wort** oder **Wortform** in konkreter Verwendung vorliegende Einheit einer Äußerung bzw. eines Textes.

Man könnte hinsichtlich der Type-Token-Relation noch einen Schritt weiter gehen und auf der Ebene der Wortformen ebenfalls noch einmal zwischen Types und Tokens unterscheiden. Dann wäre jede Wortform ein eigenes Type und jede Verwendung einer Wortform ein Token. Dementsprechend läge dann in Abb. 5.3 für die fünf Types *Turm* (Akk. Sg.), *Turm* (Dat. Sg.), *Turms* (Gen. Sg.), *Türme* (Nom. Pl.) und *Türmen* (Dat. Pl.) jeweils ein Token vor; das sechste Type *Turm* (Nom. Sg.) läge zweimal als Token vor (in (c) und (d)); die Types *Türme* (Akk. Pl.) und *Türme* (Gen. Pl.) wären hier hingegen nicht als Tokens realisiert.

5.2 | Morphologische Grundbegriffe

Morph
Nachdem klar ist, was man unter dem Begriff „Wort" in der Linguistik versteht, soll es nun darum gehen, wie man Wörter genauer beschreiben kann. Es gibt unterschiedlich komplexe Arten von Wörtern. Wörter wie *Fisch*, *schön*, *und*, *bald* usw. sind morphologisch gesehen relativ einfach, weswegen sie auch

Simplex
als SIMPLIZIA (lat.: simplex = einfach) bezeichnet werden. Sie bestehen aus nicht weiter zerlegbaren Einheiten, die über eine Bedeutung verfügen. Hingegen sind Wörter wie *Deutsch-Lehrer*, *auseinandersetzen* und *Turms* ganz offensichtlich aus mehreren Bestandteilen zusammengesetzt, die jeder für sich eine (nicht immer ganz leicht zu beschreibende) Bedeutung oder doch zumindest ein grammatisches Merkmal innehaben. Diese Bestandteile, die elementaren Einheiten der Morphologie, nennt man MORPHE.

Definition

> **Morph:** elementare lautliche oder graphische Einheit der Sprache, der eine Bedeutung bzw. ein grammatisches Merkmal zugeschrieben werden kann. Morphe werden in geschweiften Klammern notiert, z. B. {Turm}, {s}, {lehr}, {er}.

78

MORPHOLOGISCHE GRUNDBEGRIFFE | **Einheit 5**

Die Kombinationsmöglichkeiten von Morphen werden vielfach auch in der linguistischen Fachliteratur als nahezu unbegrenzt dargestellt. Das Ergebnis solcher Kombinationsprozesse wird als WORTBILDUNGSKONSTRUKTION oder WORTBILDUNGSPRODUKT bezeichnet. Aus einem der berühmtesten Beispiele für ein sehr komplexes Wortbildungsprodukt, der im Rechtschreib-Duden aufgeführten *Donau-Dampfschifffahrtsgesellschaft*, macht Donalies (2005) in ihrem Überblick über die Wortbildung des Deutschen die *Donaudampfschifffahrtsgesellschaftskapitänswitwenkompositabildungsexpertenrunde*. Obwohl die für das vorliegende Buch verwendete Version von MS-Word keinerlei Beanstandungen gegen dieses Lexem hat, geht es vielleicht auch Ihnen so, dass Sie spätestens nach *Witwen* aussteigen. Und auch im Internet mit seinen Phantastilliarden von Wortformen lässt sich dieses Lexem nicht wiederfinden. Es scheint also doch Grenzen zu geben. Gleichwohl ist dem Deutschen eine gewisse Tendenz zu relativ komplexen Wortbildungsprodukten zu eigen.

Wortbildungskonstruktion/Wortbildungsprodukt

> **Simplex:** ein Lexem, das nur aus einem einzigen Morph besteht und daher nicht weiter zerlegt werden kann, z. B. *Fisch*, *bald*.
> **Wortbildungsprodukt:** ein Lexem, das aus mehreren Morphen besteht und daher in verschiedene Bestandteile zerlegt werden kann, z. B. *Deutsch-Lehrer*.

Definition

Leider verhält sich die deutsche Sprache nicht so, dass jedem Morph genau eine Bedeutung zugeordnet werden kann. Vielleicht haben Sie selbst schon einmal das Spiel „Teekesselchen" gespielt. Dabei geht es darum, sich mehrdeutige Begriffe, also Wörter mit gleicher Ausdrucksseite, aber verschiedener Bedeutung, auszudenken und diese dann ihren verschiedenen Bedeutungen entsprechend zu erklären.

Beispielsweise kann man das Wort *Brücke* als ein Bauwerk, eine Art Teppich, eine Übung beim Bodenturnen, einen Zahnersatz, eine Schaltungsform in der Elektronik, einen Teil eines Schiffes, ein kurzes Zwischenspiel in einem Musikstück und noch einiges mehr erklären (s. Abb. 5.4). Mit anderen Worten: Ein und dieselbe Laut- bzw. Buchstabenfolge *Brücke* kommt in Kombination mit mehreren verschiedenen Bedeutungen und damit in mehreren Morphen vor. Man spricht hier auch von POLYSEMIE bzw. HOMONYMIE (vgl. Kapitel 11.5.5).

Umgekehrt gibt es eine ganze Reihe von Bedeutungen oder grammatischen Merkmalen, die durch unterschiedliche Morphe, sogenannte ALLOMORPHE (griech.: állos = ein anderer) realisiert werden, wie z. B. das Merkmal „Plural" durch die Allomorphe {-n} (Löwen, Bauern), {-en} (Frauen), {-er} (Kinder), {-s} (Kinos, Muttis), {Umlaut} (Väter, Mütter, Öfen), {-ø} (Fahrer; ø = sog. Nullmorphem, vgl. Kapitel 5.3) u. a. oder das Verb *singen*, zu dem die Morphe {sing}, {sang}, {säng} und {sung} gehören (ich singe, ich sang, ich sänge, ich habe gesungen). Die Einheit aus einer bestimmten Bedeutung bzw. einem grammatischen Merkmal, also der Inhaltsseite des Zeichens, und dem dazugehörigen

Allomorph

79

MORPHOLOGISCHE ANALYSE

Abb. 5.4
Einige Bedeutungen des Morphs {Brücke}

Über einen Fluss

 Teppich

Zahnersatz

 Übung beim Bodenturnen

Brückenschaltung bei elektrischen Schaltplänen

 Teil eines Schiffes

Kurzes Zwischenspiel in einem Musikstück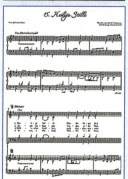

MORPHOLOGISCHE GRUNDBEGRIFFE **Einheit 5**

Morph bzw. den dazugehörigen Allomorphen (= der Ausdrucksseite) heißt
MORPHEM. Im Unterschied zum Phonem bzw. Graphem, die weiter oben als
die kleinsten bedeutungsUNTERSCHEIDENDEN Einheiten der gesprochenen
bzw. geschriebenen Sprache definiert wurden, handelt es sich beim Morphem
um die kleinste bedeutungsTRAGENDE Einheit der Sprache.

Morphem

Morphem: kleinste bedeutungstragende Einheit der Sprache, bestehend aus einem
Morph oder mehreren Allomorphen (Ausdrucksseite) und einer Bedeutung bzw. einem
grammatischen Merkmal (Inhaltsseite). Morpheme werden ebenfalls in geschweiften
Klammern notiert.

Definition

Morpheme sind also die elementaren Bestandteile der Wortbildung. Man
unterscheidet zwischen BASISMORPHEMEN (auch GRUNDMORPHEME genannt)
wie {Fisch}, {Kind}, {bald}, {schön}, {schreib} etc. und WORTBILDUNGSMOR-
PHEMEN wie {heit}, {ung}, {lich}, {ver}, {un} usw. Erstere sind wortfähig,
entsprechen also einem Eintrag im Lexikon und kommen daher (mit Ausnahme vieler verbaler Basismorpheme wie {helf}, die im Lexikon im Infinitiv
zitiert werden) in der Regel FREI vor, also als selbständige Lexeme. Das gilt
für substantivische Basismorpheme wie das oben erwähnte Wort *Brücke*, das
für mehrere Morpheme stehen kann, die gleichzeitig alle über einen eigenen
Lexikoneintrag verfügen. Auch adjektivische Basismorpheme {schön} sowie
adverbiale Basismorpheme {bald}, konjunktionale Basismorpheme {und,
weil}, pronominale Basismorpheme {jemand, dies} und präpositionale Basismorpheme {auf, wegen} kommen frei vor. Dagegen treten Wortbildungsmorpheme nur GEBUNDEN auf, also als Bestandteile von Wortbildungsprodukten.
Auch die dritte Morphemklasse der FLEXIONSMORPHEME kommt ausschließlich gebunden vor. Dazu gehören z.B. die oben erwähnten Pluralmorpheme
oder auch die Morpheme, mit welchen Verben in eine bestimmte Person flektiert werden, wie z.B. {t} bzw. {et} für die 3. Pers. Sg. Ind. Präs. (*er schreib-t, er
arbeit-et*; dass bei Letzterem ein Schwa-Laut eingefügt wird, hat phonetische
Ursachen – versuchen Sie mal, *er arbeit-t* so auszusprechen, dass man es vom
verbalen Basismorphem {arbeit} unterscheiden kann). Ausnahmen sind z.B.
Konjunktionen und Präpositionen, die häufig als Beispiele für freie grammatische Morpheme angeführt werden.

Basismorphem
Wortbildungs-
morphem

Freie Morpheme

Gebundene Morpheme
Flexionsmorphem

Flexionsmorphem	Ausdrucksseite	*schreib-{t}, arbeit-{et}*
„3. Pers. Sg. Ind. Präs." mit den beiden Allomorphen {t}, {et}	Inhaltsseite	3. Pers. Sg. Ind. Präs.

Tab. 5.1

Flexionsmorphem mit
Allomorphen

Nicht immer lassen sich Morpheme eindeutig einer dieser drei Klassen
zuordnen. Die Grenzen zwischen Basis- und Wortbildungsmorphemen sind
aufgrund des Sprachwandels, im Zuge dessen lexikalische Konstituenten

Affixoid

81

tendenziell grammatikalisiert werden, eher fließend. Eine Zeit lang wurden Morpheme wie {zeug} in *Flug-zeug*, {werk} in *Mäh-werk*, {frei} in *sorgen-frei*, {arm} in *natrium-arm*, die sich im Übergang vom Basis- zum Wortbildungsmorphem befinden, in der Wortbildungsforschung als AFFIXOIDE bezeichnet. Auf die Problematik dieses Begriffs wird in Kapitel 6.2 näher eingegangen.

Affix Der Terminus „Affixoid" ist abgeleitet von AFFIX (lat.: affixum = angeheftet). Dabei handelt es sich um die Oberkategorie für alle Begriffe, mit denen Morpheme hinsichtlich ihrer Position beschrieben werden. Ein PRÄ-

Präfix FIX (lat.: praefixum = vorn angeheftet) steht immer vor dem Lexem, mit dem es ein neues Wort bildet (z.B. {auf} in *auf-essen*); ein SUFFIX (lat.: suffixum

Suffix = (hinten) angeheftet) dahinter (z.B. {keit} in *Tapfer-keit*). Außerdem gibt

Zirkumfix es noch ZIRKUMFIXE (lat.: circum = ringsum, auch DISKONTINUIERLICHE

Diskontinuierliche MORPHEME genannt) wie z.B. {ge + e} in *Ge-birg-e* oder {be + ig} in *be-sänft-*

Morpheme *ig-(en)*, deren Status allerdings umstritten ist, sowie in manchen Fachbüchern

Infix das INFIX (lat.: infixum = hineingeheftet) in Wörtern wie *funktions-un-tüchtig*, über deren Zustandekommen man sich ebenfalls streiten kann; es ließe sich auch als Komposition aus *Funktion* und *untüchtig* erklären, wobei Letzteres eher selten frei vorkommt.

Ein weiteres Unterscheidungskriterium, das in der Definition von Morphemen als Träger von Bedeutung bzw. grammatischen Merkmalen bereits

Grammatische vs. angeklungen ist, ist die Differenzierung von GRAMMATISCH VS. LEXIKALISCH.

lexikalische Während sich die Flexionsmorpheme wie z.B. das Plural-Morphem mit seinen

Morpheme diversen Allomorphen klar den grammatischen Morphemen zuordnen lassen, handelt es sich bei den meisten Basismorphemen (z.B. {Fisch}) eindeutig um lexikalische Morpheme. Sie sind im mentalen Lexikon offenbar als eigene Einheiten organisiert (wie auch immer man sich das genau physiologisch vorzustellen hat; die Forschung steckt diesbezüglich immer noch in den Anfängen; vgl. Einheit 12). Dementsprechend sind sie in einem konkreten Lexikon als eigene Einträge verzeichnet. Etwas schwieriger stellt sich die Lage bei den Wortbildungsmorphemen dar. Ein Morphem wie das Suffix {ung} hat in den allermeisten Fällen die (vorwiegend grammatische) Funktion, aus einem Verb (wie z.B. *üben*) ein Substantiv zu bilden (→ *Übung*), das dann immer Femininum ist. Hingegen verkehrt das Präfix {un} die Bedeutung eines Adjektivs (*unfrei, unschön, unwillig, unbeabsichtigt* usf.) oder – sehr viel seltener – eines Substantivs (z.B. *Undank, Untiefe*) ins Gegenteil. Es hat also gewissermaßen die Bedeutung von *nicht*, was man auch daran sieht, dass substantivierte Verben oder von Verben abgeleitete Substantive in der Regel mit {nicht} anstelle von {un} verneint werden (z.B. *Nichterscheinen, Nichterfüllung*; Ausnahme: *Unvermögen*). Die Klasse der Wortbildungsmorpheme schwankt also zwischen lexikalischer Bedeutung und grammatischer Funktion. Da die große Mehrheit der Wortbildungsmorpheme dazu dient, Wörter in eine

DIE ANALYSE DER UNMITTELBAREN KONSTITUENTEN (IC-ANALYSE)   **Einheit 5**

andere Wortart zu überführen, werden sie oftmals der Einfachheit halber
pauschal den grammatischen Morphemen zugeordnet. In dieser Einführung
wird hingegen nach einem einfachen Kriterium unterschieden: Überführt
das Wortbildungsmorphem ein Basismorphem in eine andere Wortart (z. B.
Umleit-ung), wird es zu den grammatischen Morphemen gerechnet, ansonsten (z. B. *un-frei*) zu den lexikalischen. In Fällen, wo man nicht entscheiden
kann, welcher Wortart das Basismorphem zuzuordnen ist (kommt z. B. *be-
antwort(en)* vom Substantiv *Antwort* oder vom Verb *antwort(en)*?), werden
einfach beide Kategorien angegeben. In Tab. 5.2 sind die verschiedenen
Klassifikationsmöglichkeiten für Morpheme noch einmal überblicksartig
dargestellt.

Klassifikations-
möglichkeiten der
Morpheme

Morphemtyp			
frei		**gebunden**	
lexikalisch	**grammatisch**	**lexikalisch**	**grammatisch**
verbales Basismor-phem (identisch mit Imperativ): {komm}	pronominales Basismorphem: {jemand}	verbales Basis-morphem (nicht identisch mit Imperativ): {helf}	Flexionsaffixe:
			Zirkumfix: {ge} + {t} (*gelegt*)
substantivisches Basismorphem: {Fisch}	präpositionales Basismorphem: {auf}	Konfixe (vgl. Kap. 5.4): {bio}, {thek}	Suffix: {t}/{et} (*arbeitet, schreibt*)
adjektivisches Basis-morphem: {schön}	konjunktionales Basismorphem: {und}	Wortbildungsaffixe:	
		Präfix:	
adverbiales Basismor-phem: {bald}		{un} (*unfrei*)	{ver} (*vergleichen*)
		Zirkumfix:	
		{ge} + {e} (*Gebirge*)	{be} + {t} (*berühmt*)
		Suffix	
		{ei} (*Bücherei*)	{ung} (*Leitung*)

Tab. 5.2

Die Klassifikation von
Morphemtypen

Die Analyse der unmittelbaren Konstituenten (IC-Analyse) |5.3

Die im vorherigen Kapitel erwähnten Kategorien bilden das Grundinstrumen-
tarium, um Wörter morphologisch zu analysieren. Wie Sie anhand dieser Formulierung schon richtig erahnen, reicht das allerdings noch nicht ganz aus,
weswegen Sie in diesem Kapitel das Verfahren der sogenannten IC-ANALYSE
kennen lernen werden. IC steht für „Immediate Constituents" (= unmittelbare

IC-Analyse

Bestandteile), so dass man auch von Konstituentenanalyse spricht. Ziel dieses Verfahrens ist es, einen sprachlichen Ausdruck – z. B. einen Satz oder wie hier ein Wort – in seine Bestandteile zu zerlegen. Die morphologisch kleinsten Bestandteile eines Wortes sind die Morpheme, die wie oben beschrieben mit einem Morph oder verschiedenen Allomorphen in der Sprache vorkommen. In dieser Einführung geht es um die Analyse konkreter Wortformen in Texten. Zu diesem Zweck sei ein kurzer Text zitiert – ein sogenanntes Dialogfenster, also eine Nachricht, mit der gewissermaßen ein Computerprogramm Kontakt zum Benutzer aufnehmen möchte.

Abb. 5.5 |
Windows-Dialogfenster
(Quelle: http://www.swr3.de/dialoge/;
Stand: September 2006)

Dieser kurze Text, wenn man ihn denn als solchen bezeichnen kann, enthält inkl. Überschrift und Schaltflächen zehn Wörter.

Im Folgenden soll es um die beiden Wörter *Änderungen* und *Schriftartabgleichungs-Ausnahmedatei* gehen. Um mit dem Einfacheren anzufangen, wird zunächst das Wort *Änderungen* analysiert.

Segmentierung

Prinzip der Binarität

Im ersten Teil einer morphologischen IC-Analyse geht es darum, die vorliegende Wortform zu segmentieren, also in ihre Bestandteile zu zerlegen. Dabei gelten zwei Prinzipien. Das erste, sogenannte PRINZIP DER BINARITÄT (lat.: bini = je zwei) besagt, dass die Wortform immer in zwei Konstituenten aufgeteilt wird und diese dann, wenn möglich, wiederum in zwei Konstituenten, bis irgendwann nichts mehr aufzuteilen ist. Das zweite Prinzip lautet: Wenn die Wortform flektiert ist, sprich: ein Flexionsaffix enthält, so ist dieses zuerst abzutrennen. Die Wortform *Änderungen* enthält ein solches Affix, nämlich das Morphem {en}, das hier den Nominativ Plural anzeigt. Der erste Analyseschritt sieht also wie folgt aus:

Abb. 5.6 |
IC-Analyse der Wortform *Änderungen*,
1. Schritt

Der Einfachheit halber wird in dieser Einführung davon ausgegangen, dass bei jeder Wortform höchstens ein Flexionsmorphem vorliegt. Beispielsweise bestünde bei der Verbform *(wir) machten* die Möglichkeit, zwei verschiedene Flexionsmorpheme anzunehmen: einmal {t} für Präteritum und einmal {en} für 1. Pers. Pl. Allerdings hat die deutsche Sprache die Eigenheit, dass nicht jedes grammatische Merkmal immer mit einem eigenen Morphem dargestellt wird; so verfügt das Substantiv *Änderung* zwar über ein Morphem für das Merkmal „Plural", aber weder im Singular noch im Plural über irgendwelche Morpheme, die den Kasus (hier: Nominativ) anzeigen. Das hätte für die Darstellung die Konsequenz, dass man für das Merkmal „Nominativ" bei der Wortform *Änderungen* ein sogenanntes NULLMORPHEM ansetzen müsste, worauf hier aus Gründen der Überschaubarkeit verzichtet wird.

Nullmorphem

Nullmorphem ({ø}): Ein grammatisches Merkmal wird ausdrucksseitig nicht durch ein Morphem realisiert, wie z. B. die verschiedenen Kasus im Plural der meisten Substantive oder der Plural ganz allgemein in Substantiven wie „Fahrer". Genau gesagt handelt es sich hier um Nullallomorphe.

Definition

Die Endung {en} ist nicht weiter segmentierbar, mit anderen Worten: Die Analyse ist hier bereits auf der Morphemebene angekommen, weswegen die Endung in geschweiften Klammern notiert wird. Das sieht beim übrig gebliebenen Rest *Änderung* anders aus. Dieser lässt sich weiter segmentieren, wie der folgende Strukturbaum zeigt:

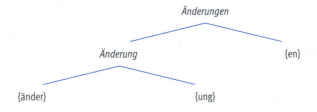

Abb. 5.7
IC-Analyse der Wortform *Änderungen*, vollständig segmentiert

Damit ist die Wortform vollständig SEGMENTIERT. Die einzelnen Morpheme können nun im zweiten Teil der Analyse KLASSIFIZIERT werden. Bei {en} handelt es sich um ein gebundenes, grammatisches Flexionssuffix, bei {ung} um ein gebundenes, grammatisches Wortbildungssuffix. Schwieriger ist der Fall bei {änder}. Dieses könnte man als verbales (*änder-n*) oder adjektivisches Basismorphem (*eine ander-e Gelegenheit*) einstufen. Im letzteren Fall würde das bedeuten, dass hier mit {änder} ein Allomorph zu {ander} vorliegt. Allerdings besteht das Problem, dass adjektivische Basismorpheme normalerweise frei vorkommen (*eine gut-e Gelegenheit – die Gelegenheit ist gut*, aber: *eine ander-e Gelegenheit – die Gelegenheit ist *ander*). Deswegen folgen wir hier der Einschätzung von Fleischer/Barz (1995) und dem Großen Duden, die {ander} als pronominales Basismorphem einordnen, ähnlich wie z. B. {solch} oder {irgendein}, die allerdings beide frei vorkommen. Aus dem pronominalen {ander} ließe sich dann mittels Flexion ein Pronomen konstruieren oder aber im Zuge eines Wortbildungsprozesses ein Adverb (*ander-s*; ähnlich wie *besonder-s, stet-s, link-s*, die auch alle ohne das {s} nicht frei vorkommen, aber mittels Flexion ein Adjektiv bilden können; z. B. *eine besonder-e Eigenschaft, stet-er Tropfen, auf der linken Seite*) bzw. der Verbstamm {änder} bilden. Wie solche Wortbildungspro-

Klassifizierung

zesse genau funktionieren, ist Gegenstand der folgenden Einheit. Im Ergebnis wäre {änder} also als gebundenes, lexikalisches verbales Basismorphem oder als Allomorph des gebundenen, grammatischen, pronominalen Basismorphems {ander} zu klassifizieren.

Definition

> **Morphologische IC-Analyse:** Verfahren zur Analyse von Wortformen. Dabei werden die Wortformen zunächst Schritt für Schritt jeweils in ihre unmittelbaren Konstituenten (Immediate Constituents) **segmentiert,** wobei das **binäre Prinzip** anzuwenden ist. Nicht weiter zerlegbare Konstituenten (= Morpheme) werden schließlich **klassifiziert.**

Damit sind Sie theoretisch in der Lage, die folgende IC-Analyse der Wortform *Schriftartabgleichungs-Ausnahmedatei* nachzuvollziehen, die in Abb. 5.8 dargestellt ist.

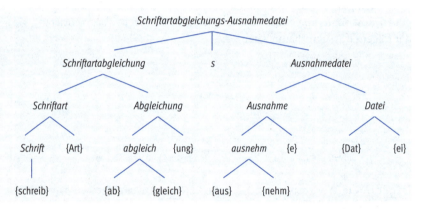

Abb. 5.8 | Vollständige IC-Analyse der Wortform *Schriftartabgleichungs-Ausnahmedatei*

Detaillierte IC-Analyse

Wenn Sie diesen Strukturbaum ohne fremde Hilfe selbständig genauso gezeichnet hätten, können Sie getrost zum nächsten Kapitel weiterblättern. Wahrscheinlich ergeben sich aber einige Fragen. Das fängt damit an, dass im ersten Schritt vom Prinzip der Binarität abgewichen wurde. Das ist immer dann legitim, wenn es sich bei der Wortform um eine Komposition (vgl. dazu Einheit 6) aus zwei Bestandteilen handelt, welche mit einem sogenannten

Fugenelement

FUGENELEMENT (alternativ auch: INTERFIX) verbunden sind. Das hier vorliegende Fugen-s ist keine Genitiv-Endung, wie oft vermutet wird (auch wenn das Fugen-s historisch aus einem Flexionssuffix entstanden ist), denn der Genitiv von *Schriftartabgleichung* besitzt kein *s*. Auch bei anderen Fugenelementen wie *-er-* in *Kind-er-spielplatz* oder *-n-* in *Blume-n-vase* liegen nicht etwa Pluralmorpheme vor. Der Status der vielfältigen Formen von Fugenelementen (vgl. auch *Glaube-ns-frage, Trag-e-tasche, Held-en-mut, Sieg-es-zug, Schmerz-ens-schrei, Kontinent-al-verschiebung, Gas-o-meter, Agr-i-kultur, Woll-(ø)-decke, lexik-al-isch, öffen-t-lich*) ist umstritten und lässt sich kaum pauschal beschreiben. Grundsätzlich wird man der Fuge wohl am ehesten gerecht, wenn man

Die Analyse der unmittelbaren Konstituenten (IC-Analyse) — Einheit 5

sagt, dass sie gegenwartssprachlich betrachtet der phonetischen Strukturierung komplexer Komposita und der besseren Aussprechbarkeit dient. Da das Fugenelement weder eine eigene Bedeutung noch ein grammatisches Merkmal trägt, wird es ohne geschweifte Klammern notiert.

> **Fugenelement:** aus phonetischen Gründen eingefügter Laut oder Lautkette in komplexen Wortbildungsprodukten wie *Umleitung-s-empfehlung*, *Kontinent-al-verschiebung*, *Kind-er-garten* oder *brasili-an-isch*. Fugen sind keine Morpheme, da sie zwar bedeutungsUNTERSCHEIDEND (*Land-es-polizei* vs. *Land-ø-polizei* vs. *Länd-er-polizei*) sein können, nicht aber bedeutungsTRAGEND.

Definition

Die weitere Segmentierung der linken Konstituente *Schriftartabgleichung* dürfte weitgehend nachvollziehbar sein. Geschweifte Klammern finden sich immer erst dann, wenn eine Konstituente nicht weiter segmentierbar ist, also Morph(em)status besitzt. Eine Besonderheit stellt hier die Konstituente *Schrift* dar. Man könnte an dieser Stelle auch aufhören und {Schrift} als freies, lexikalisches substantivisches Basismorphem werten. Allerdings kann man bei längerem Grübeln auf den Gedanken kommen, dass {Schrift} etwas mit {schreib} zu tun hat. Noch längeres Nachdenken führt irgendwann zum ähnlichen Fall {Gift}, dessen Bezug zu {geb} aus synchroner Sicht noch in *Mitgift* deutlich ist. Allerdings lassen sich aus Sicht der Gegenwartssprache {Gift} und {Schrift} kaum segmentieren (obwohl einige wenige weitere Beispiele wie *Vernunft*, *Auskunft*, evtl. auch *Kunst*, *Brunst*, *Gunst* den Verdacht nahelegen, dass es in der Vergangenheit mal ein Morphem {t} gegeben haben könnte; tatsächlich handelt es sich um eine Spur des in althochdeutscher Zeit produktiven Morphems {ti}, das zur Bildung von Abstrakta diente). Erst recht nicht kann man aus synchroner Perspektive entscheiden, was eher da war. Deswegen wird an dieser Stelle erstens erneut vom Prinzip der Binarität abgewichen und die Beziehung von {Schrift} zu {schreib} lediglich mit einer senkrechten Linie markiert; zweitens ist dieser Schritt insgesamt ohne Hilfsmittel (wie etymologische Wörterbücher, in denen die Wortgeschichte von Lexemen verzeichnet ist, und sogenannte rückläufige Wörterbücher, in denen der Wortschatz alphabetisch geordnet vom Wortende her verzeichnet ist) bestenfalls als optional zu betrachten.

Weitere Segmentierung

Auch wären Sie wohl nicht unbedingt darauf gekommen, dass man bei der rechten Konstituente *Ausnahmedatei* die Konstituente *Datei* noch weiter segmentieren kann. Ein Blick z. B. in Fleischer/Barz (1995) zeigt aber, dass das Wortbildungssuffix {ei} einen Ort bezeichnet, an dem sich jemand befindet, etwas hergestellt oder aufbewahrt wird o. Ä., wie man an den analogen Fällen *Kartei*, *Kantorei* oder *Ziegelei* erkennen kann. Eine *Datei* ist also ein Aufbewahrungsort für Daten.

Bemerkenswert ist noch, dass man bei der Analyse der Konstituente *Ausnahme* von Allomorphie auszugehen hat. Der Verbstamm *ausnehm*, der sich

87

MORPHOLOGISCHE ANALYSE

seinerseits noch weiter segmentieren lässt, wird nicht nur mit dem Wortbildungssuffix {e} versehen, sondern verändert auf der betonten Silbe auch noch den Vokal. Dieses Phänomen tritt ebenfalls sehr häufig auf, z. B. bei {back} und {Bäck} + {er} oder {geb} und {Gab} + {e}. Auch bei diesen Fällen kann man sich natürlich immer fragen, wie man darauf kommt, dass das Substantiv vom Verb abgeleitet wurde und nicht umgekehrt. Gerade das Beispiel *Ausnahme* ist aber ein gutes Indiz dafür, dass das Substantiv nach dem Verb gebildet wurde, da man das Substantiv nicht in {aus} und {nahme} segmentieren kann – es sei denn, Sie können erklären, was {nahme} sein soll. In der Tendenz kann man davon ausgehen, dass das Verb vor dem Substantiv da war. Ausnahmen wie *fernsehen* von *Fernseher* bestätigen diese Regel.

Schließlich ist an der gezeigten IC-Analyse gut zu erkennen, warum von „unmittelbaren Bestandteilen" gesprochen wird. Damit ist die schrittweise Analyse benannt. So ist beispielsweise das Morphem {aus} zwar auch eine Konstituente von *Schriftartabgleichungs-Ausnahmedatei*, aber eben erst eine mittelbare, d. h. in mehreren Schritten isolierbare. Die unmittelbaren Konstituenten findet man immer in der Zeile direkt unter dem gerade analysierten Bestandteil.

Klassifizierung der Morpheme

Wenn die Segmentierung abgeschlossen ist, müssen die erhaltenen Morpheme noch klassifiziert werden. Dies geschieht in Tab. 5.3:

Tab. 5.3

Klassifizierung der aus der Segmentierung von *Schriftartabgleichungs-Ausnahmedatei* hervorgegangenen Konstituenten

{schreib}	frei, lexikalisch, verbales Basismorphem
{Art}	frei, lexikalisch, substantivisches Basismorphem
{ab}	gebunden, grammatisch, Wortbildungspräfix
{gleich}	frei, lexikalisch, adjektivisches Basismorphem
{ung}	gebunden, grammatisch, Wortbildungssuffix
s	Fugenelement
{aus}	gebunden, lexikalisch, Wortbildungspräfix
{nehm}	gebunden, lexikalisch, verbales Basismorphem
{e}	gebunden, grammatisch, Wortbildungssuffix
{Dat}	gebunden, lexikalisch, substantivisches Basismorphem
{ei}	gebunden, lexikalisch, Wortbildungssuffix

Der Verbstamm {schreib} wird hier als frei gewertet, weil er als Imperativ selbständig ist. Hingegen unterscheidet sich der Verbstamm {nehm} – jedenfalls im Moment noch – vom Imperativ *nimm!*. Das Lexem *Daten* tritt in der vorliegenden Bedeutung im Deutschen nur im Plural auf, weswegen das substantivische Basismorphem {Dat} nicht frei vorkommt bzw. unklar ist, wie der Singular heißen würde. Der vom Duden vorgeschlagene Singular

88

Datum ist zumindest alltagssprachlich wohl eher auf Zeitangaben beschränkt. Schließlich werden die Morpheme {aus} und {ab} als gebunden klassifiziert, da sie nicht dieselbe Bedeutung wie die frei vorkommenden präpositionalen Basismorpheme haben. Andererseits verfügen sie, ähnlich wie das Suffix {ei}, noch über eine gewisse Bedeutung, so dass eine eindeutige Zuordnung entweder zu den grammatischen oder lexikalischen Morphemen nicht möglich ist.

Spezielle Probleme der IC-Analyse | 5.4

Auch wenn es bei den bisherigen Analysen schon einige wenige knifflige Fälle gab, so waren diese doch alle noch relativ eindeutig zu lösen. Es gibt jedoch auch Fälle, in denen Fragen offen bleiben, wie z. B. beim Wort *Unbescheidenheit*. Hier ergibt sich ein Problem bei der Segmentierungs-Reihenfolge. Die beiden Alternativen sind in Abb. 5.9 zu sehen; sie gehen einher mit der Frage, ob man dieses Wort eher als die Eigenschaft des Unbescheidenseins (links) oder als das Gegenteil von Bescheidenheit (rechts) auffasst. Beide Auffassungen sind gleichermaßen vertretbar.

Segmentierungs-probleme

| Abb. 5.9
Varianten der Segmentierung

Auch die Analyse der oben erwähnten Zirkumfixe bereitet notationstechnisch gewisse Probleme, kollidiert doch das Prinzip der Binarität hier mit der Tatsache, dass drei unmittelbare Konstituenten vorliegen. Meistens wird dieses Problem so gelöst wie in Abb. 5.10 dargestellt. Zu beachten ist dabei, dass der Infinitiv ein Flexionssuffix ist und daher zuerst abgetrennt werden muss. Außerdem enthält der Verbstamm *besänftig* neben dem Zirkumfix ein umgelautetes Allomorph von {sanft}.

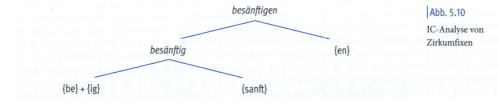

| Abb. 5.10
IC-Analyse von Zirkumfixen

Ein weiteres häufig auftretendes Problem ist, ob man eine Konstituente noch weiter segmentieren kann oder nicht. Das zeigte sich schon andeutungsweise bei den Konstituenten *Schrift* und *Datei*. Dabei wurde das Morphem {ei} als im Deutschen zwar noch vorkommendes und damit aktives, aber nicht mehr produktives Wortbildungsmorphem identifiziert. Was genau ist mit PRODUKTIV und AKTIV gemeint?

Produktive und aktive Morpheme

MORPHOLOGISCHE ANALYSE

Wie jede natürliche Sprache ist auch das Deutsche einem permanenten Sprachwandel unterworfen. Im Zuge dieses Wandels kommt es auch vor, dass z. B. Wortbildungsmorpheme nicht mehr zur Wortbildung verwendet werden, also ihre PRODUKTIVITÄT verlieren. Neben dem erwähnten {ti} könnte man hier das von Eisenberg beschriebene {ling} anführen, das einstmals vor allem zur Bildung von Personenbezeichnungen aus Verben (*Lehrling, Säugling, Prüfling, Feigling, Erstling* (ursprünglich „der erste Sohn") usw.), aber offenbar auch allgemeiner für Objekte verbaler Handlungen (*Bratling, Setzling*) verwendet wurde. Heutzutage ist es, wenn überhaupt, nur noch für pejorative (= abwertende) Personenbezeichnungen produktiv (*Schönling, Weichling*). Insgesamt kann man solchen Morphemen wohl eher den Status der AKTIVITÄT zuweisen, d. h. sie kommen zwar noch in Wörtern vor, werden aber nicht mehr zur Bildung neuer Wörter verwendet. Dieses Phänomen beschränkt sich nicht auf Wortbildungsmorpheme. Auch ein Basismorphem wie {heisch} kommt zwar noch aktiv im Deutschen vor (*er-heisch-en* und *beifallheischend/Beifall heischend*), ist aber deutlich auf dem Rückzug, während ein Basismorphem wie {Computer} hoch produktiv ist und in nahezu unendlichen Neubildungen auftritt. Manche (Basis-)Morpheme haben sich bereits so weit zurückgezogen, dass sie nur noch ein einziges Mal im Deutschen zu finden sind (z. B. {Him} in *Himbeere*, {Schorn} in *Schornstein*). Diese bezeichnet man als

Unikale Morpheme

UNIKALE MORPHEME (lat.: unicus = einzigartig). Weitere Beispiele sind {lier} in *verlier(en)*, {ginn} in *Beginn* oder {winn} in *Gewinn*.

Definition

> **Produktives Morphem:** Morphem, das in der Gegenwartssprache zur Wortbildung verwendet wird, wie {Computer}, {ung} etc.
>
> **Aktives Morphem:** Morphem, das in der Gegenwartssprache noch vorkommt, aber nicht mehr zur Wortbildung verwendet wird, wie {ling}, {heisch} etc.
>
> **Unikales Morphem:** Morphem, das nur noch restartig in einem Lexem vorkommt, wie z. B. {Him} in *Himbeere*.

Segmentierungsregel

Als Regel ist festzuhalten: Wörter sind dann noch segmentierbar, wenn beide Morpheme nicht nur aktiv sind, sondern ihnen auch ein Anteil an der Bedeutung der übergeordneten Konstituente zugewiesen werden kann. Bei {ei} in *Datei* war das noch möglich; bei *Himbeere* und *verlieren* kann man {Him} und {lier} zwar einen Anteil an der Bedeutung der gesamten Konstituente zuschreiben, aber es fällt schwer, diesen zu beschreiben. Sie stellen also Grenzfälle dar. Bei Wörtern wie *Schrift* ist es aus synchroner Sicht schon sehr schwierig zu erkennen, wo man sie segmentieren sollte. Ähnliches gilt prinzipiell für alle entlehnten Morpheme, wobei man allerdings bei dem Beispiel *online* argumentieren kann, dass in der deutschen Sprache das Wort *offline* ja ebenfalls recht weit verbreitet sei, was für eine Segmentierung spräche. Nicht aufs Glatteis führen lassen darf man sich auch von Wörtern wie *Hammer*, die auf

90

den ersten Blick wie eine Bildung aus dem Wortbildungssuffix {er} und einem Verbstamm {*hamm} wirken, den es allerdings nicht gibt.

Das Gegenstück zu den unikalen Morphemen sind die sogenannten KONFIXE. Während sich Erstere auf dem sprachlichen Rückzug befinden, finden Letztere – in der Regel nachdem sie über ein oder mehrere Fremdwörter ins Deutsche gelangt sind – zunehmende Verbreitung durch ihre Verwendung in der Wortbildung. Typische Beispiele hierfür sind {bio}, {thek}, {polit}, {elektr} etc. Konfixe kommen nicht frei vor, sondern nur in Verbindung mit anderen Morphemen (lat.: confixum = zusammengeheftet). Man könnte einwenden, dass das bei Verbstämmen oft auch so ist; allerdings müssen Verbstämme nur mit einem Flexionsmorphem kombiniert werden, um eine Wortform zu bilden, während Konfixe in Verbindung mit einem Wortbildungsaffix oder einem weiteren Basismorphem überhaupt erst ein Wort bilden können. Konfixe unterscheiden sich auch dadurch von Basismorphemen, dass es praktisch unmöglich ist, sie einer bestimmten Wortart zuzuordnen. So kommt beispielsweise das Konfix {elektr} in Adjektiven (*elektr-isch*), Substantiven (*Elektr-ik*) und Verben (*elektr-isieren*) vor. Konfixe treten nicht mehr nur in Fremdwörtern (*Biologie, biometrisch, Biodynamik*), sondern auch in Mischungen aus Fremdwörtern und einheimischen Wörtern auf (*Bioladen, Biogemüse*).

Konfix: gebundenes lexikalisches Morphem, das aus einer Fremdsprache stammt und in der Wortbildung verwendet wird.

Übungen

1. Wie viele lexikalische bzw. syntaktische Wörter enthalten die folgenden Zeilen aus einem bekannten Kinderlied:

   Auf der Mauer, auf der Lauer
   sitzt 'ne kleine Wanze.
   Seht euch nur die Wanze an,
   wie die Wanze tanzen kann!

2. Finden Sie für jede der Kategorien drei Beispiele. Was ist jeweils der Normalfall (unmarkierter Fall) und was der Ausnahmefall (markierter Fall)?

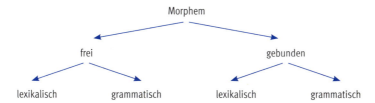

3 Segmentieren Sie die folgenden Lexeme und klassifizieren Sie die erhaltenen Morpheme nach den Kategorien Basis-, Wortbildungs- und Flexionsmorphem:

Rührei; Eimer; Mogelei; Rentner; Salbei; Rechner.

4 Fertigen Sie eine IC-Analyse der Lexeme *bedachen*, *Unabhängigkeit* und *Geschirrspülmaschine* an. Welche Probleme gibt es?

5.6 | Verwendete und weiterführende Literatur

Best, Karl-Heinz (2005): Linguistik in Kürze. Mit einem Ausblick auf die Quantitative Linguistik. 3., überarb. Aufl. Göttingen: Skript.

Donalies, Elke (2005): Die Wortbildung des Deutschen. 2., überarb. Aufl. Tübingen: Narr.

Duden (2005) – Die Grammatik. 7., völlig neu bearb. u. erw. Aufl. Hrsg. v. d. Dudenredaktionen. Mannheim et al.: Dudenverlag.

Duden (2000) – Das große Wörterbuch der deutschen Sprache. Hrsg. v. Wissenschaftlichen Rat der Dudenredaktion. CD-ROM-Ausgabe auf Basis der 3., völlig neu bearb. u. erw. Aufl. der Buchausgabe in 10 Bänden von 1999. Mannheim: Bibliographisches Institut.

Eisenberg, Peter (2004): Grundriß der deutschen Grammatik. Bd. 1. Das Wort. 2., überarb. u. aktual. Aufl. Stuttgart, Weimar: Metzler.

Fleischer, Wolfgang; Barz, Irmhild (1995): Wortbildung der deutschen Gegenwartssprache. 2., durchges. und erg. Aufl. Tübingen: Niemeyer.

Kluge (2002) – Etymologisches Wörterbuch der deutschen Sprache. Bearb. v. Elmar Seebold. 24., durchges. und erw. Aufl. Berlin, New York: de Gruyter.

Lexikon der Sprachwissenschaft (2002). Hrsg. v. Hadumod Bußmann. 3., aktual. und erw. Aufl. Stuttgart: Kröner.

Lohde, Michael (2006): Wortbildung des modernen Deutschen. Ein Lehr- und Übungsbuch. Tübingen: Narr.

Metzler-Lexikon Sprache (2004). Hrsg. v. Helmut Glück. CD-ROM-Ausgabe. Berlin: Directmedia Publishing.

Motsch, Wolfgang (1999): Deutsche Wortbildung in Grundzügen. Berlin, New York: de Gruyter.

Muthmann, Gustav (2001): Rückläufiges deutsches Wörterbuch: Handbuch der Wortausgänge im Deutschen mit Beachtung der Wort- und Lautstruktur. 3., überarb. und erw. Aufl. Tübingen: Niemeyer.

Einheit 6

Wortbildung und Flexion

Inhalt		
6.1	Wortbildung und Flexion – Wie wird ein Wort gebildet?	94
6.2	Komposition	95
6.3	Derivation	99
6.4	Kurzwortbildung	102
6.5	Sonstige Verfahren der Wortschatzerweiterung	104
6.6	Flexion	110
6.7	Übungen	113
6.8	Verwendete und weiterführende Literatur	114

6.1 | Wortbildung und Flexion – Wie wird ein Wort gebildet?

Wortbildung

In den bisherigen Teilkapiteln zur Morphologie ging es darum, wie man Wörter bzw. Wortformen segmentieren und dann die nicht mehr weiter segmentierbaren Bestandteile klassifizieren kann. In den folgenden Teilkapiteln wird die umgekehrte Sichtweise eingenommen: Mit Hilfe welcher Prozesse werden aus Morphemen Wörter bzw. Wortformen? Dementsprechend wird es zunächst um die verschiedenen Typen der WORTBILDUNG und in Kapitel 6.6 dann um die Flexion gehen.

Definition

> **Wortbildung:** Prozess der Bildung neuer Wörter, welcher der Erweiterung des Wortschatzes einer Sprache dient. Dabei werden auf verschiedene Weise Morpheme miteinander kombiniert oder verändert.

Neologismus

Zunächst einmal spricht man, wenn ein neues Wortbildungsprodukt in eine Sprache aufgenommen wird, von einem NEOLOGISMUS (griech.: néos = neu, lógos = Wort). Als solches wird es allerdings erst bezeichnet, wenn es sich dauerhaft im Wortschatz etabliert hat, also LEXIKALISIERT wurde. Der einfachste Fall eines Wortbildungsprodukts ist das bereits in Einheit 5 beschriebene

Simplex

SIMPLEX, bei dem ein Morphem entweder mit einem Lexem identisch ist, wie z. B. bei den Adjektiven *frei*, *schön*, *rot*, *krank*, den Substantiven *Schrank*, *Wand*, *Haus*, *Ast*, *Zimmer*, *Wein*, oder, wie zum Beispiel bei den verbalen Basismorphemen {schlag}, {helf}, {schreib}, im Lexikon immer noch das Infinitivsuffix angefügt wird.

Morphologische Prozesse

Es fällt auf, dass die meisten Simplizia ein- oder höchstens zweisilbig sind. Das ist kein Zufall. Sobald ein Wort mehr als zwei Silben hat, kann man in aller Regel davon ausgehen, dass es sich entweder um ein komplexes Wortbildungsprodukt oder um eine ENTLEHNUNG aus einer anderen Sprache handelt, die sich ohne Fremdsprachenkenntnisse nicht segmentieren lässt. Obwohl Entlehnungen einen beträchtlichen Anteil am Wachstum des Wortschatzes einer Sprache allgemein und des Deutschen im Besonderen haben, bilden den zentralen Gegenstand dieses Kapitels Wortbildungsprodukte, die entstehen, wenn indigene (lat.: indiges = einheimisch; vgl. Einheit 3) Morpheme des Deutschen miteinander kombiniert werden. Dabei sind verschiedene Verfahren grundsätzlich zu unterscheiden: zunächst die KOMPOSITION und die DERIVATION, die oft auch als ABLEITUNG bezeichnet werden. Auf beide Verfahren wird in den Kapiteln 6.2 und 6.3 eingegangen. Andere Verfahren zur Erweiterung des Wortschatzes wie Kurzwortbildung, Konversion, Entlehnung u. a. werden dann in den Kapiteln 6.4 und 6.5 beschrieben, bevor dann in Kapitel 6.6 die wichtigsten Aspekte des Verfahrens angesprochen werden, mittels dessen aus lexikalischen Wörtern syntaktische Wörter werden: der FLEXION.

KOMPOSITION **Einheit 6**

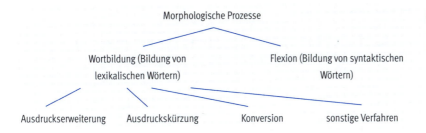

Abb. 6.1
Die morphologischen Prozesse im Überblick

Komposition

| 6.2

Bei der KOMPOSITION (lat.: compositio = Zusammensetzung) werden zwei lexikalische Morpheme miteinander verbunden. Im gängigsten Fall entsteht daraus ein DETERMINATIVKOMPOSITUM (lat.: determinare = bestimmen), bei dem der erste Teil (DETERMINANS) den zweiten (DETERMINATUM) näher bestimmt. Ein *Mülleimer* ist ein Eimer für Müll, eine *Haustür* ist die Tür, durch die man ins Haus kommt, eine *Waschmaschine* ist eine Maschine zum Waschen, eine *Bio-Kartoffel* ist eine Kartoffel aus biologischem Anbau usw. Man erkennt an diesen Beispielen schon zwei Dinge: Zum einen gilt für Determinativkomposita immer die Formel: „Ein AB ist ein B." Ein *Foto-Kalender* ist also ein Kalender, ein *Kalender-Foto* ist hingegen entweder ein Foto in einem Kalender oder von einem Kalender, auf jeden Fall ein Foto.

Komposition

Determinativkompositum

Abb. 6.2
Das Determinativkompositum

Am letzten Beispiel wird zudem das Phänomen der UNTERDETERMINIERTHEIT – mit anderen Worten: Unbestimmtheit – deutlich. Die meisten Komposita kann man nur verstehen, wenn man sein allgemeines Weltwissen zurate zieht. Bei einem nicht besonders gebräuchlichen Kompositum wie *Kalender-Foto* ist ohne Kontext schon nicht mehr ganz klar, was es eigentlich konkret bedeutet, weil dieses Wort zwar möglich, aber nicht lexikalisiert, d. h. nicht in unserem allgemeinen Sprachgebrauch verankert (und dementsprechend auch nicht im Duden verzeichnet) ist. Man spricht auch von AD-HOC-BILDUNGEN (lat.: ad hoc = [nur] zu diesem [Zweck]) oder OKKASIONALISMEN (lat.: occasio = Gelegenheit), GELEGENHEITS- oder AUGENBLICKSBILDUNGEN. Sie sind häufig durch Bindestrich-Schreibung markiert. Was z. B. die *Erdbeer-Gruppe* sein könnte, fällt Ihnen vielleicht am ehesten ein, wenn Sie an einen Kindergarten denken. Sehr viele solcher Bildungen findet man naturgemäß in der Literatur-

Unterdeterminiertheit

Ad-hoc-Bildung/ Okkasionalismus

WORTBILDUNG UND FLEXION

sprache, wie das in Abb. 6.3 abgedruckte Gedicht von Paul Celan beispielhaft illustriert. Aber auch die Alltagssprache hat manchmal poetische Anwandlungen. Eine *Schrankwand* beispielsweise ist nur in metaphorischer Hinsicht eine Wand, eigentlich aber ein Schrank.

Abb. 6.3 |

Paul Celan: Anabasis. In: Ders. (1986): Gesammelte Werke. Bd. 1. Frankfurt am Main, 256f.

ANABASIS

Dieses
schmal zwischen Mauern geschriebne
unwegsam-wahre
Hinauf und Zurück
in die herzhelle Zukunft.

Dort.

Silben-
mole, meer-
farben, weit
ins Unbefahrne hinaus.

Dann:
Bojen-,
Kummerbojen-Spalier

mit den
sekundenschön hüpfenden
Atemreflexen –: Leucht-
glockentöne (dum-,
dun-, un-,
*unde suspirat
cor*),
aus-
gelöst, ein-
gelöst, unser.

Sichtbares, Hörbares, das
frei-
werdende Zeltwort:

Mitsammen.

Definition

Ad-hoc-Bildungen (auch: **Okkasionalismen, Gelegenheits-** oder **Augenblicksbildungen**): Wortbildungsprodukte, die situationsgebunden gebildet, aber nicht dauerhaft in den Wortschatz einer Sprache übernommen, also nicht lexikalisiert werden.

Rektionskompositum

Als Spezialfall des Determinativkompositums kann man das REKTIONSKOMPOSITUM (lat.: regere (Partizip Perfekt Passiv: rectum) = regieren) betrachten. Dessen Besonderheit besteht darin, dass das (von einem Verb abgeleitete) Zweitglied (REGENS) eine Ergänzung (REKTUM) fordert, so dass für das Kompositum nur eine Lesart möglich ist. Während also z. B. bei einer *Holzkiste* allein aus dem Wortbildungsprodukt nicht deutlich wird, ob es sich um eine Kiste aus Holz oder zur Aufbewahrung von Holz handelt, herrschen bei *Deutsch-Lehrer* (*lehren* fordert eine Akkusativ-Ergänzung) oder *Terroristen-Fahndung* (*fahnden* fordert eine Präpositional-Ergänzung) keinerlei Zweifel, dass es sich um jemanden handelt, der Deutsch (Akk.) lehrt, bzw. um die Fahndung nach (Präp.) einem oder mehreren Terroristen. Allerdings existieren dieselben Zweitglieder auch in Determinativkomposita, die keine Rektionskomposita sind, wie die Beispiele *Junglehrer* oder *Rasterfahndung* belegen.

96

KOMPOSITION **Einheit 6**

Abb. 6.4
Das Rektionskompositum

Die bisher genannten Beispiele für Determinativkomposita waren noch relativ überschaubar, da sie aus nur zwei Konstituenten bestanden. Bei Wortbildungsprodukten wie *Altherrenmannschaft* oder *Mehrzweckwaffe* wird es schon komplizierter. In beiden Fällen kommt die erste Konstituente nicht frei vor, sondern immer nur in Verbindung mit anderen Konstituenten (Letztere z. B. laut Rechtschreib-Duden (2006) in *Mehrzweckgerät, -halle, -maschine, -möbel, -raum, -tisch*, aber es sind noch weitere Komposita denkbar). Es handelt sich hierbei also um ein Kompositum aus einer bestimmenden Wortgruppe aus Adjektiv und Substantiv (*alte Herren, mehrere Zwecke*) plus einem dadurch näher bestimmten Substantiv (*Mannschaft, Waffe*). Ebenfalls mit Wortgruppen, die allerdings aus anderen Wortarten bestehen, sind Komposita wie *Geschirrspülmaschine, Zwanzig-Euro-Schein, Arzt-Patienten-Verhältnis, Nacht-und-Nebel-Aktion, Nachkriegsgeneration, Gewinn-und-Verlust-Rechnung, Fünf-vor-zwölf-Stimmung, Blut-Schweiß-und-Tränen-Rede* gebildet. Auch ganze Sätze findet man als Erstkonstituenten von Determinativkomposita wieder: *Jetzt-komm-ich-Ausstrahlung, Leck-mich-am-Arsch-Haltung*. Im Rahmen einer IC-Analyse würde man solche Wortbildungsprodukte zunächst ganz normal in zwei Komponenten segmentieren. Während sich die zweite Konstituente (also z. B. *Ausstrahlung*) in der Regel unproblematisch weiteranalysieren lässt, kann man die komplexe Erstkonstituente als Konvertat (lat.: convertere = umwandeln) aus einer Wortgruppe (*jetzt komme ich*) betrachten; was genau Konversion bedeutet, wird in Kapitel 6.5 beschrieben.

Neben den Determinativkomposita gibt es eine Reihe von Komposita, auf die die Formel „Ein AB ist ein B" nicht zutrifft. Beispiele dafür sind *Hosenrock, Radiowecker, Affenmensch, süß-sauer, nasskalt*, bei denen man nicht sagen kann, ob ein AB mehr ein A oder ein B ist. Solche Wortbildungsprodukte werden als KOPULATIVKOMPOSITA (lat.: copulatio = Verknüpfung) bezeichnet; beide Konstituenten sind hier gleichrangig, ohne dass das Erstglied das Zweitglied determiniert.

Kopulativkompositum

Abb. 6.5
Das Kopulativkompositum

WORTBILDUNG UND FLEXION

Bei *Glatzkopf, Rotkehlchen und Zwölfzylinder* ist das AB weder ein A noch ein B, sondern etwas, das einen Glatzkopf, eine rote Kehle oder eben zwölf Zylinder besitzt, weswegen man auch von POSSESSIVKOMPOSITA (lat.: possidere = besitzen) spricht. Weil die Eigenschaften der Menschen, Vögel oder Autos (bzw. Motoren), die so benannt werden, gewissermaßen außerhalb des Zentrums dessen liegen, was die Komposita bezeichnen, werden diese als EXOZENTRISCHE (griech.-lat.: exo = außerhalb, centrum = Mittelpunkt) KOMPOSITA bezeichnet. Ähnliches gilt auch für *Nachmittag* oder *Untertasse*, die auch PRÄPOSITIONALE REKTIONSKOMPOSITA genannt werden, wobei allerdings hier, anders als bei den oben beschriebenen Rektionskomposita, das Erstglied ursprünglich das Zweitglied regiert. Allerdings haben sich bei diesen beiden Spezialkategorien der exozentrischen Komposita – wohl auch aufgrund ihrer Seltenheit – die Bezeichnungen bisher nicht allgemein durchgesetzt, weshalb solche Sonderfälle hier keiner eigenen Kategorie zugeordnet werden.

Exozentrisches Kompositum

Ein letztes hier zu erwähnendes Phänomen ist der allmähliche Übergang von scheinbaren Basismorphemen zu Wortbildungsmorphemen in Wortbildungsprodukten wie *Riesenüberraschung, wirkungsvoll, abgasarm*. Die Konstituenten {Riesen}, {voll} und {arm} erinnern hier zwar an gleichlautende freie Morpheme, sind mit diesen aber nicht mehr bedeutungsgleich, sondern verfügen nur noch über eine reduzierte Bedeutung. Gleichzeitig wirken sie reihenbildend, d.h. sie kommen in mehreren Wortbildungsprodukten zur Anwendung. Eine *Riesenüberraschung* ist keine Überraschung von einem oder für einen Riesen, sondern eine große Überraschung. Eine *wirkungsvolle Verpackung* ist keine Verpackung, in der sich Wirkung befindet, sondern die Verpackung selbst besitzt eine gewisse Wirkung. Und Sie können mit den genannten Konstituenten nahezu beliebig viele neue Wörter bilden. Der 10-bändige Duden verzeichnet beispielsweise für {arm} die folgenden Bedeutungen und Beispiele:

Abb. 6.6 |

Die Bedeutung des Suffixes {arm} nach Duden (2000)

1. drückt in Bildungen mit Substantiven aus, dass etw. nur in äußerst geringem Umfang vorhanden ist: emotions-, fleisch-, handlungsarm. **2.** drückt in Bildungen mit Substantiven aus, dass sich etw. nur in äußerst geringem Umfang entwickelt, dass etw. nur in äußerst geringem Grad hervorgerufen wird: austausch-, emissions-, schadstoffarm. **3. a)** drückt in Bildungen mit Verben (Verbstämmen) aus, dass die beschriebene Sache etw. nur in äußerst geringem Grad macht: knitter-, klirr-, räuscharm; **b)** drückt in Bildungen mit Verben (Verbstämmen) aus, dass etw. nur in äußerst geringem Grad gemacht zu werden braucht: bedien-, bügel-, pflegearm.

Affixoid

Aufgrund dieses besonderen Verhaltens wurden derartige Morpheme zeitweise in der Forschungsliteratur zur Klasse der AFFIXOIDE zusammengefasst. Diese Einstufung verschleiert aber nur den Blick darauf, dass die Entwicklung von einem Wort zu einem Affix in der deutschen Sprachgeschichte nichts

Ungewöhnliches ist; z. B. entwickelte sich das Suffix {heit} aus dem mhd. Wort *heit*, das etwa „Art und Weise", „Eigenschaft", „Person" bedeutete. Abgesehen davon löst die Einführung einer Zwischenkategorie nicht die Abgrenzungsproblematik zwischen Affix und Lexem, sondern verdoppelt sie noch, da sie drei Kategorien mit zwei Abgrenzungen zur Folge hat. Im Einzelfall kann man sich genauso gut zwischen Noch-Wörtern und Schon-Affixen entscheiden.

Derivation | 6.3

In Einheit 5, die die morphologische Analyse von Wörtern behandelt, ist Ihnen bereits der Terminus „Wortbildungsmorpheme" begegnet. Diese werden auch als Derivationsmorpheme oder Derivateme bezeichnet. Das bedeutet nun nicht, dass Wortbildung und DERIVATION (lat.: derivatio = Ableitung) das Gleiche sind. Vielmehr handelt es sich bei Letzterem – genauer gesagt: bei der EXPLIZITEN DERIVATION – um den neben der Komposition zweiten wichtigen Prozess zur Bildung neuer Wörter. Dabei werden, anders als bei der Komposition, keine freien, lexikalischen Morpheme miteinander kombiniert, sondern an in der Regel freie, lexikalische Morpheme (z. B. {schön}, {freund}) werden Morpheme (z. B. {heit}, {lich}) angehängt (affigiert), die als gebunden und tendenziell eher grammatisch einzustufen sind, wobei auch hier die Ausnahme die Regel bestätigt. Denn wie bereits in Einheit 5 ausgeführt, dient die große Mehrheit der Wortbildungsmorpheme zwar dazu, Wörter in eine andere Wortart zu überführen; das trifft z. B. auf Morpheme wie {er}, {heit} oder {ung} zu, die dazu dienen, beispielsweise aus einem Verb oder Adjektiv ein Substantiv abzuleiten (*Lehrer, Dunkelheit, Erinnerung*). Auch Verben (z. B. mit {be} in *beantwort(en)*), Adjektive (z. B. mit {lich} in *erfreulich*) oder Adverbien (z. B. mit {ens} in *höchstens, bestens*) lassen sich so bilden. Neben dieser Funktion, z. B. aus einer verbalen Basis ein substantivisches Wortbildungsprodukt zu gewinnen, tragen diese Morpheme aber immer auch eine Bedeutung. Das Wortbildungssuffix {er} z. B. bezeichnet in den meisten Fällen eine Person, die die durch das Verb bezeichnete Tätigkeit ausübt. Ein *Lehrer* ist also „jemand, der lehrt"; allerdings ist ein *Jauchzer* keine Person, sondern eine Handlung. Noch stärker in den Vordergrund tritt die lexikalische Komponente von Wortbildungsmorphemen, wenn mit ihnen beispielsweise aus einem Substantiv ein anderes Substantiv gebildet wird, wie es bei {er} in *Musiker* oder *Chemiker* der Fall ist. Auch bei einem Suffix wie {bar} lässt sich die Bedeutung oft problemlos paraphrasieren: Wenn etwas *erlernbar* ist, dann kann es erlernt werden. Das Suffix {bar} bezeichnet in Zusammenhang mit einem verbalen Basismorphem die Tatsache, dass die dadurch bezeichnete Handlung auf einen bestimmten Gegenstand angewendet werden kann, mit anderen Worten: *anwendbar* ist. Ein Morphem wie das bereits erwähnte {un} hat sogar fast ausschließlich lexikalischen Charakter, indem es prinzipiell der Negation von Substantiven

Explizite Derivation

(*Undank, Unordnung*) oder Adjektiven (*unfrei, unvorsichtig*) dient, ohne deren Wortart zu beeinflussen. Allerdings lässt es sich nicht immer einfach mit *nicht* paraphrasieren, wie das Beispiel *Unfall* zeigt (hier bedeutet {un} soviel wie „vom Normalen abweichend").

|Derivat| Wie die bisherigen Beispiele für Derivation gezeigt haben, lassen sich verschiedene Typen differenzieren, je nachdem, wo etwas angehängt wird und was dabei als Wortbildungsprodukt entsteht. Es wird unterschieden zwischen nominalen (z. B. *Erz-feind*, *Un-tat*), adjektivischen (*ur-alt*, *un-frei*) und verbalen (*ver-antwort(en)*, *be-lüg(en)*, *miss-acht(en)*) PRÄFIXDERIVATEN. Bei den SUFFIXDERIVATEN findet man nominale (*Einsam-keit*, *Finster-nis*, *Anhör-ung*), adjektivische (*brenn-bar*, *ekel-haft*, *vorsicht-ig*) sowie wenige verbale (*halb-ier(en)*, *brumm-el(n)*) und adverbiale (*ander-s*, *probe-halber*, *ab-wärts*, *rück-lings*). Relativ selten schließlich sind nominale (*Ge-birg-e*), adjektivische (*ge-lehr-ig*) und verbale (*be-sänft-ig(en)*) ZIRKUMFIXDERIVATE, wobei beim letzten Beispiel die Zirkumfigierung mit einer Umlautung der adjektivischen Basis einhergeht ({sanft} → {sänft}). Die Zirkumfixderivation wird auch KOMBINATORISCHE DERIVATION genannt, weil hier gewissermaßen ein Präfix und ein Suffix in Kombination angehängt werden, was man auch bei der IC-Analyse solcher Wörter berücksichtigen muss (vgl. Kapitel 5.4). Wie Sie sehen, sind manche Affixe auf eine Wortart beschränkt (z. B. {lich} auf die adjektivische Derivation), während z. B. die Präfixe {un}, {ur} oder {erz} jeweils sowohl beim Adjektiv als auch beim Substantiv vorkommen, was auch mit ihrem tendenziell lexikalischen Charakter zusammenhängt. Adverbiale Präfix- und Zirkumfixderivate gibt es im Deutschen nicht; falls Sie eins finden, können Sie (jedenfalls in der Linguistik) berühmt werden.

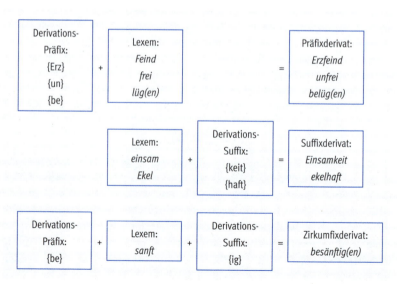

Abb. 6.7
Verschiedene explizite Derivationstypen

DERIVATION   **Einheit 6**

Einen Spezialfall der expliziten Derivation stellen die sogenannten ZUSAM-   Zusammenbildung
MENBILDUNGEN dar. Auf den ersten Blick könnte man z.B. *Geldgeber* für ein
Determinativkompositum und *blauäugig* für ein herkömmliches Derivat halten. Allerdings kommen weder *blauaug* noch *Geber* in der Standardsprache
vor; Letzteres werden Sie vielleicht bestreiten, wenn Sie Skat spielen, aber in
diesem Fall sei noch der *Dickhäuter* angeführt, wo wohl niemand behaupten
kann, er habe schon mal einen „Häuter" getroffen. Hier wird vielmehr, ähnlich wie bei den komplexen Determinativkomposita, aus einer Wortgruppe
als Basis (*Geld + geb(en), blau + Aug(e), dick + Haut*) mit Hilfe eines Deri-
vationssuffixes ({er}, {ig}) ein Derivat abgeleitet. Auch hierbei wird bisweilen
begleitend der Vokal der substantivischen Basis umgelautet.

Wenn eingangs dieses Kapitels von expliziter Derivation gesprochen
wurde, stellt sich automatisch die Frage, wozu das Attribut *explizit* (lat.: explicare = auseinanderfalten, ausdehnen) notwendig ist. Die Lösung erkennt man
leicht, wenn man sich Wörter wie *setz(en), Trank* oder *Schritt* anschaut. Dort
wird nichts an die ursprünglich verbale Basis ({sitz}, {trink}, {schreit}) angehängt, sondern das Derivat wird durch eine Veränderung des Basismorphems
gewonnen. Man spricht daher von IMPLIZITER DERIVATION (lat.: implicare;   Implizite Derivation
Part. Perf.: implicatum/implicitum = verflechten, einwickeln; eingewickelt).
Die nominalen Derivate wie *Wurf* und *Flug* werden allerdings in der Regel
diachron erklärt, indem sie allgemein historisch vor dem Hintergrund des
mhd. Ablauts oder spezieller als Konvertate (vgl. Kapitel 6.5) von mhd. Prä-
teritumstämmen (vgl. z.B. 3. Pers. Pl. Prät.: *sie wurfen, sie flugen*) betrachtet
werden. Somit blieben für den Wortbildungsprozess der impliziten Derivation
nur noch die von einer verbalen Basis abgeleiteten impliziten verbalen Derivate wie *tränk(en)* und *setz(en)* übrig. In jedem Fall handelt es sich hierbei um
ein nicht mehr produktives Muster der Wortbildung.

Aus einer diachronen Perspektive werden häufig auch Lexeme wie *Sanft-*   Rückbildung
mut und *notlanden* betrachtet. In beiden Fällen wird dann davon ausgegangen,
dass es sich bei *sanftmütig* und *Notlandung* nicht, wie man eigentlich vermuten
würde, um Derivationsprodukte handelt, weil Letztere älter seien als Erstere.
Wenn man also der Auffassung folgt, dass das verbale Basismorphem {notland}
aus dem substantivischen Basismorphem *Notlandung* und das substantivische
Basismorphem {sanftmut} aus dem Adjektiv *sanftmütig* abgeleitet wurden, hat
man im Ergebnis keine explizite Derivation, sondern genau das Gegenteil einer
Affigierung. Dieser Prozess wird dann als RÜCKBILDUNG bezeichnet. In einigen Publikationen (vgl. z.B. Fleischer/Barz 1995) zählen hierzu auch solche
Fälle, in denen das rückgebildete Basismorphem dann wiederum mit einem
Suffix versehen wird. Beispiele wären *Häm-e* aus *hämisch, Emanz-e* aus *Eman-*
zipation sowie die zahlreichen Spitznamen auf *-i* in diversen Varianten (*Klins-i*
← *Klinsmann, Ol(l)-i* ← *Oliver, Ang-ie* ← *Angela*). Dieses Muster, bei dem
eigentlich zwei Wortbildungsprozesse – Kürzung und Derivation – gleichzei-

101

tig ablaufen, ist in der Gegenwartssprache sehr produktiv. Insgesamt bewegt sich die Rückbildung, wenn man sie denn als Wortbildungsprozess akzeptiert, im Grenzbereich zwischen der Derivation und der Kurzwortbildung, auf die als nächstes eingegangen wird.

6.4 | Kurzwortbildung

Ausdruckskürzung

Die bisher beschriebenen Wortbildungstypen hatten (mit Ausnahme der impliziten Derivation und mit Einschränkungen bei der Rückbildung) gemeinsam, dass dabei die Ausdrucksseite der jeweiligen Basis erweitert wurde, weswegen sie auch unter dem Terminus Ausdruckserweiterung zusammengefasst werden. Diesem Verfahren gegenüber steht die sogenannte Ausdruckskürzung, bei der entsprechend die jeweilige Basis verkürzt wird. Zu beachten ist dabei zunächst, dass nur dann von Wortbildung gesprochen wird, wenn sowohl auf graphematischer als auch auf phonologischer Ebene ein neues Wort entsteht. Rein schriftsprachliche Abkürzungen wie *z. B., d. h., etc., usw.* gehören also nicht dazu.

Kurzwortbildung
Unisegmentales Kurzwort

Den einfachsten Fall der Kurzwortbildung stellt das sogenannte Unisegmentale Kurzwort (lat.: unus = einer; segmentum = Abschnitt) dar. Hierbei wird gewissermaßen einfach ein Teil der jeweiligen Basis abgeschnitten. Der übrig bleibende Abschnitt wird dann nach seiner ursprünglichen Position in der zugehörigen Langform bezeichnet. Ein *Auto* (← *Automobil*) oder eine *Lok*

Anfangswort
Endwort

(← *Lokomotive*) gehören demnach in die Klasse der Anfangswörter, ein *Rad* (← *Fahrrad*) oder die *Bahn* (← *Eisenbahn*) hingegen zu den Endwörtern. Manchmal ändert sich zusätzlich das Genus beim Kurzwort (z. B. *der Frust* ← *die Frustration*) oder das Kurzwort ist ohne Kontext mehrdeutig (*Platte* ← *Schallplatte, Herdplatte, Tischplatte* etc.). Besonders der Kurzwortbildungstyp des Anfangsworts ist in der Umgangssprache produktiv bzw. aktiv, was man an unisegmentalen Kurzwörtern wie *Abi, Demo, Uni, Prof* usw. sieht.

Rumpfwort

Relativ selten sind sogenannte Rumpfwörter wie *Lisa* (← *Elisabeth*), die meistens bei Namen vorkommen. Umstritten ist, ob Wörter wie *Bierdeckel*

Klammerform

oder *Kirschblüte* als Klammerform (zu *Bierglasdeckel, Kirschbaumblüte*) aufzufassen oder nicht doch eher direkt entstanden sind; ein Bierdeckel wäre demnach ein Deckel, auf den man sein Bier stellt, während bei der Kirschblüte das Morphem {Kirsch} als Pars pro toto (lat.: Teil anstelle des Ganzen) für *Kirschbaum* verwendet würde; das zehnbändige Duden-Wörterbuch der deutschen Sprache kennt beispielsweise die Formulierung *Die Kirschen blühen*

Multisegmentales Kurzwort/Akronym

schon. In jedem Fall wären sie dann als Multisegmentale Kurzwörter (lat.: multi = viele) zu werten, auf die im Folgenden näher eingegangen wird.

Multisegmental ist ein Kurzwort dann, wenn sich nicht nur ein Ausschnitt, sondern mehrere aus der Langform im Kurzwort wiederfinden. Solche Kurzwörter werden bisweilen auch als Akronyme bezeichnet. Der häufigste Fall ist

102

das INITIALABKÜRZUNGSWORT (*PKW* ← *Personenkraftwagen*, *ICE* ← *InterCity-Express*). Dieser Wortbildungsprozess gehört zu den aktuell produktivsten und lässt sich beispielsweise im Computerwortschatz mit zahlreichen Beispielen belegen (*EDV, WWW, URL*), wobei viele dieser Initialabkürzungswörter aus dem Englischen entlehnt sind, was dazu führt, dass die Langformen häufig zumindest dem Laien nicht präsent sind – die meisten von Ihnen wussten bisher vermutlich nicht, dass die Langform zu *URL Uniform Resource Locator* lautet, geschweige denn was das genau bedeutet, so dass die semantisch eigentlich redundante Bildung *URL-Adresse*, die man beim Googeln in sechsstelliger Anzahl antrifft, Ihnen auf den ersten Blick vielleicht nicht besonders auffällig erscheint. Insofern ist die verbreitete These, dass ein Kurzwort immer parallel zu seiner Langform im Wortschatz einer Sprache existiert, mit Vorsicht zu genießen.

Initialabkürzungswort

Oftmals scheinen Kurzwörter bewusst so gebildet zu werden, dass man sie nicht nach ihrem Buchstabenwert ausspricht (also z. B. WWW [ve:ve:'ve:]), sondern nach ihrem Lautwert wie z. B. bei *UFO, UNO, TÜV*. Auch Mischformen kommen vor (*WLAN*: ['ve:la:n]). Ebenfalls offenbar aufgrund ihrer besseren Aussprechbarkeit werden SILBENKURZWÖRTER gebildet. Reine Silbenkurzwörter sind *Kripo* (← *Kriminalpolizei*) und mit Einschränkungen noch *Hanuta* (← *Haselnusstafel*), während bei *Azubi* (← *Auszubildender*) und *BAföG* (*Bundesausbildungsförderungsgesetz*) wiederum Mischformen aus Initialabkürzungswort und Silbenkurzwort vorliegen; bei Letzterem schlägt sich das auch in der etwas seltsamen Orthographie nieder.

Silbenkurzwort

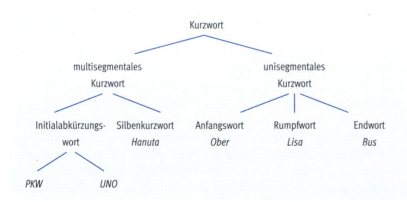

| Abb. 6.8

Die wichtigsten Kurzworttypen

Schließlich gibt es auch noch den Spezialfall des PARTIELLEN KURZWORTES, bei dem nur ein Teil der Langform abgekürzt wird (*U-Bahn* ← *Untergrundbahn*). Dieser Wortbildungstyp ist eher selten und zu unterscheiden von dem Phänomen, dass frei vorkommende Kurzwörter ihrerseits wieder als Konstituenten von komplexeren Wortbildungsprodukten auftreten können (*UNO-Mitarbeiter, EDV-Seminar*). Überhaupt scheinen der Kreativität bei der

Partielles Kurzwort

WORTBILDUNG UND FLEXION

Kurzwortbildung kaum Grenzen gesetzt zu sein, was Sie u. a. in den 1980er Jahren am damals modernen *BTX (← Bildschirmtext)* und in Zukunft an Ihrer Steuererklärung (*Pauschbetrag ← Pauschalbetrag*) ablesen können. Während das erste Beispiel sich wohl am ehesten den Initialabkürzungswörtern zurechnen lässt, handelt es sich bei Letzterem um einen Grenzfall zwischen Klammerbildung und partiellem Kurzwort. Von einer gewissen Kreativität zeugen auch die ebenfalls noch im Bereich der Ausdruckskürzung anzusiedelnden

Kontamination · Phänomene der KONTAMINATION, bei denen zwei Wörter entweder gekreuzt werden – d. h., zumindest eines der beiden ursprünglichen Wörter verliert einen Teil seines phonetischen und/oder orthographischen Materials wie in *jein, Teuro* oder *Demokratur (← Demokratie + Diktatur)* – oder miteinander verschmelzen, ohne dass eines der ursprünglichen Wörter etwas aufgeben muss (*verschlimmbessern*), wobei besonders Letztere es nur selten ins Lexikon schaffen. Alltagssprachlich relevant sind eigentlich nur die bisweilen unter

Kontraktion · dem Terminus KONTRAKTION zusammengefassten Wortkreuzungen aus einer Präposition und einem Artikel (*am, beim, zur, ins*).

6.5 | Sonstige Verfahren der Wortschatzerweiterung

Konversion · Während bei den bisherigen Wortbildungstypen entweder etwas hinzugefügt bzw. kombiniert, abgeschnitten oder doch zumindest verändert wurde, gibt es auch eine Möglichkeit, den Wortschatz zu erweitern, ohne rein äußerlich etwas an der jeweiligen Wortbasis zu verändern. Diesen Prozess nennt man KONVERSION. Diese geht immer mit einem Wechsel der Wortart einher. Der häufigste Fall ist die Substantivierung. Anhand von Verben, die entweder als reine Verbstämme ({treff} → *Treff*) oder inkl. ihrer Infinitivendung (→ *das Treffen*) konvertieren, lässt sich zeigen, dass es zwei verschiedene Typen von

Syntaktische · Konversion gibt. Bei der SYNTAKTISCHEN KONVERSION wird das Konvertat so,
Konversion · wie es in der Basis auftritt, in eine andere Wortart übertragen; im Fall von *Treffen* z. B. vom Infinitiv des Verbs in ein Substantiv. Ähnliches gilt für die aus dem verbalen Partizip II konvertierten Adjektive (*sie hat die Frage beantwortet, er hat die Wahl gewonnen → die beantwortete Frage, die gewonnene Wahl*), die in bestimmten Formulierungen in derselben Form wie das Partizip II vorkommen (*die Frage ist beantwortet, die Wahl gilt als gewonnen*), sowie die aus Adjektiven konvertierten Substantive (*ein guter Wein → ein Guter*) und die seltenen, aus Substantiven konvertierten Adjektive (*es ist mir ernst*). Auch bei substantivierten Adverbien (*das Gegenüber*), Konjunktionen (*ohne Wenn und Aber*), Satzäquivalenten (*ein klares Nein*) und Wortgruppen (*das So-tun-als-ob*) kann man von syntaktischen Konversionen sprechen. Letztere können dann, wie in Kapitel 6.2 beschrieben, wiederum als komplexe Erstkonstituenten von Determinativkomposita auftreten (*So-tun-als-ob-Haltung*).

104

Demgegenüber führt die MORPHOLOGISCHE KONVERSION zu Wortbildungsprodukten, die sich morphologisch in allen Verwendungen von ihrer Basis unterscheiden. Dies sieht man bei Verbstämmen wie *Treff*, die nur als substantiviertes Konvertat frei vorkommen, und bei aus Adjektiven konvertierten Verben wie *grünen*. Ansonsten ist dieser Wortbildungstyp gegenwärtig noch vereinzelt bei aus Substantiven konvertierten Verben produktiv, besonders im Bereich des Computerwortschatzes: Wenn Sie sich die Verben *chatten*, *googeln* und *computern* anschauen, können Sie hoffentlich zustimmen, dass *chatten* im Deutschen aus der im Deutschen zunächst nur als Substantiv vorhandenen Entlehnung *Chat* konvertiert wurde; ebenso verhält es sich mit *googeln*, bei dem ein Eigenname Pate stand. Bei *computern* fragen Sie sich vielleicht, wer das benutzt, aber da es im Duden steht, wird es hier als eindeutiger Beleg einer morphologischen Konversion eines Substantivs zu einem Verb mit aufgeführt. Anzumerken ist an dieser Stelle, dass sich bei syntaktischen Konversionen, bei denen ein Substantiv Ausgangspunkt oder Ergebnis ist, natürlich doch etwas ändert, nämlich die Orthographie (*Ernst* → *ernst*). Der orthographische Aspekt wird aber von der Morphologie vernachlässigt.

Morphologische Konversion

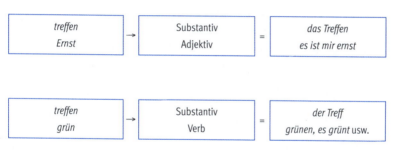

Abb. 6.9 Syntaktische Konversion

Abb. 6.10 Morphologische Konversion

In den bisherigen Ausführungen dieser Einheit ging es darum, wie der Wortschatz dadurch erweitert wird, dass Morpheme mit anderen Morphemen kombiniert, verändert, verkürzt oder in eine andere Wortart übertragen werden, mit anderen Worten: dass ihre Ausdrucksseite oder zumindest ihre Zugehörigkeit zu einer grammatischen Kategorie verändert wurde. Es gibt jedoch noch zahlreiche weitere Möglichkeiten, den Wortschatz einer Sprache zu vergrößern, von denen hier nur die wichtigsten kurz angesprochen werden können.

Das in der Gegenwartssprache am häufigsten genutzte Verfahren hierzu ist die ENTLEHNUNG. Dabei wird ein Wort aus einer Fremdsprache übernommen, wobei es in punkto Aussprache, Flexion und teilweise auch Orthographie an das Deutsche angepasst wird. Ein Bereich, in dem dieses Verfahren gegenwärtig besonders produktiv ist, ist der Computerwortschatz. In erster Linie werden so Substantive aus dem Englischen übernommen, wie die Belege *Computer*,

Entlehnung

WORTBILDUNG UND FLEXION

Internet, Browser, Homepage etc. zeigen. Aber auch Verben wie *downloaden,*
chatten und Kurzwörter wie *URL* oder *RAM* werden übernommen. Manch-

Lehnübersetzung mal tritt an die Stelle eines Fremdworts eine sogenannte LEHNÜBERSETZUNG;
aus der *Mouse* wird dann die *Maus,* aus *downloaden* wird *herunterladen.* Solche Übersetzungsprozesse kommen besonders dann zur Anwendung, wenn
die Metaphorik eines Begriffs auch im Deutschen ersichtlich bleiben soll, wie
es bei der *Datenautobahn* der Fall ist, die allerdings nicht aus *data highway,*
sondern aus *information highway* entlehnt ist.

Vielleicht stellen Sie sich jetzt die Frage, inwieweit man bei Entlehnungen
überhaupt von Wortbildungsprodukten sprechen kann, wenn doch eigentlich
gar keine Wortbildung stattfindet. Das ist aus synchroner Sicht ein sehr berech-
tigter Einwand. Gleichzeitig ist aber zu berücksichtigen, dass jedes Wort seine
Etymologie (griech: etymología = Ableitung), also seine Wortgeschichte hat.
Dabei entpuppen sich viele vermeintlich indigene (oder auch native (lat.: sermo
nativus = Muttersprache)) Wörter diachron betrachtet als Entlehnungen. Aus
dem Lateinischen kommen *Mauer* von *murus, Fenster* von *fenestra, krass* von
crassus (= dick, grob), *opfern* von *operari;* aus dem Alt-Griechischen stammen z. B. *logisch* (*lógos* = u. a. Vernunft) oder *Meter* (*metréo* = messen); aus
dem (Alt-) Französischen kommen *Jacke* (afrz.: *jacque* = Waffenrock) oder
Puder (*poudre* = Staub, Pulver; vgl. lat.: *pulvis* = Staub, Sand, Asche); englischer
Herkunft sind neben vielen offensichtlichen Anglizismen u. a. auch die sehr
einheimisch wirkenden Lexeme *stoppen, Dogge, dribbeln* (= tröpfeln, d. h. den
Ball durch kurze Stöße vorwärts treiben), *Elf(e), Tank* usw.

Fremdwort Anhand dieser Beispiele lässt sich festhalten, dass die Identifizierung von
sogenannten Fremdwörtern im Deutschen nicht immer ganz einfach ist. Auf
den Terminus „Lehnwort" kann man aus synchroner Perspektive gänzlich
verzichten, da sich ein Lehnwort nach dem Verständnis vieler traditioneller
Grammatiken ja gerade dadurch auszeichnet, dass es sich den strukturellen
Eigenheiten der deutschen Sprache so weit angepasst hat, dass man ihm seine
Herkunft nicht mehr ansieht. Unter einem FREMDWORT wird in dieser Einführung ein Wort verstanden, das Produkt einer Entlehnung ist und sich phonologisch und/oder graphematisch für das Deutsche untypisch verhält.

Assimilation Im Rahmen einer Entlehnung kommt es in der Regel zu einer syntaktischen,
morphologischen, phonetischen und/oder orthographischen ASSIMILATION
(lat.: assimulare = ähnlich machen, angleichen). Im Deutschen sagt man nicht
*ich chat oder **ich habe chatted mit ihm,* sondern versieht das Verb mit indigenen Flexionssuffixen; außerdem verdoppelt man im Präsens orthographisch
den Konsonanten bzw. realisiert im Partizip Perfekt sowohl phonetisch als auch
orthographisch die Auslautverhärtung (von der eingedeutschten Aussprache
des Vokals ganz zu schweigen) und verwendet es gemäß der im Deutschen
üblichen Wortstellung: *ich chat-te* bzw. *ich habe mit ihm ge-chatt-et.*

106

SONSTIGE VERFAHREN DER WORTSCHATZERWEITERUNG | **Einheit 6**

Viele entlehnte Lexeme werden ihrerseits im Deutschen produktiv, d.h. sie finden sich in sogenannten HYBRIDEN (lat.: hybrida = Mischling) KOMPOSITA (*Internetanbieter, Computerfachmann* sowie die bereits erwähnte, semantisch redundante *URL-Adresse*) oder manchmal sogar HYBRIDEN DERIVATIONEN (*to log in* → *einloggen*) wieder. Einige Fremdwörter kommen nicht frei, sondern ausschließlich in Komposita vor. Dazu gehört *Bio*, dessen Beteiligung in *Bioladen* in jedem Fall zu einem hybriden Kompositum führt. Bei *Biotechnologie* hingegen sieht man dem Wort wie so häufig bei hybriden Bildungen nicht an, ob es sich um ein im Deutschen gebildetes Wortbildungsprodukt aus den Morphemen {bio}, {techn(o)}, {log} und {ie} handelt oder ob das Wort komplett aus dem Englischen entlehnt wurde.

Hybride Komposita

Hybride Derivationen

Die hier aufgezählten Beispiele dürfen nicht darüber hinwegtäuschen, dass es im Deutschen zahlreiche Fremdwörter aus anderen Sprachen gibt. In vielen Fällen kann man an der Übernahme bestimmter Lexeme aus anderen Sprachen etwas über gesellschaftliche Phänomene lernen – die Entlehnung von Wörtern ist oft mit der Einführung von technischen Innovationen, mit allgemeinen kulturellen Entwicklungen o.Ä. verknüpft. Während in der Computersprache eine relativ hohe Anzahl von Anglizismen mit dem Status des Englischen als Lingua franca einhergeht, sieht es im Bereich des Kulinarischen deutlich vielfältiger aus. Auch Sie benutzen in Ihrem Alltag vermutlich Entlehnungen aus dem Englischen (*Burger*), Italienischen (*Spaghetti, Frikadelle*), Spanischen (*Tapas*), Französischen (*Pommes frites, Frikassee*), Russischen (*Wodka*), Sorbischen (*Quark*), Türkischen (*Kaviar, Döner*), Griechischen (*Gyros*), Chinesischen (*Tee*), Japanischen (*Sushi*) sowie nicht zuletzt der mittelamerikanischen Indianersprache Nahuatl (*Kakao, Schokolade*). Dabei lässt sich am Zeitpunkt, zu dem bestimmte Wörter auftauchen, und an der Häufigkeit von Entlehnungen aus einer bestimmten Sprache durchaus etwas über kulturelle Prozesse aussagen; das Wort *Döner* z.B. ist noch relativ jung und eines der wenigen türkischen Fremdwörter im Deutschen. Gleichzeitig lässt sich an manchen Wörtern förmlich die Reise nachvollziehen, die die entsprechenden Inhalte historisch erlebt haben. So wurde *Schokolade* über das Spanische und Niederländische ins Deutsche entlehnt.

Ein interessantes Phänomen, das eng mit der Entlehnung zusammenhängt, ist die sogenannte VOLKSETYMOLOGIE. Wenn Sie bisher dachten, eine *Hängematte* sei gebildet aus dem verbalen Basismorphem {häng} und dem substantivischen Basismorphem {Matte}, unterliegen Sie einem verbreiteten Irrtum; das Wort stammt von dem karibischen *hamáka* ab, mit dem die Eingeborenen in Haiti ihre Schlafnetze bezeichneten, und wurde nachträglich dem plausibler erscheinenden *Hängematte* phonetisch angeglichen. Auch der *Maulwurf* heißt nicht so, weil er sein Maul zum Graben benutzt, sondern stammt vom ahd. *mûlwerfo* ab, das *Haufenwerfer* bedeutet. Bei der Volksetymologie weist die Sprachgemeinschaft also aus synchroner Perspektive einem Lexem eine Etymologie zu, die mit der historisch korrekten Etymologie nichts zu tun hat.

Volksetymologie

107

WORTBILDUNG UND FLEXION

Bedeutungswandel

Im Gegensatz zu den bisher beschriebenen sonstigen Verfahren der Wortschatzerweiterung spielt sich die BEDEUTUNGSVERÄNDERUNG bzw. der BEDEUTUNGSWANDEL ausschließlich auf der Inhaltsseite von Lexemen ab.

Bedeutungsverengung

Dabei kann die BEDEUTUNG VERENGT werden; typische Beispiele hierfür sind *Hochzeit*, womit im Mhd. noch ganz allgemein ein Fest bezeichnet wurde, oder *Schirm*, dessen ursprünglich weitere Bedeutung „Schutz" heute noch im Ausdruck *Schirmherrschaft* anklingt. Umgekehrt kann man eine BEDEU-

Bedeutungs-erweiterung

TUNGSERWEITERUNG an den Wörtern *Horn* und *packen* beschreiben; während Ersteres ursprünglich nur einen Auswuchs an der Stirn eines Tieres bezeichnete, war Letzteres im 16. Jahrhundert nur im Sinne von *einpacken* und nicht wie heute auch als *fassen, er-* bzw. *begreifen* gebräuchlich. Eine BEDEUTUNGS-

Bedeutungs-übertragung

VERSCHIEBUNG oder -ÜBERTRAGUNG kann man in *Zweck* erkennen, das heute nur noch in *Reißzwecke* seine frühere Bedeutung „Nagel" konserviert hat. Oftmals steht dabei eine übertragene Bedeutung neben der eigentlichen, wie z. B. an der metaphorisch (griech.: metaphorá = Übertragung) verwendeten Konstituente *Rücken* in *Buchrücken* oder der metonymischen (griech.: metōnymía = Umbenennung) Verwendung von *Leder* für *Fußball*, obwohl dieser heutzutage in der Regel aus Kunststoff besteht. Erwähnenswert sind schließ-

Bedeutungs-aufwertung/ Bedeutungsabwertung

lich noch BEDEUTUNGSAUF- und -ABWERTUNGEN, wie sie in *toll* (ursprünglich etwa *verwirrt, verrückt*) und *gemein* (eigentlich *allgemein*) auftreten. Der Bedeutungswandel eines Wortes gibt oftmals Aufschluss über gesellschaftliche Einstellungen zu bestimmten Sachverhalten, wie man z. B. daran sehen kann, dass das Adjektiv *schwul* in vielen Bereichen als Schimpfwort verwendet wird. Insgesamt gilt für alle Phänomene des Bedeutungswandels, dass sie sich ausschließlich auf die Inhaltsseite eines Lexems beziehen. Sie sind also nicht im engeren Sinne der Wortbildung zuzurechnen.

Wortschöpfung

Schließlich stellt sich die Frage, ob der Wortschatz eigentlich auch noch mit völlig neuen Morphemen erweitert wird, mit anderen Worten: Gibt es das Phänomen der WORTSCHÖPFUNG? In diesem Zusammenhang wird oft der vermeintliche Anglizismus *Handy* erwähnt, der gar nicht aus dem Englischen stamme, weil es dort *mobile* oder *cellphone* heiße. Tatsächlich scheint es so zu sein, dass der Begriff aus einem bereits in den 1940er Jahren in den USA gebräuchlichen Begriff abgeleitet wurde. Offenbar handelt es sich beim sogenannten *Handie talkie* um ein „handliches", also tragbares Funkgerät, das im Zweiten Weltkrieg eingesetzt wurde. Es liegt die Vermutung nahe, dass die Werbefachleute irgendeines Mobilfunkunternehmens sich an dieses Lexem erinnert haben, als sie das Mobiltelefon *Handy* tauften. Aus der Perspektive des Deutschen könnte man also zwar von einer Wortschöpfung sprechen, die jedoch an ein englisches Lexem angelehnt ist.

Grundsätzlich kann man nach Wortschöpfungen in der Werbesprache suchen, wo viele Produktnamen reine Phantasiekreationen sind, was allerdings nicht heißt, dass bei der Benennung von Produkten alles dem Zufall

SONSTIGE VERFAHREN DER WORTSCHATZERWEITERUNG | **Einheit 6**

Arten der Wortbildung	
Ausdruckserweiterung	
Komposition	Determinativkompositum: *Haustür, Rotwein, hellbraun*; Spezialfall: Rektionskompositum: *Deutsch-Lehrer* Kopulativkompositum: *Radiowecker, süß-sauer* exozentrisches Kompositum: *Zwölfzylinder, Nachmittag*
Derivation	explizite Derivation: Präfixderivation: *verschreiben, zerreden, unschön, Unmenge* Suffixderivation: *Sportler, Frechheit, Umleitung, absichtlich, radeln* kombinatorische Derivation/Zirkumfixderivation: *beabsichtigen, Gerede* Zusammenbildung: *Geldgeber, blauäugig* implizite Derivation: *Wurf* Rückbildung: *Sanftmut; Häme, Klinsi*
Ausdruckskürzung	
unisegmentales Kurzwort	Anfangswort: *Uni, Auto, Lok* Endwort: *Rad, Bahn* Rumpfwort: *Lisa* Klammerform: *Bierdeckel, Kirschblüte*
multisegmentales Kurzwort/ Akronym	Initialabkürzungswort: *PKW, URL; UNO, TÜV* Silbenkurzwort: *Kripo, Hanuta* Mischformen: *Azubi, BAföG* Partielles Kurzwort: *U-Bahn*
Kontamination	Wortkreuzung: *Demokratur* Wortverschmelzung: *verschlimmbessern* Kontraktion: *am, beim, zur*
Konversion	
syntaktische Konversion	*das Treffen, das Fenster ist gestrichen, das Gegenüber, im Heute, ohne Wenn und Aber, das So-tun-als-ob, Du Guter!*
morphologische Konversion	*der Treff, grünen, computern*
Sonstige Arten der Wortschatzerweiterung	
Entlehnung	*Computer, downloaden, Schokolade*
hybrides Kompositum/ Derivationen	*Computerfachmann, Bioladen, URL-Adresse, einloggen*
Lehnübersetzung	*Maus, herunterladen, Datenautobahn*
Bedeutungsveränderung/ Bedeutungswandel	Bedeutungsverengung: *Hochzeit, Schirm* Bedeutungserweiterung: *Horn, packen* Bedeutungsverschiebung/ -übertragung: *Zweck, Rücken* Bedeutungsaufwertung: *toll* Bedeutungsabwertung: *gemein*
Wortschöpfung	*sitt*, Kinder- und Werbesprache

| **Tab. 6.1**

Die Wortbildungs-
typen im Überblick

WORTBILDUNG UND FLEXION

überlassen wird. Beispielsweise sind Autofirmen sehr darauf bedacht, dass
ihre Markennamen nicht in irgendeiner Sprache etwas Unanständiges bedeuten wie im berühmten Beispiel des Mitsubishi Pajero, der in spanischspra-
chigen Ländern Montero heißt – Pajero bedeutet dort in der Vulgärsprache
„Wichser". Ein anderes Beispiel für den Versuch einer Wortschöpfung sind
die Bemühungen, ein deutsches Wort für den Zustand zu kreieren, dass man
genug getrunken hat, mit anderen Worten: Wie heißt das Gegenteil von *durstig*?
Einer der Vorschläge lautete *sitt*, ein anderer *schmöll* (vgl. Kapitel 12.2.2).
Tatsächliche Wortschöpfungen finden Sie heutzutage in gehäufter Form aber
nur in der Kindersprache. So hat einer der Autoren dieses Buches im Alter von
etwa vier Jahren, als er zum ersten Mal Kaninchen sah, diese auf Nachfrage seiner Eltern zu deren großen Erstaunen als *Jüjois* bezeichnet – offensichtlich war
er zu stolz zuzugeben, dass er weder diese Tiere noch ihren Namen kannte. Bei
anderen, oft onomatopoetischen Bildungen wie *Wauwau* ist fraglich, ob man
diese wirklich als Wortschöpfungen von Kindern betrachten kann. Abgesehen
von solchen kindersprachlichen Ad-hoc-Bildungen und der Werbung spielen
Wortschöpfungen in der Gegenwartssprache aber praktisch keine Rolle.

6.6 | Flexion

Flexion
Während die Wortbildung der Bildung von Lexemen dient, die einer Sprache
zur Verfügung stehen, werden mit Hilfe der FLEXION die Lexeme in Wortformen umgewandelt. Flexion ist also dazu da, aus abstrakten lexikalischen
Wörtern Wörter in einer konkreten, syntaktischen Verwendung zu machen,
d. h. sie mit zusätzlichen grammatischen Merkmalen zu versehen, welche es
ermöglichen, dass sich die einzelnen Wörter aufeinander und auf außersprachliche Sachverhalte beziehen. So sagt das Lexem *Baum* an sich noch nichts darüber aus, ob es sich um einen oder mehrere Bäume handelt, ob ein Geschehen
aus der Perspektive des Baums beschrieben wird (Im Satz *Der Baum wächst* ist
Baum Nominativ und damit Subjekt) oder sich das Geschehen auf den Baum
richtet (Im Satz *Er fällt den Baum* ist *Baum* Akkusativ und damit Objekt).
Die Schwierigkeit, Wortbildung und Flexion voneinander abzugrenzen, wird
deutlich am Beispiel der Komparation (*groß* → *größer* → *größt-*) und der Bildung des Partizips I (*schreib(en)* → *schreibend*). Obwohl beide Prozesse viele
Gemeinsamkeiten aufweisen – z. B. verlaufen sie beide sehr regelhaft und in
beiden Fällen kann an das Komparations- bzw. Partizipsuffix noch ein weiteres (Flexions-)Suffix angehängt werden (*größer-e, schreibend-e*) – wird die
Komparation eher der Flexion, die Partizipbildung hingegen der Wortbildung,
genauer gesagt: der Adjektivderivation, zugeordnet. Zu erklären, warum das
so ist, würde an dieser Stelle zu weit führen; die im Anhang zu dieser Einheit
angeführte Literatur hilft hier weiter. Stattdessen seien nur zwei grundlegende
Unterschiede zwischen Flexion und Wortbildung genannt: Bei der Flexion

110

FLEXION · **Einheit 6**

eines Lexems ändert sich erstens niemals dessen Wortart. Und zweitens wird ein Lexem mit Hilfe von Flexion in eine auch morphologisch sichtbare Beziehung zu anderen Lexemen gesetzt. Wenn Sie also den Altersunterschied zu Ihren Eltern verbalisieren wollen, können Sie das entweder lexikalisch machen, indem Sie sagen: *Das Alter meiner Eltern* **liegt** *um soundso viele Jahre über meinem Alter.* Oder Sie verwenden einfach ein Komparationssuffix (inkl. Umlaut): *Meine Eltern sind soundso viele Jahre* **älter** *als ich.*

> **Flexion:** Prozess, bei dem aus abstrakten, lexikalischen Wörtern konkrete, syntaktische Wörter entstehen, welche sich aufeinander und auf außersprachliche Sachverhalte beziehen.

Definition

Rechnet man also die Komparation mit zur Flexion, kommt man zu folgenden Flexionsarten: die NOMINALFLEXION oder DEKLINATION (Substantive werden nach Numerus und Kasus, Adjektive, Pronomen und Artikel zusätzlich in verschiedenen Genera flektiert), die VERBFLEXION oder KONJUGATION (Verben werden nach Person, Numerus, Tempus und Modus flektiert) und eben die KOMPARATION der Adjektive. Wenn Sie an dieser Stelle die Passivbildung vermissen, liegt das daran, dass im Deutschen die Passivformen (*behandelt werden*), ähnlich wie z. B. das Perfekt (*behandelt haben*), das Futur (*behandeln werden*) und bestimmte Formen des Konjunktivs (*behandeln würden, behandelt hätten*), nicht allein mit Hilfe von Flexionsmorphemen gebildet werden, sondern durch sogenannte ANALYTISCHE (griech.: analy̅ō = auflösen) oder PERIPHRASTISCHE (griech.: periphrássō = ringsum einschließen) FORMEN. Mit anderen Worten: das Verb *behandeln* wird im Passiv aufgelöst in das Hilfsverb *werden* und das Partizip *behandelt*, wobei die beiden Teile der Verbform in der Lage sind, Teile eines Satzes zu umschließen: *Ich werde im Krankenhaus vom Chefarzt behandelt.* Diese analytischen bzw. periphrastischen Formen gehören nicht zur Flexionsmorphologie im engeren Sinne; dazu zählen nur die SYNTHETISCHEN (griech.: sy̅nthesis = Zusammensetzung) FORMEN wie z. B. *er behandel-t.*

Nominalflexion/ Deklination

Verbflexion/ Konjugation

Komparation

Analytische/ periphrastische Formen

Synthetische Formen

Das deutsche Flexionssystem ist – jeder, der Deutsch als Fremdsprache lernt, wird Ihnen das gern bestätigen – zu kompliziert, als dass es in diesem Rahmen erschöpfend dargestellt werden könnte. Deswegen soll hier nur auf einige Besonderheiten hingewiesen werden. Zunächst einmal fällt bei der Betrachtung der Verbformen im Indikativ Präteritum auf, dass man mit vier Formen auskommen muss, obwohl es sechs Positionen gibt (vgl. Tab. 6.2).

Deutsche Flexion – schwere Flexion

Das Phänomen, dass sich die 1. und 3. Person hier weder im Singular noch im Plural unterscheiden, nennt man SYNKRETISMUS (griech.: syn = zusammen, krētismós = Lug und Trug (nach Art der Kreter)). Es taucht auch in der Nominalflexion auf; z. B. lauten die Pluralformen des Lexems *Umleitung* in allen Kasus gleich, nämlich *Umleitungen*. Mit der Erklärung dieses Phänomens

Synkretismus

111

WORTBILDUNG UND FLEXION

beschäftigt sich die Linguistik gerade in jüngerer Zeit, ohne bisher in allen Fällen zu einem voll überzeugenden Ergebnis zu kommen.

Tab. 6.2

Das Verb *rufen* im Indikativ Präteritum

Verbstamm	Person	Numerus	
		Singular	Plural
	1.	{ø}	{-en}
rief-	2.	{-st}	{-t}
	3.	{ø}	{-en}

Starke und schwache Flexion

Ein weiteres erwähnenswertes Phänomen ist die Unterscheidung zwischen STARKER und SCHWACHER FLEXION. Diese findet man im Bereich der Nominalflexion. Während z. B. Substantive entweder stark, gemischt oder schwach dekliniert werden, je nachdem, zu welchem Typ sie gehören (vgl. Tabelle 6.3), hängt bei Adjektiven die Flexion davon ab, ob die Nominalphrase (also eine Wortgruppe, die als Kern ein Substantiv oder Pronomen enthält), in der sie stehen, mit einem bestimmten oder unbestimmten Artikel gebildet wird (vgl. Tabelle 6.4).

Tab. 6.3

Starke und schwache Deklination am Beispiel verschiedener maskuliner Substantivtypen

Substantivstamm Typ 1 (starke Maskulina/Neutra)	Kasus	Numerus	
		Singular	Plural
	Nom.	{ø}	{-e}
	Gen.	{-(e)s}	{-e}
Berg	Dat.	{(-e)}	{-en}
	Akk.	{ø}	{-e}

Substantivstamm Typ 2 (schwache Maskulina)	Kasus	Numerus	
		Singular	Plural
	Nom.	{ø}	{-en}
	Gen.	{-en}	{-en}
Mensch	Dat.	{(-en)}	{-en}
	Akk.	{(-en)}	{-en}

Substantivstamm Typ 3 (gemischte Maskulina/Neutra)	Kasus	Numerus	
		Singular	Plural
	Nom.	{ø}	{-en}
	Gen.	{-(e)s}	{-en}
Staat	Dat.	{(-e)}	{-en}
	Akk.	{ø}	{-en}

Adjektivflexion (stark)	Kasus	Numerus	
		Singular	Plural
grober Unfug/ große Menschen	Nom.	*grob-er Unfug*	*groß-e Menschen*
	Gen.	*grob-en Unfugs*	*groß-er Menschen*
	Dat.	*grob-em Unfug*	*groß-en Menschen*
	Akk.	*grob-en Unfug*	*groß-e Menschen*

Adjektivflexion (gemischt)	Kasus	Numerus	
		Singular	Plural
ein grober Unfug/ keine großen Menschen	Nom.	*ein grob-er Unfug*	*keine groß-en Menschen*
	Gen.	*eines grob-en Unfugs*	*keiner groß-en Menschen*
	Dat.	*einem grob-en Unfug*	*keinen groß-en Menschen*
	Akk.	*einen grob-en Unfug*	*keine groß-en Menschen*

Adjektivflexion (schwach)	Kasus	Numerus	
		Singular	Plural
der grobe Unfug/ die großen Menschen	Nom.	*der grob-e Unfug*	*die groß-en Menschen*
	Gen.	*des grob-en Unfugs*	*der groß-en Menschen*
	Dat.	*dem grob-en Unfug*	*den groß-en Menschen*
	Akk.	*den grob-en Unfug*	*die groß-en Menschen*

Tab. 6.4

Starke und schwache Deklination des Adjektivs im Maskulinum in Abhängigkeit vom Artikel

Noch weitaus komplizierter ist die Situation bei den Pronomina und Artikeln; hier empfiehlt sich ein Blick in eine einschlägige Grammatik.

Abgesehen von ihrer Funktion, aus lexikalischen Wörtern syntaktische zu machen, werden die unterschiedlichen Flexionseigenschaften von Wörtern in der Linguistik als eines von mehreren Kriterien zur Unterscheidung von Wortarten herangezogen. Die Klassifikation von Wortarten wird häufig im Rahmen der Morphologie behandelt; da hierbei jedoch auch syntaktische Kriterien eine Rolle spielen, wird darauf in der folgenden Einheit eingegangen.

Übungen

| 6.7

1 Um welche Wortbildungsarten handelt es sich bei den folgenden Beispielen?

Geschirrspüler, Geschirrspülmaschine, Leasing, verfassungswidrig, Privatisierung, Brunch, rahmen, HSV, (das) Schreiben, (das) Hoch, filtern, unhöflich, Gerede, verrechnen.

2 Beschreiben Sie ausgehend von der zugrunde liegenden Wortbildung den Bedeutungswandel bei den Adjektiven *dämlich* und *herrlich*.

3 Mit welchen Allomorphen wird der Gen. Sg. bei deutschen Substantiven im Maskulinum realisiert?

4 Diskutieren Sie, ob es sich bei der Bildung des Partizips II im Deutschen um Wortbildung oder um Flexion handelt.

6.8 | Verwendete und weiterführende Literatur

Best, Karl-Heinz (2005): Linguistik in Kürze. Mit einem Ausblick auf die Quantitative Linguistik. 3., überarb. Aufl. Göttingen: Skript.

Donalies, Elke (2005): Die Wortbildung des Deutschen. 2., überarb. Aufl. Tübingen: Narr.

Duden (2005) – Die Grammatik. 7., völlig neu bearb. u. erw. Aufl. Hrsg. v. d. Dudenredaktionen. Mannheim et al.: Dudenverlag.

Duden (2000) – Das große Wörterbuch der deutschen Sprache. Hrsg. v. Wissenschaftlichen Rat der Dudenredaktion. CD-ROM-Ausgabe auf Basis der 3., völlig neu bearb. u. erw. Aufl. der Buchausgabe in 10 Bänden von 1999. Mannheim: Bibliographisches Institut.

Eisenberg, Peter (2004): Grundriß der deutschen Grammatik. Bd. 1. Das Wort. 2., überarb. u. aktual. Aufl. Stuttgart, Weimar: Metzler.

Fleischer, Wolfgang; Barz, Irmhild (1995): Wortbildung der deutschen Gegenwartssprache. 2., durchges. u. erg. Aufl. Tübingen: Niemeyer.

Habermann, Mechthild; Müller, Peter O.; Munske, Horst Haider (Hrsg.) (2002): Historische Wortbildung des Deutschen. Tübingen: Niemeyer.

Kluge (2002) – Etymologisches Wörterbuch der deutschen Sprache. Bearb. v. Elmar Seebold. 24., durchges. und erw. Aufl. Berlin, New York: de Gruyter.

Lexikon der Sprachwissenschaft (2002). Hrsg. v. Hadumod Bußmann. 3., aktual. u. erw. Aufl. Stuttgart: Kröner.

Lohde, Michael (2006): Wortbildung des modernen Deutschen. Ein Lehr- und Übungsbuch. Tübingen: Narr.

Metzler-Lexikon Sprache (2004). Hrsg. v. Helmut Glück. CD-ROM-Ausgabe. Berlin: Directmedia Publishing.

Motsch, Wolfgang (1999): Deutsche Wortbildung in Grundzügen. Berlin, New York: de Gruyter.

Muthmann, Gustav (2001): Rückläufiges deutsches Wörterbuch: Handbuch der Wortausgänge im Deutschen mit Beachtung der Wort- und Lautstruktur. 3., überarb. u. erw. Aufl. Tübingen: Niemeyer.

Olschansky, Heike (1999): Täuschende Wörter. Kleines Lexikon der Volksetymologien. Stuttgart: Reclam.

Einheit 7

Traditionelle Syntaxanalyse

Inhalt		
7.1	Traditionelle Syntaxanalyse – Was ist ein Satz?	116
7.2	Wie analysiert man einen Satz?	117
7.3	Syntaktische Tests	119
7.4	Syntaktische Kategorien und Funktionen	120
7.4.1	Wortarten als syntaktische Kategorien	120
7.4.2	Phrasen als syntaktische Kategorien	124
7.4.3	Syntaktische Funktionen	124
7.5	Ein Modell zur operationalen Satzanalyse	127
7.6	Übungen	131
7.7	Verwendete und weiterführende Literatur	133

7.1 | Traditionelle Syntaxanalyse – Was ist ein Satz?

Satz und Syntax

Können Sätze schwimmen? Natürlich. Schließlich heißt ein Buch von Heinz Ludwig Arnold: „Da schwimmen manchmal ein paar gute Sätze vorbei". Schwimmt also ein guter Satz vorbei, erkennen wir ihn sofort und bewerten ihn. Wir bewerten, ob er verständlich, grammatisch richtig gebildet und stilistisch akzeptabel ist. Mit dieser Bewertung gehen wir intuitiv weiter als die rein grammatisch orientierte Syntaxanalyse, die primär auf das Regelsystem und seine Anwendung schaut.

Definition

> **Syntax:** ein System von Regeln, nach denen aus einem Grundinventar kleinerer Einheiten (Wörter und Wortgruppen) wohlgeformte (= grammatische) Sätze einer Sprache gebildet werden.

Lesen wir etwa in einer Anzeige im „Saarspiegel": „Raus aus dem Tabu! Wie zufrieden sind Sie mit Ihren Erektionsstörungen?", so erkennen und bewerten wir sofort: Die erste Sequenz ist eine Aufforderung, die zweite eine Frage. Beide sind verständlich und akzeptabel, mit Blick auf die Bedeutung allerdings etwas merkwürdig.

Abb. 7.1|
Lauter Sätze

Am Anfang war der Satz
in seiner Kaffeetasse
Sie verwarf ihn
spielte stattdessen einen
und verpasste einen ihrem Gegner
der sich über die warmen Ohren freute.

Liefern uns die „Weinheimer Nachrichten" die Schlagzeile: „Gammelfleisch in aller Munde", wird uns möglicherweise leicht übel, wir akzeptieren diesen Satz aber noch als verständlich, auch wenn er grammatisch nicht so recht vollständig ist. Was ihm fehlt, ist das Prädikat: „Gammelfleisch **ist** in aller Munde". Anders beim folgenden Satzmonstrum: „Derjenige, der den Täter, der den Pfahl, der an der Brücke, die über den Bach, der an dem Weg, der nach Worms geht, liegt, führt, steht, umgeworfen hat, anzeigt, erhält eine Belohnung." (Inschrift aus dem Jahre 1901 in Lorch/Hessen, zit. In: Beaugrande/Dressler 1981: 137) Um sich zu überzeugen, ob dieser Satz mit seinen sieben Finita grammatisch richtig gebildet ist, muss man schon sehr genau hinschauen und einige Regeln kennen, wie im Deutschen Sätze gebildet werden. So muss man z.B. wissen, dass solche Verschachtelungen besonders deshalb möglich sind, weil im deutschen Relativsatz das Verb normalerweise am Ende des Satzes steht (Verb-Endstellung). Mit dieser Regelkenntnis können wir den Satz dann auch etwas übersichtlicher und verständlicher darstellen (vgl. Abb. 7.2).

Abb. 7.2|
Satzgefüge – nicht verschachtelt

Derjenige erhält eine Belohnung,
der den Täter anzeigt,
der den Pfahl umgeworfen hat,
der an der Brücke steht,
die über den Bach führt,
der an dem Weg liegt,
der nach Worms geht.

Wir bewerten Sätze also intuitiv immer auch hinsichtlich ihrer Akzeptabilität und Grammatikalität. Die AKZEPTABILITÄT bezieht sich auf die Ebene der Parole, des Sprachgebrauchs: Wir entscheiden, ob ein Satz in der Kommunikation akzeptabel ist oder nicht. Die GRAMMATIKALITÄT überprüfen wir auf der Ebene der Langue, des Sprachsystems: Wir bewerten dabei, ob ein Satz nach den Regeln des Systems richtig gebildet ist. Was aber ist ein Satz? Die Frage ist nicht leicht zu beantworten. Es gibt hunderte linguistische Satzdefinitionen. Wir legen für den traditionellen Zugang die an Gallmann (2005) angelehnte Satzdefinition zugrunde:

Akzeptabilität

Grammatikalität

Ein Satz:
- ist eine Einheit, die aus einem finiten Verb und mindestens allen vom Verb verlangten Satzgliedern besteht;
- ist eine abgeschlossene Einheit, die nach den Regeln der Syntax gebildet ist;
- ist die größte Einheit, die man mit den Regeln der Syntax erzeugen kann.

Definition

Wie analysiert man einen Satz?

| 7.2

Um Sätze zu analysieren, gibt es zahlreiche Verfahren und Grammatikformalismen, die jeweils sehr unterschiedlichen Zielen dienen. So gibt es das traditionelle System, das vorfindbare Sätze auf ihre Strukturen und Hierarchien hin untersucht, um ihre Bildungsweise sichtbar zu machen. Ein solches traditionelles System der SATZANALYSE wird nachfolgend skizziert, um das Schulwissen zur Syntaxanalyse wieder ins Gedächtnis zu rufen. Eine traditionelle operationale Analyse des Satzes *Der Professor hält einen Vortrag*, in Form eines Satzbauplanes notiert, würde zu folgendem Ergebnis führen:

Satzanalyse

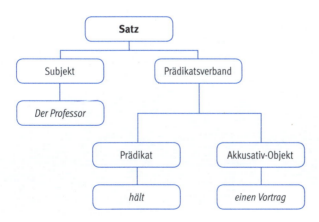

| Abb. 7.3
Operationale Analyse

Dependenz- oder Valenzgrammatik

Daneben existiert auch das Modell der DEPENDENZ- oder VALENZGRAMMATIK, die von der Grunderkenntnis ausgeht, dass das finite Verb das strukturelle Zentrum jedes Satzes ist. Demnach wird in der Dependenzgrammatik – in den nachfolgenden Einheiten wird sie detaillierter beschrieben – auch in der Darstellung darauf geachtet, dass die Abhängigkeit der Satzglieder oder Konstituenten vom Verb sichtbar gemacht wird. Eine valenzgrammatische Veranschaulichung der Struktur unseres Beispielsatzes sähe so aus:

Abb. 7.4 | Valenzgrammatische Darstellung

Phrasenstrukturgrammatik

Darüber hinaus existieren weitere Grammatiken, von denen die PHRASENSTRUKTURGRAMMATIKEN (auf die wir nicht näher eingehen werden) besonders wichtig sind. Ihre Zielstellung ist weit komplexer als die der traditionellen oder der Dependenzgrammatik. Sie dienen nicht nur dazu, Sätze zu untersuchen und deren Struktur und Hierarchie sichtbar zu machen, sondern auch dazu, die menschliche Sprachfähigkeit generell darzustellen und zu erklären oder Sprache formal (etwa für die Verarbeitung im Computer) zu beschreiben. Für praktische Zwecke, etwa die Anwendung in der Schule, ist sie hingegen aufgrund ihrer Komplexität weniger geeignet. Unser Beispielsatz sähe, nach dem frühen System der GENERATIVEN TRANSFORMATIONSGRAMMATIK analysiert, folgendermaßen aus:

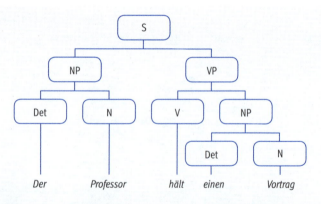

Abb. 7.5 | Konstituenten- (Phrasen-)Strukturgrammatik

Formationsregeln:
S → NP + VP
NP → (Det) + N
VP → V + (NP) + (NP)

Lexikonregeln:
N → Wissenschaft, Auto, ...
V → fördert, weiß, fährt, ...
Det → der, die, das, eine, ...

Abkürzungen:
S = Satz, NP = Nominalphrase,
VP = Verbalphrase,
Det = Determinativ, (...) = fakultativ

SYNTAKTISCHE TESTS   **Einheit 7**

Syntaktische Tests | **7.3**

Zurück zum traditionellen Analysesystem. Aus welchen kleineren Einheiten sind Sätze aufgebaut? Aus Wörtern? Das ist sicher der Fall, aber zwischen den Einzelwörtern und dem Satz liegt noch die Ebene der Wortgruppen, Wörtern also, die eng zusammengehören und Satzglieder bilden. Bei unserem Beispiel wären dies: *Der Professor* und *einen Vortrag*, dagegen bildet etwa *hält einen* keine derart eng verbundene Wortgruppe.

Ebene der Wortgruppen

Um solche SATZGLIEDER zu bestimmen, müssen sie zunächst einmal identifiziert werden. Dies lässt sich nach dem VEA-Prinzip mit Hilfe einiger operationaler Verfahren gut bewerkstelligen, weil Satzglieder zwei besonders charakteristische Eigenschaften haben, die auch in der Definition der Duden-Grammatik (1998: 627) betont werden:

Satzglieder

V	Verschiebung
E	Ersetzung
A	Anfangsstellung

Satzglieder: die kleinsten zusammengehörigen Elemente des Satzes (Wörter und Wortgruppen), die sich nur geschlossen verschieben und als Ganze ersetzen lassen.

Definition

Und nun folgt der Normalablauf zur Ermittlung von Satzgliedern in Kurzform (eine weitere Diskussion finden Sie in der Duden-Grammatik (1998: 627–651) und bei Dürscheid (2005: 47–55)):

1. Prädikat ermitteln.
2. Verschiebeprobe (PERMUTATION): Einzelne Wortgruppen oder Wörter im Satz werden um das Finitum herum verschoben. Dabei muss der Satz grammatisch bleiben, die Information und die Satzart (Fragesatz, Aussagesatz, Befehlssatz) dürfen nicht verändert werden.

Permutation

Hier ein neues, differenzierteres Beispiel:

Die Geisteswissenschaften	reflektieren	seit jeher	die kulturellen Grundlagen der Menschheit.
Die Geisteswissenschaften	reflektieren	die kulturellen Grundlagen der Menschheit	seit jeher.
Seit jeher	reflektieren	die Geisteswissenschaften	die kulturellen Grundlagen der Menschheit.
Die kulturellen Grundlagen der Menschheit	reflektieren	die Geisteswissenschaften	seit jeher.

|Abb. 7.6

Permutations-/ Verschiebeprobe

3. Ersatzprobe (SUBSTITUTION): Bringt die Permutation kein überzeugendes Ergebnis, weil Elemente sowohl geschlossen als auch getrennt verschoben werden können, kann man mit Hilfe der Ersatzprobe weiter testen. Mit dieser Methode wird untersucht, ob eine Wortgruppe als ganze durch ein Wort, in der Regel ein Pronomen, ersetzt werden kann. So etwa im Bei-

Substitution

119

TRADITIONELLE SYNTAXANALYSE

spielsatz *Im Korb lagen nur noch angefaulte Äpfel.* Die einfache Permutation lässt auch die folgende Kombination zu: *Äpfel lagen nur noch angefaulte im Korb.* Dies deutet auf das folgende Satzgliedinventar hin: *im Korb – nur noch angefaulte – Äpfel.* Im Satz erfüllen aber *nur noch angefaulte* und *Äpfel* eine gemeinsame Aufgabe und können gemeinsam durch das Pronomen *sie* ersetzt werden.

Topikalisierung

4. Anfangsstellungsprobe (Topikalisierung): Die gemeinsame Rolle einer Wortgruppe wird auch dadurch signalisiert, dass sie gemeinsam eine einzige Satzgliedposition besetzen kann, nämlich die Spitzenposition vor dem Finitum, die auch Anfangsstellung oder Vorfeldbesetzung genannt wird. *Nur noch angefaulte Äpfel* kann gemeinsam vor das Finitum treten, nicht aber *nur noch angefaulte.*

Solche Proben – es gibt noch weitere für andere Zwecke – sind interpretative Verfahren, mit deren Hilfe wir unsere Intuition überprüfen. Sie führen nicht aus sich selbst heraus zu eindeutigen Lösungen, sondern bedürfen immer eines kompetenten Sprechers.

7.4 | Syntaktische Kategorien und Funktionen

Um einen Satz zu analysieren, müssen die syntaktischen Elemente (Wörter und Satzglieder) nach Kategorie und Funktion bestimmt werden, d. h. es muss für jede Einheit bestimmt werden können:

► die Kategorie: Was für ein Element ist X?
► die Funktion: Welche Aufgabe hat X im Satz?

Zunächst zu den syntaktischen Kategorien. Hierzu gehören die Wortarten und die Satzgliedkategorien.

7.4.1 | Wortarten als syntaktische Kategorien

Wortarten-klassifikation

Die Bestimmung der Wortarten ist eine der notwendigen Grundlagen für die syntaktische Analyse, weswegen sie in dieser Einheit und nicht im Rahmen der Morphologie behandelt wird. Ähnlich wie bei den Satzdefinitionen ist die Linguistik auch hier weit von einer einheitlichen Klassifikation entfernt. Das liegt daran, dass zur Bestimmung von Wortarten unterschiedliche Kriterien angewendet werden können, die zu unterschiedlichen Ergebnissen führen, sowohl was die Anzahl als auch die Eigenschaften von Wortarten angeht. Die Spannbreite reicht laut Dürscheid von vier Wortarten in der generativen Theorie bis hin zu Ansätzen mit mehreren Dutzend Wortarten. Das Problem besteht dabei darin, dass sich jede Wortart weiter subklassifizieren lässt; beispielsweise lassen sich Verben in Vollverben (*laufen, arbeiten*), Hilfsverben (*gearbeitet* **haben**), Modalverben (*arbeiten* **müssen**) und Kopulaverben (*müde*

120

sein) unterteilen. Auch ob man zwischen Pronomen (*dieser, derjenige*) und Artikeln unterscheidet, hängt von den Kriterien ab, die man anwendet.

Tilo Weber stellt in seiner Abhandlung zur lexikalischen Kategorisierung dementsprechend zur Problematik, wie viele Wortarten es im Deutschen gibt, lakonisch fest, dass diese Frage nicht beantwortet werden könne. Gleichzeitig räumt er ein, dass die klassische Wortartenlehre des Dionysios Thrax (2. Jh. v. Chr.) mit einzelnen Modifikationen noch heute ihre Gültigkeit besitzt (vgl. Kapitel 1.2). Im Folgenden werden daher lediglich die wichtigsten Klassifikationskriterien vorgestellt und dann ein auf deren Basis konzipiertes, auf die weiteren Zwecke dieser Einführung abgestimmtes Wortartensystem präsentiert.

> **Wortart:** eine mit Hilfe verschiedener (z. B. morphologischer, syntaktischer und semantischer) Kriterien gewonnene Kategorie, der ein syntaktisches Wort zugeordnet werden kann.

Definition

Eine Möglichkeit der Wortartenklassifikation besteht in der Anwendung MORPHOLOGISCHER KRITERIEN. Wie am Ende von Einheit 6 dargestellt, können Wörter auf verschiedene Weise flektiert werden: Man kann sie konjugieren, deklinieren und komparieren. Bei den deklinierbaren Wörtern findet man solche mit einem festen Genus und solche, die nicht genusfest sind. Daneben gibt es Wörter, die gar nicht flektiert werden können. Wendet man diese Kriterien konsequent an (vgl. Abb. 7.7), erhält man die fünf Wortarten, die Glinz in seiner Fünf-Wortarten-Lehre in den 1970er Jahren beschrieben hat.

Morphologische Kriterien

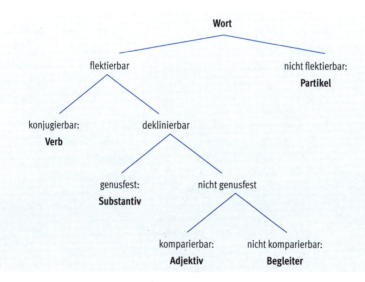

Abb. 7.7
Die Fünf-Wortarten-Lehre nach Glinz

Das sieht einfach aus, bringt aber einige Probleme mit sich. Nach dieser Einteilung wären z. B. Wörter wie *heute, vielleicht, weil, über, sehr* alle derselben

Syntaktische Kriterien

Wortart (Partikel) zuzuordnen. Das erscheint Ihnen möglicherweise unbefriedigend. Dementsprechend arbeiten viele Wortartenklassifikationen zusätzlich mit SYNTAKTISCHEN KRITERIEN. So werden nicht flektierbare Wörter, die allein als Satzglied fungieren können (also z. B. *heute, vielleicht, deswegen*), einer eigenen Wortart zugeordnet, den Adverbien. Bei den übrig bleibenden Wörtern kann man unterscheiden zwischen solchen, die eine syntaktische Relation herstellen, und solchen, die das nicht tun. Letztere werden dann als Partikeln (im engeren Sinne) bezeichnet (wie z. B. im Satz *Das hast du ja toll hingekriegt*), also Wörter ohne konkrete paraphrasierbare (= umschreibbare) Bedeutung, stattdessen mit einer kommunikativen Funktion wie Abschwächung oder Verstärkung. Dagegen unterscheidet man bei Ersteren, ob es sich bei der syntaktischen Relation um eine Kasusforderung (Präposition, z. B. *nach* + Dativ) oder um die Verbindung von Satzgliedern bzw. Teilsätzen (Konjunktion, z. B. *und, weil*) handelt.

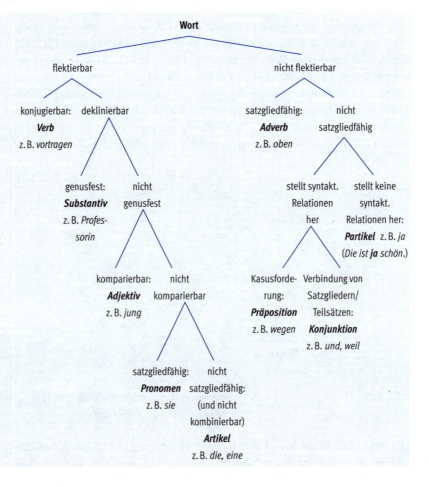

Abb. 7.8 | Die Klassifikation der Wortarten nach morphologischen und syntaktischen Kriterien

SYNTAKTISCHE KATEGORIEN UND FUNKTIONEN **Einheit 7**

Bei den Begleitern wird zudem oft unterschieden, ob sie satzgliedfähig sind oder nicht. Im ersten Fall handelt es sich dann um Pronomen, im zweiten um Artikel. Und schließlich gibt es noch das Problem, dass viele intuitiv als Adjektive aufzufassende Wörter nicht oder nur unter Schmerzen komparierbar sind (z. B. *ein besonderes Erlebnis, meine gesamten Ersparnisse, ein trinkbarer Wein, ein grünlicher Farbton*) und somit bei einer bloß schematischen Anwendung der in Abb. 7.8 aufgeführten Kriterien eigentlich unter die Artikel fallen würden. In diesen Fällen hilft es, sich zu vergegenwärtigen, dass innerhalb einer Nominalphrase (s. 7.4.2) zwar nahezu beliebig viele Adjektive stehen können, aber nur ein Artikel (*ein besonderes, aufwühlendes, phantastisches, unvergessliches Erlebnis*).

In vielen Wortartenklassifikationen findet man darüber hinaus noch SEMANTISCHE KRITERIEN. Auf diese Weise gelangt man zu Wortarten wie Zahlwörtern (*zwei, beide, zweimal, Millionen*), die zwar auf bestimmte Wörter gut anwendbar sind, insgesamt aber eher zu zusätzlichen Unklarheiten führen und mehr Probleme schaffen, als sie lösen. So lässt sich *zweimal* nach dem oben aufgeführten Schema problemlos als Adverb, *beide* als (allerdings nicht komparierbares) Adjektiv und *Millionen* als Substantiv einordnen. Lediglich bei *zwei* besteht das Problem, dass es nicht flektierbar ist, aber aufgrund seines syntaktischen Verhaltens (es kann in der NP zwischen Artikel und Substantiv stehen und ist mit anderen Adjektiven kombinierbar: *die zwei schönsten Wochen/die schönsten zwei Wochen*) eher als Adjektiv einzustufen ist. Damit ähnelt es auch den Farbadjektiven *rosa* und *lila* oder dem Allerweltswort *super*, das sich immer mehr von einem Konfix zu einem Adjektiv entwickelt.

Semantische Kriterien

Obwohl das vorgestellte System für den linguistischen Alltagsgebrauch recht praktikabel ist, soll nicht verschwiegen werden, dass einige Problemfälle von ihm nicht erfasst werden können. Beispiele hierfür sind das Wort *oft*, das zwar nicht deklinierbar, aber dafür komparierbar ist, oder die sogenannten INTERJEKTIONEN (*ach!, oh!*) und SATZÄQUIVALENTE (*Ja., Danke.*).

Problemfälle

In der oben zitierten Definition des Begriffs Wortart ist von syntaktischen Wörtern die Rede. Damit ist gemeint, dass die Wortart eines Wortes nur an seinem konkreten Vorkommen in einem Text bestimmt werden kann. Bei mehrdeutigen Wörtern wird das besonders deutlich. So kann das Wort *natürlich* Adjektiv und Adverb sein, je nachdem, in welcher Bedeutung es vorliegt. Umgekehrt ist es so, dass ein Wort, solange sich seine Bedeutung nicht ändert, immer derselben Wortart angehört, unabhängig von seiner syntaktischen Funktion. Das Wort *schnell* bleibt immer ein Adjektiv, auch wenn es unflektiert und in adverbialer Funktion in einem Satz vorkommt, weil es in gleicher Bedeutung auch deklinierbar wäre. Hier gilt also das Kriterium der POTENZIELLEN FLEKTIERBARKEIT.

123

TRADITIONELLE SYNTAXANALYSE

Tab. 7.1

Zweifelsfälle der
Wortartenzuordnung

	Wortart	Bedeutung
*Das ist eine ganz **natürliche** Reaktion.* *Er hat ganz **natürlich** reagiert.*	Adjektiv	„normal"
***Natürlich** komme ich zu eurer Party.*	Adverb	„selbstverständlich"
*Ich hoffe auf deine **schnelle** Rückkehr.* *Ich hoffe, dass du **schnell** zurückkommst.*	Adjektiv	„in Kürze"

7.4.2 | Phrasen als syntaktische Kategorien

Phrase und
Phrasenkopf

Neben den Wortarten stellen auch die Wortgruppen, die uns in Kapitel 7.2 und 7.3 begegnet sind und die wir mit Hilfe der operationalen VEA-Tests ermitteln können, syntaktische Kategorien dar. Eine solche Wortgruppe oder PHRASE besitzt einen PHRASENKOPF (oder Kern), nach deren Wortart die Phrase bezeichnet wird, damit aus der Bezeichnung sichtbar wird, um welche Art von Wortgruppe es sich jeweils handelt:

Tab. 7.2

Phrasenklassen

Kategorie	Abkürzung	Beispiel (Kern/Kopf in Fettdruck)
Nominalphrase	NP	*die große **Demokratin***
Verbalphrase	VP	*ein Buch **lesen*** (Streng genommen stellt auch jeder vollständige Satz eine Verbalphrase dar, weil er ein Verb als Kern hat.)
Präpositionalphrase	PP	***in** der Mensa*
Adjektivphrase	AP	*sehr **schön***
Adverbphrase	AdvP	*ganz **oben***

7.4.3 | Syntaktische Funktionen

Syntaktische
Funktionen von
Wortgruppen

Wortgruppen im Satz haben bestimmte Funktionen. Die grammatiktheoretische Diskussion um jede einzelne dieser Funktionen ist recht komplex und wird hier nicht dargestellt, weil es in dieser Einführung darum geht, auf schnellem Wege zu einem praxistauglichen Analysesystem zu gelangen. Eine hilfreiche Bündelung der Diskussion verschiedener SYNTAKTISCHER FUNKTIONEN liefert Christa Dürscheid, an deren Ausführungen wir uns hier eng anlehnen. Für jede Funktion bietet sie eine Auflistung prototypischer Merkmale. Nimmt man das Prädikativum (das Dürscheid dem Prädikat zurechnet) als eigene Funktion hinzu, ergibt sich das aus der Schulgrammatik weitgehend bekannte Ensemble syntaktischer Funktionen, über das wir – um es in Erinnerung zu rufen – im Folgenden einen tabellarischen Überblick geben:

Einheit 7

SYNTAKTISCHE KATEGORIEN UND FUNKTIONEN

Syntaktische Funktion	Prototypische Eigenschaft	Art des Kriteriums
Subjekt	► ist mit *wer* oder *was* erfragbar (z. B. **Linguistik** *ist spannend.*)	semantisch
	► ist das, worüber man spricht (s. o.)	pragmatisch
	► ist kongruenzauslösend (z. B. **Er** *geht* / **Sie** *gehen in die Vorlesung.*)	formal
	► wird in der Regel durch eine NP im Nominativ realisiert (s. o.)	formal
Prädikat	► ist das Satzglied, dem kategorial nur eine Wortart, nämlich ein Verb oder ein Verbalkomplex, entspricht (z. B. *Die Germanistik-Studentin* **beantragt** *BAföG.*)	formal
	► bezeichnet eine auf das Subjekt bezogene Handlung, einen Vorgang oder einen Zustand (s. o.)	semantisch
	► ist durch Kongruenz auf das Subjekt bezogen (s. o.)	morphologisch
Prädikativum	► Wird das Prädikat mit einem Kopulaverb (*sein*, *werden*, *bleiben*, *scheinen*, *heißen*) gebildet, steht es mit einem substantivischen (z. B. *Er ist* **Lehrer.**) oder adjektivischen (z. B. *Er wurde* **krank.**) Prädikativum.	syntaktisch
	► Prädikativa treten nicht nur subjektbezogen (z. B. *Er ist* **ein Idiot.**), sondern auch objektbezogen (z. B. *Sie nennt ihn* **einen Idioten.**) auf.	syntaktisch
Objekt	► ist der Zielpunkt des verbalen Geschehens (z. B. *Er will* **die Klausur** *bestehen.*)	semantisch
	► ist im Kasus durch das Verb (z. B. *treffen* + Akkusativ) oder durch das prädikative Adjektiv (z. B. *treu* + Dativ) bestimmt	formal
	► Das direkte Objekt steht in der Regel im Akkusativ, das indirekte im Dativ (z. B. *Sie gibt* (**indirekt***ihrem Kommilitonen*) (**direkt***das Einführungsbuch*) *zurück.*).	formal
Präpositionales Objekt	► Bei präpositionalen Objekten hängt die Präposition vom Verb ab (z. B. *Er hat sich nicht* **um seinen Hund** *gekümmert. Sie fahndeten* **nach dem Erpresser.**) und ist nicht austauschbar.	formal
	► Die Präposition trägt nichts zur Gesamtbedeutung der PP bei und verfügt über keine Eigensemantik.	semantisch

|Tab. 7.3

Syntaktische Funktionen und ihre prototypischen Eigenschaften (nach Dürscheid 2005)

Tab. 7.3 (Fortsetzung)	**Adverbial**	► Adverbiale Bestimmungen beziehen sich auf das Verb (z. B. *Er singt **laut**.*) oder auf den ganzen Satz (z. B. ***Wahrscheinlich** kommt er nicht.*).	syntaktisch
		► Adverbiale drücken die näheren Umstände des Geschehens aus: den Ort (Lokaladverbial), die Zeit (Temporaladverbial), die Art und Weise (Modaladverbial), den Grund (Kausaladverbial) u. a. (z. B. *Sie geht **deshalb morgen in die Uni**.*).	semantisch
		► Adverbiale können realisiert werden als Adverbien (z. B. *Er kommt **morgen**.*), als AP (z. B. *Er weinte **laut**.*), als PP (z. B. *Sie arbeitet **an der Uni**.*), als NP (z. B. *Er tanzte **die ganze Nacht**.*) und als Nebensätze (z. B. *Sie tanzte, **bis die Sonne aufging**.*).	formal

Mit der Angabe von Kategorie und Funktion kann man nun jedes Satzglied in der nachfolgend skizzierten Weise bestimmen:

Sie ist Ärztin, kümmert sich gewissenhaft um die ängstlichen Patienten ihrer Landarztpraxis und muss sie immer ermutigen und ihnen die nötigen Rezepte ausstellen.

Tab. 7.4
Satzgliedbestimmung in Kategorie und Funktion

Satzglied	Kategorie	Funktion
Sie	Nominalphrase (NP)	Subjekt
ist	Verbalphrase (VP)	Prädikat
Ärztin	Nominalphrase (NP)	Prädikativum
kümmert sich	Verbalphrase (VP)	Prädikat
gewissenhaft	Adjektivphrase (AP)	Adverbial
um die <u>ängstlichen</u> Patienten ihrer <u>Landarztpraxis</u>	Präpositionalphrase (PP)	präpositionales Objekt
und	kein Satzglied	
muss ... ermutigen	Verbalphrase (VP)	Prädikat
sie	Nominalphrase (NP)	Akkusativ-Objekt
immer	Adverbphrase (AdvP)	Adverbial
und	kein Satzglied	
ihnen	Nominalphrase (NP)	Objekt (indirekt)
die <u>nötigen</u> Rezepte	Nominalphrase (NP)	Objekt (direkt)
[muss] ausstellen	Verbalphrase (VP)	Prädikat

Bei den unterstrichenen Elementen handelt es sich jeweils um ATTRIBUTE, also nicht um eigene Satzglieder, sondern um Elemente von Satzgliedern. Auch Attribute lassen sich durch die Angabe prototypischer Merkmale charakterisieren:

Attribute

Syntaktische Funktion	Prototypische Eigenschaft	Art des Kriteriums
Attribut	► Das Attribut ist eine Beifügung zum Substantiv oder zum Adjektiv. Es ist nicht selbst Satzglied (wird aber in manchen Grammatiken als Satzglied zweiter Ordnung bezeichnet), sondern Teil eines Satzgliedes.	syntaktisch
	► Als Attribute können verschiedene syntaktische Kategorien fungieren: AP (z. B. *kluge* Studenten), PP (z. B. das Buch *auf dem Tisch*), NP (z. B. die Freundin *meiner Nachbarin*) oder abhängige Sätze (z. B. der Mann, *der im Lotto gewonnen hat*).	formal

Tab. 7.5
Attribute und ihre prototypischen Eigenschaften (nach Dürscheid 2005)

Ein Modell zur operationalen Satzanalyse

7.5

Bisher haben wir also eine Möglichkeit beschrieben, wie man in der traditionellen Syntaxanalyse mit Hilfe operationaler Proben einen Satz in seine Bestandteile, die Satzglieder, zerlegt und diese durch die Angabe von Kategorie und Funktion näher bestimmt. So lässt sich ein rezeptartiges Ablaufschema für die traditionelle Satzgliedanalyse erstellen.

Ablaufschema für die Satzgliedanalyse

	Verbale Teile/Prädikat bestimmen	
Satzglieder segmentieren	**V**erschiebung = Permutation **E**rsetzung = Substitution **A**nfangsstellung = Topikalisierung	
Satzglieder klassifizieren	Kategorie	Funktion
	NP, VP, PP, AP, AdvP	Subjekt, Prädikat, Prädikativum, Objekt, präp. Objekt, Adverbial

Tab. 7.6
Analyseschema für einfache Sätze

Dieses Ablaufschema bezieht sich zunächst auf einfache Sätze. Damit kann man schon den Wirtschaftsteil so mancher Tageszeitung syntaktisch durchanalysieren. Wechselt man dagegen ins Feuilleton, braucht man auch eine Möglichkeit, komplexe Sätze, Satzgefüge oder Hypotaxen zu analysieren.

Dazu muss man zunächst überprüfen, ob es sich bei einem Satz um das Nebeneinander gleichberechtigter Hauptsätze, eine Satzreihe (PARATAXE),

Parataxe

handelt. In diesem Fall gibt es zwei Möglichkeiten, die Teilsätze zu verbinden: mit oder ohne eine Konjunktion.

Syndetische Verbindung

▶ Syndetische Verbindung (mit Konjunktion), z. B. *Die Geisteswissenschaften reflektieren seit jeher die kulturellen Grundlagen der Menschheit, und sie sichern mit ihren Herangehensweisen den gesellschaftlichen Zugriff auf kulturelle Inventare.*

Asyndetische Verbindung

▶ Asyndetische Verbindung (ohne Konjunktion): z. B. *Die Geisteswissenschaften reflektieren seit jeher die kulturellen Grundlagen der Menschheit, sie sichern mit ihren Herangehensweisen den gesellschaftlichen Zugriff auf kulturelle Inventare.*

Hypotaxe

Stärker hierarchisiert sind dagegen Satzgefüge, die aus einer Kombination von Haupt- und Nebensätzen bestehen (Hypotaxen), wie unser Eingangsbeispiel:

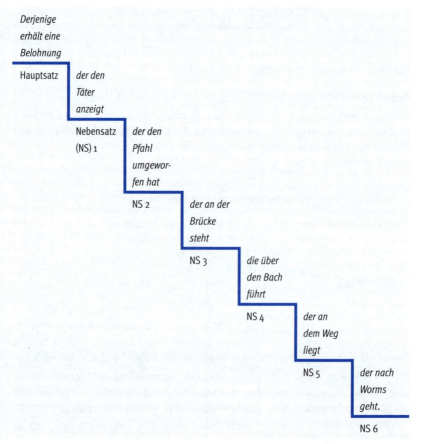

Abb. 7.9 | Hypotaktisches Satzgefüge

Diese Hypotaxe kombiniert sechs Nebensätze mit einem Hauptsatz, wobei die Nebensätze einander jeweils untergeordnet sind. Der aus Sicht der untergeordneten Nebensätze jeweils nächsthöhere Satz wird als MATRIXSATZ bezeichnet.

Matrixsatz

Die Klassifikation von Nebensätzen lässt sich mithilfe dreier Kriterien recht unaufwändig vornehmen. Man klassifiziert sie 1. formal nach dem einleitenden Wort, 2. funktional nach der Satzglied(teil)funktion, die sie im Matrixsatz einnehmen können, und 3. im Falle von Adverbialsätzen inhaltlich. Nimmt man beispielsweise den leicht modifizierten ersten Teil unseres Gesamtsatzes als kleineres Satzgefüge *Der Mensch erhält eine Belohnung, der den Täter anzeigt*, so würde man zunächst die Satzhierarchie verdeutlichen:

Klassifikation von Nebensätzen

Abb. 7.10

Satzhierarchie mit zwei Ebenen

Schaut man auf die nächste Stufe unseres Beispiels, den Nebensatz 2, kommt ein weiterer Attributsatz dazu:

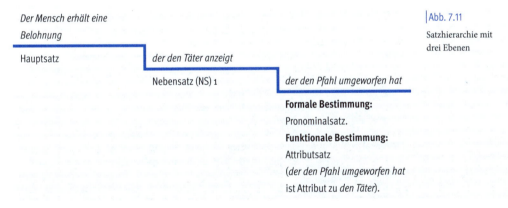

Abb. 7.11

Satzhierarchie mit drei Ebenen

Sätze, die an der Stelle eines Satzgliedes stehen, werden zur Abgrenzung von den Attributsätzen häufig auch als Gliedsätze bezeichnet.

Interessant ist auch die Bestimmung von Hauptsätzen, deren Satzglieder weitgehend durch Gliedsätze ersetzt worden sind. Ein schönes Beispiel liefert Ulrich Engel (1996: 180) in seiner „Deutschen Grammatik" mit dem Satz: *Was ich nicht verstehen kann, ist, dass der Hauptsatz aus einem Wort besteht.* In der Tat besteht hier der Hauptsatz nur mehr aus dem Prädikat *ist*, weil das Subjekt und das Prädikativum durch Nebensätze ersetzt worden sind. Da es bei solch

Hauptsatzrest

reduzierten Hauptsätzen nicht mehr plausibel ist, noch von „Satz" zu sprechen, schließen wir uns hier v.d. Elst/Habermann (1997: 27) an, die in Anlehnung an Engel solche Reste von Hauptsätzen HAUPTSATZRESTE (HSR) nennen.

Tab. 7.7	Hauptsatzrest		
Was ich nicht verstehen kann	*ist*	*dass der Hauptsatz aus einem Wort besteht*
formal: Pronominalsatz funktional: Subjektsatz	**HSR**	formal: Konjunktionalsatz funktional: Prädikativsatz

Auch dieses Vorgehen lässt sich in ein rezeptartiges Analyseschema fassen:

Tab. 7.8 | Analyseschema für komplexe Sätze

Teilsatzverhältnisse bestimmen	Parataxe oder Hypotaxe, d. h. die Teilsätze stehen in einem parataktischen (nebengeordneten) oder hypotaktischen (untergeordneten) Verhältnis zueinander
Parataxe (Satzreihe): Teilsätze bestimmen	**syndetischer** Teilsatz: wird durch koordinierende Konjunktion eingeleitet (z. B. *und*) **asyndetischer** Teilsatz: ohne Konjunktion verknüpft
Hypotaxe (Satzgefüge): Teilsätze bestimmen	Hauptsatz und Nebensätze identifizieren Nebensätze klassifizieren
Nebensätze klassifizieren	► formal ► funktional ► inhaltlich (bei Adverbialsätzen) (z. B. kausal, temporal, lokal, final, konsekutiv, konzessiv, konditional)

formal	Arbeitsfrage: Wie ist der NS eingeleitet? Dazu gibt es vier Möglichkeiten: ► Pronominalsatz (durch ein Pronomen oder Pronominaladverb eingeleitet) ► Uneingeleiteter Nebensatz ► Nebensatzäquivalent: Infinitiv- oder Partizipialsatz ► Konjunktionalsatz (durch eine Konjunktion eingeleitet)	
funktional	Arbeitsfrage: Besetzt ein Nebensatz die Stelle eines Satzgliedes (Gliedsatz) oder Satzgliedteils/Attributes (Attributsatz)?	
	Subjektsatz: Der Nebensatz besetzt die Stelle des Subjektes.	z. B. *Wer wagt, gewinnt.*
	Objektsatz: Der Nebensatz besetzt die Stelle eines Objektes.	z. B. *Sie hofft, dass er zurückkommt.*
	Prädikativsatz: Der Nebensatz besetzt die Stelle eines Prädikativums.	z. B. *Diese Wohnung ist, was ich schon immer gesucht habe.*

ÜBUNGEN — Einheit 7

Adverbialsatz: Der Nebensatz besetzt die Stelle eines Adverbials.	z. B. *Der Brief kam zurück, **weil die Anschrift unvollständig war**.*	**Tab. 7.8** (Fortsetzung)
Attributsatz: Der Nebensatz besetzt die Stelle eines Attributes.	z. B. *Hunde**, die bellen**, beißen nicht.*	

Übungen

| 7.6

1 Welcher Wortart ist *eine* in der NP *der eine Ausnahmefall* zuzuordnen? Wie erklären Sie diese Zuordnung?

2 Bestimmen Sie die Wortart der in der Tabelle fett gedruckten Wörter.

1. ***Während*** *er frühstückte, hörte er Radio.*	
2. ***Während*** *des Frühstücks hörte er Radio.*	
3. *Boris ist **fleißig**.*	
4. *Boris ist **drinnen**.*	
5. *Boris arbeitet **fleißig**.*	
6. *Boris arbeitet **drinnen**.*	
7. *Sein **eigentlicher** Name lautet Meyer.*	
8. *Er heißt **eigentlich** Meyer.*	
9. *Was bildest du dir **eigentlich** ein?*	
10. *Das war eine **ziemliche** Unverschämtheit.*	
11. *Sie war **ziemlich** erkältet.*	
12. *Ich bin größer(,) **als** du (glaubst).*	
13. ***Als*** *er losging, regnete es.*	
14. *Ich bin **etwas** irritiert.*	
15. *Das ist **etwas** anderes.*	
16. *Das ist ganz **natürlich**.*	
17. ***Natürlich*** *ist das so!*	
18. *Sie schreibt die **dritte** Seminararbeit.*	
19. *Sie bekommt eine **Zwei** für die Seminararbeit.*	
20. *Sie hat **zweimal** dieselbe Note bekommen.*	

131

21. *Sie hat mich **keineswegs** verstanden.*	
22. *Die Klausur findet morgen **nicht** statt.*	
23. *Die Klausur findet **nicht** morgen statt.*	
24. ***Keiner** verlässt den Saal.*	
25. *Dies ist eine **mögliche** Antwort.*	
26. *Er wohnt **vermutlich** dort.*	

3 Bestimmen Sie die folgenden Sätze nach dem traditionellen Analysesystem.

Text 1: Starke Nachfrage nach High-Tech-Berufen

Die Personalnachfrage im High Tech- und Fertigungsbereich ist im ersten Quartal dieses Jahres im Vergleich zum Vorjahr um 57 Prozent gestiegen. Das ist das Ergebnis einer Anzeigenauswertung der Addecco Personaldienstleistungen auf der Basis von 40 ausgewählten Printmedien. Nach dem Stellenabbau der vergangenen Jahre wollen die Unternehmen wieder verstärkt Mitarbeiter einstellen. Die deutschen Maschinenbauunternehmen schalteten 70 Prozent mehr Stellenanzeigen. Gefragt sind Ingenieure und Metallberufe. In der Kfz-Industrie stieg die Nachfrage um 55 Prozent. Gesucht wurden zum größten Teil Fachleute mit CAD/CAM-Kenntnissen im Konstruktions- und Fertigungsbereich. Positiv sieht der Stellenmarkt auch in der Elektrotechnik und -industrie aus. Besonders gesucht wurden Spezialisten für Informations- und Kommunikationstechnik.

Text 2: Was so nicht im Lexikon steht

Wann wirft ein Marsmännchen, das auf der Hauptstraße gelandet ist, einen blauen Schatten?

Das fragt sich der Beobachter; er ist Ufologe und seine Erscheinung dauert nur eine Minute. Er hält die Landung des Raumschiffes für normal, und er weiß die Antwort sofort. Ein Marsmännchen wirft einen blauen Schatten, wenn es eines Tages mit violettem Licht angestrahlt wird. Wenn ihm das violette Licht auf die grüne Haut strahlt, wirft es einen blauen Schatten. Das liegt aber nicht an seiner grünen Hautfarbe. Die Farbe des Schattens hängt ausschließlich von der Farbe des Lichtes ab, das auf ein Objekt trifft. Beispielsweise erzeugt ein weißes Lichtbündel einen schwarzen Schatten, ein grünes Lichtbündel erzeugt einen karmesinroten Schatten und ein rotes Lichtbündel erzeugt einen hellblauen Schatten. Dieses Phänomen beruht auf der Wellennatur des Lichts, dessen Strahlung durch Hindernisse auf seinem Weg gebeugt wird. Dass die Lichtstrahlung gebeugt wird, ist also der Grund. Die Wellen der Lichtstrahlen werden an den Kanten der Hindernisse umgebogen und ein Teil der Wellen gelangt auch in den Schattenbereich.

Verwendete und weiterführende Literatur

7.7

De Beaugrande, Robert-Alain; Dressler, Wolfgang Ulrich (1981): Einführung in die Textlinguistik. Tübingen: Niemeyer.

Duden (1998) – Grammatik der deutschen Gegenwartssprache. Bearbeitet von Peter Eisenberg. 6., neu bearbeitete Aufl. Mannheim et al.: Dudenverlag.

Dürscheid, Christa (2005): Syntax. Wiesbaden: Westdeutscher Verlag.

Engel, Ulrich (1996): Deutsche Grammatik. Heidelberg: Groos.

Gallmann, Peter (2005): Der Satz. In: Duden. Die Grammatik. Hrsg. v. d. Dudenredaktion. Mannheim et al.: Dudenverlag, Band 4, 773–1066.

Glinz, Hans (1973): Die innere Form des Deutschen: eine neue deutsche Grammatik. 6., durchges. Aufl. Bern, München: Francke.

Van der Elst, Gaston; Habermann, Mechthild (1997): Syntaktische Analyse. 6., neu bearb. Aufl. Erlangen, Jena: Palm & Enke.

Weber, Tilo (i.V.): Lexikalische Kategorisierung – zur Dynamik mentaler Lexika von Sprechern des Deutschen.

Einheit 8

Dependenz und Valenz

	Inhalt	
8.1	Dependenz und Valenz – Wie wird ein Satz gebildet?	136
8.2	Probleme des Ansatzes von Tesnière	141
8.3	Syntaktische Testverfahren	144
8.4	Übungen	147
8.5	Verwendete und weiterführende Literatur	148

8.1 | Dependenz und Valenz – Wie wird ein Satz gebildet?

Deskriptiv vs. präskriptiv

In der vorherigen Einheit haben Sie ein Modell zur syntaktischen Analyse kennen gelernt, das rein DESKRIPTIV (lat.: describere = beschreiben) ist, sich also auf die Beschreibung von syntaktischen Kategorien und Funktionen beschränkt, ohne daraus Regeln abzuleiten. Aufgabe der Grammatik ist es jedoch auch, dem interessierten Nutzer – sei sein Interesse nun wie bei Ihnen linguistischer Natur oder darin begründet, dass er als Nicht-Muttersprachler eine Sprache lernen möchte – Regeln zur Verfügung zu stellen, mit deren Hilfe er korrekte deutsche Sätze bilden kann. Man spricht dann von einer PRÄSKRIPTIVEN (lat.: praescribere = vorschreiben) Grammatik. Dabei darf nicht übersehen werden, dass diese Vorschriften in modernen Grammatiken in der Regel aus der Sprachbeobachtung abgeleitet werden, mit anderen Worten: die Beschreibung geht der Vorschrift voraus.

Dependenzgrammatik

Zur Beschreibung von Sprache (im Sinne von Sprache ganz allgemein, aus übereinzelsprachlicher Perspektive) bzw. Sprachen (im Sinne von Einzelsprachen) gibt es, wie bereits angedeutet, verschiedene Grammatikmodelle, von denen hier für die Syntax das Konzept der DEPENDENZ- bzw. VALENZGRAMMATIK näher vorgestellt werden soll. Der Grund für die am Anfang vielleicht etwas befremdliche Tatsache, dass dieses Grammatikmodell unter zwei verschiedenen Bezeichnungen firmiert (im Folgenden wird der Einfachheit halber nur von Dependenzgrammatik bzw. DEPENDENZSYNTAX gesprochen), wird Ihnen dabei hoffentlich ebenso deutlich wie die Vorteile, die dieses Modell bei der Beschreibung von Einzelsprachen insbesondere dem Nicht-Muttersprachler bietet.

Valenz

Zum Verständnis ist es zunächst hilfreich, sich das Konzept der VALENZ zu vergegenwärtigen. Dieser aus der Chemie in die Linguistik übernommene Begriff bezeichnet zunächst ganz allgemein die Fähigkeit (lat.: valere = im Stande sein, wert sein), etwas an sich zu binden. Sie erinnern sich vielleicht noch an Ihren Chemieunterricht, in dem Sie gelernt haben, dass Sauerstoffatome zweiwertig und Wasserstoffatome einwertig sind. Aus diesen Wertigkeiten ergibt sich für die Verbindung von Sauerstoff und Wasserstoff zu Wasser die Strukturformel H_2O, die schematisch in der Abb. 8.1 wiedergegeben ist.

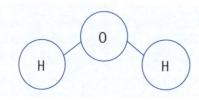

Abb. 8.1 | Das Strukturschema von Wasser (H_2O)

Lucien Tesnière (1893–1954)

Der Begründer der Valenzgrammatik, der französische Sprachwissenschaftler Lucien Tesnière (1893–1954), hat in seinem 1959 postum erschienenen Hauptwerk „Eléments de syntaxe structurale" (dt.: „Grundzüge der strukturalen Syntax") dieses Prinzip auf die Syntax übertragen – wobei er nicht der erste war, der die Valenzidee vertreten hat; deren historische

DEPENDENZ UND VALENZ – WIE WIRD EIN SATZ GEBILDET? **Einheit 8**

Wurzeln reichen zurück bis in die mittelalterliche Grammatikschreibung. Tesnière beschreibt zunächst, dass aus einem Satz wie *Alfred spricht* einzelne Wörter durch Abstraktion herausgelöst werden können. Allerdings verhielten sich diese Wörter ohne ihre Organisation im Satz wie Fische auf dem Trockenen:

> Wenn ich sage: „Alfred spricht", dann meine ich nicht einerseits „es gibt einen Menschen namens Alfred" und andererseits „jemand spricht", sondern ich meine, und zwar gleichzeitig, „Alfred vollzieht die Tätigkeit des Sprechens" und „der Sprecher ist Alfred". (Tesnière 1980: 25)

Mit anderen Worten: Ein Satz besteht nicht nur aus seinen durch Abstraktion gewonnenen isolierten Wörtern, sondern auch aus den unsichtbaren, abstrakten Beziehungen zwischen diesen Wörtern. Tesnière beschäftigt sich nun mit der abstrakten Ordnung in Sätzen. Dabei sind zwei Prinzipien von Belang: die LINEARE und die STRUKTURALE ORDNUNG. Wie diese zusammenhängen, wird anhand der Beispielsätze 1–3 deutlich:

Lineare und strukturale Ordnung

1. *Diese Einführung behandelt eingehend dependenzsyntaktische Fragen.*
2. *Dependenzsyntaktische Fragen behandelt diese Einführung eingehend.*
3. *Eingehend behandelt diese Einführung dependenzsyntaktische Fragen.*

Diese drei Sätze haben offensichtlich unterschiedliche lineare Ordnungen. Ihre strukturale Ordnung ist jedoch nach Tesnière jeweils identisch (s. Abb. 8.2). Deren Umsetzung in eine lineare Ordnung bezeichnet er als PROJEKTION (lat.: proicere = hinwerfen). Da die strukturale Ordnung der linearen vorausgehe, ist sie für Tesnière auch der eigentliche Gegenstand der strukturalen Syntax, wohingegen die lineare Ordnung nur zweitrangig sei. Obwohl sich die moderne Dependenzsyntax mittlerweile auch mit der linearen Ordnung beschäftigt, soll der Schwerpunkt in dieser Einführung auf der Beschreibung der strukturalen Ordnung von Sätzen liegen.

Projektion

> **Projektion:** Übertragung von Elementen, die in einer **strukturalen Ordnung** zueinander stehen, in eine **lineare Ordnung**, also einen konkreten linearen Satz.

Definition

Um den Valenzbegriff verstehen zu können, ist einer von Tesnières Begriffen für syntaktische Relationen von zentraler Bedeutung: die sogenannte KONNEXION (lat.: conexio = Verknüpfung). Ihre graphische Darstellung wird als KONNEXIONSSTRICH oder auch als KANTE bezeichnet. Am einfachsten lässt sich das anhand einer graphischen Darstellung der strukturalen Relationen in den oben zitierten Beispielsätzen erklären, also durch ein sogenanntes STEMMA (griech.: Stammbaum):

Konnexion

Stemma

137

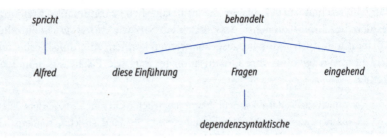

Abb. 8.2 | Stemmata der strukturalen Ordnung zweier Beispielsätze

Verb als Zentrum des Satzes

Wie Sie sehen, werden in diesen Stemmata die verschiedenen Elemente des Satzes (= Wörter) auf unterschiedlichen Hierarchieebenen abgebildet und durch Konnexionsstriche miteinander verbunden. In beiden Stemmata nimmt das Verb die zentrale Position im Satz ein. Damit ist eine wesentliche Grundannahme der Dependenzsyntax eingeführt, durch die sie sich entscheidend von anderen Grammatikmodellen wie der Traditionellen oder Generativen Grammatik abhebt: Während dort von einer grundsätzlichen Zweiteilung des Satzes in Subjekt (bzw. Nominalphrase) und Prädikat (bzw. Verbalphrase) ausgegangen wird, bildet in dependenzsyntaktischen Analysen immer das Verb das Zentrum des Satzes. Es fungiert somit als übergeordnetes REGENS (lat.: regere = lenken, leiten) für alle anderen Elemente des Satzes, denen umgekehrt der Status eines DEPENDENS (lat.: dependere = abhängen) zukommt, woraus sich der Begriff Dependenzsyntax erklärt. Die Gesamtheit aus einem Regens und seinen Dependentien bezeichnet Tesnière als NEXUS (lat.: nexus = Verknüpfung), zu deutsch: KNOTEN.

Regens

Dependens

Nexus/Knoten

Definition

> **Dependenz:** Abhängigkeit eines syntaktischen Elements von einem anderen. Der Gegenbegriff ist **Rektion**. In dem Satz *Er hilft mir* ist u. a. *mir* **Dependens** zu *hilft*, das umgekehrt **Regens** zu *mir* ist. Die Relation zwischen beiden Elementen wird als **Konnexion** bezeichnet.

Zentralnexus

Im rechten Stemma von Abb. 8.2 sind demnach zwei verschiedene Knoten zu erkennen: zum einen der Zentralknoten mit dem regierenden Verb *behandelt* und seinen drei Dependentien, nämlich den Substantiven *(diese) Einführung* und *Fragen* sowie dem Adverb *eingehend*; zum anderen der substantivische Knoten *Fragen* mit seinem adjektivischen Dependens *dependenzsyntaktische*. Das Substantiv *Fragen* ist hier also gleichzeitig Dependens (zu *behandelt*) und Regens (zu *dependenzsyntaktische*). Da das Verb alle übrigen Elemente des Satzes regiert, stellt es folglich den ZENTRALNEXUS dar.

An dieser Stelle müssten Sie eigentlich einwenden, dass nach der in Einheit 7 vorgestellten Wortartenklassifikation *eingehend* kein Adverb, sondern ein Adjektiv sei – womit Sie vollkommen richtig lägen. Damit hätten Sie gleichzeitig ein Problem des Modells von Tesnière aufgedeckt. Dort ist nämlich die Trennung zwischen syntaktischer Kategorie und Funktion teilweise aufgehoben, allerdings in nicht sehr überzeugender Weise. Tesnière würde, sehr verkürzt dargestellt, davon sprechen, dass aus dem Adjektiv *eingehend* durch TRANSLATION (lat.: translatio = Übertragung) nicht nur in Hinsicht auf seine syntaktische Funktion, sondern auch hinsichtlich seiner formalen Klassenzugehörigkeit ein Adverb wird. Mit anderen Worten: Während in der modernen Grammatik davon ausgegangen wird, dass z. B. ein Wort wie *schnell* kategorial immer derselben Wortart angehört, aber verschiedene syntaktische Funktionen haben kann (adverbiell: *Ich laufe schnell*; attributiv: *Ich bin ein schneller Läufer*), sagt Tesnière, dass aus dem Adjektiv *schnell* im ersten Beispiel zunächst kategorial ein Adverb werden müsse, ehe es funktional als Angabe (s. u.) auftreten könne. Da diese später oft kritisierte Auffassung jedoch zu unnötiger Verwirrung führt, soll ihr hier nicht weiter nachgegangen werden. Ebenso wundern Sie sich vielleicht, warum das Wort *diese* im rechten Stemma keine eigene Position bzw., wie Tesnière sagt, keinen eigenen NUKLEUS (lat.: nucleus = Kern) besetzt. Auch das liegt in einer Besonderheit des Tesnière'schen Ansatzes, nach dem nur Verben, Substantive, Adjektive und Adverbien Nuklei bilden können. Diese Auffassung wird in der modernen Dependenzgrammatik ebenfalls nicht mehr vertreten.

Nukleus

Der Übersichtlichkeit halber sind die bisher genannten Termini für die stemmatische Darstellung von Sätzen in Abb. 8.3 noch einmal aufgeführt.

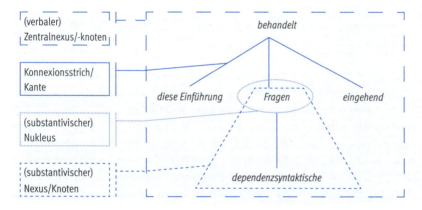

| Abb. 8.3

Die Terminologie im Stemma nach Tesnière in schematischer Darstellung

Was hat ein solches Stemma mit einem chemischen Strukturschema zu tun? Die Antwort gibt Tesnière, indem er in zwei Schritten vorgeht. Zunächst einmal vergleicht er den verbalen Nexus mit einem Drama, das notwendigerweise ein Geschehen sowie Akteure und Umstände umfasse. Übertragen auf die strukturale Syntax entspreche dem Geschehen das Verb, den Akteuren die sogenannten AKTANTEN (frz.: actants) und den Umständen die sogenannten ANGABEN (frz.: circonstants). In dem von Tesnière angeführten Beispielsatz

Verb, Aktanten und Angaben

Alfred gibt Karl das Buch wird das Geschehen durch das Verb *geben* beschrieben. Die Akteure werden durch die Aktanten *Alfred, Karl* und *das Buch* realisiert, woran deutlich wird, dass Aktanten (1) sowohl Wesen als auch Dinge sein können und (2) sowohl aktiv als auch passiv am Geschehen beteiligt sein können. Würde man bei diesem Geschehen die Umstände näher beschreiben wollen, könnte man z. B. die Temporalangabe *später* und die Lokalangabe *in der Cafeteria* hinzufügen, woraus sich folgendes Stemma ergäbe:

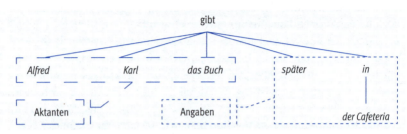

Abb. 8.4 | Aktanten und Angaben im Stemma

Verb und Aktanten

Im zweiten Schritt überträgt Tesnière dann das Prinzip der Valenz von der Chemie auf die Syntax. Demnach könne man das Verb mit einem Atom vergleichen, an dem Häkchen angebracht seien. Mit jedem Häkchen könne das Verb einen Aktanten an sich ziehen und in Abhängigkeit halten. Die Anzahl der Aktanten, die auf diese Weise an das Verb gebunden seien, stelle die Valenz des Verbs dar.

Definition

Valenz: allgemein die Fähigkeit, Aktanten an sich zu binden. Bei Tesnière speziell die Anzahl der Aktanten, die ein Verb regiert.

Das in Abb. 8.4 beschriebene Verb *geben* ist also dreiwertig. Nach Tesnière ist das die höchste Valenz, die ein Verb haben kann. Das Verb *schlagen* hingegen fordert zwei Aktanten (*Alfred schlägt Bernhard*) und ist somit zweiwertig, das Verb *schlafen* fordert nur einen Aktanten. Es gibt sogar Verben, die nullwertig sind, wie z. B. die Witterungsverben *schneien* und *regnen*, bei denen man zwar das Pronomen *es* für einen Aktanten halten könnte – für Tesnière stellt es jedoch lediglich einen Index (vgl. Kapitel 2.2) der 3. Pers. Sg. dar und keine Person oder Sache mit Aktantenstatus. Im entsprechenden Stemma existiert demzufolge auch kein Regens oder Dependens – es sei denn, man ergänzt den Satz um eine Angabe wie *heftig*, die aber per definitionem nicht vom Verb gefordert wird, also nicht zur Valenz des Verbs gehört, sondern nur von diesem abhängig bzw. dependent ist (vgl. Abb. 8.5).

Abb. 8.5 | Stemma des nullwertigen Verbs *regnen*

Einheit 8

Um diese kurze Einführung in die strukturale Syntax nach Tesnière wenigstens in Grundzügen abzuschließen, ist noch die Frage zu klären, was man mit Sätzen wie *Alfred und Bernhard fallen* macht, bei denen es auf den ersten Blick so aussieht, als beinhalteten sie zwei Aktanten. Das Verb *fallen* ist aber nach Tesnières Auffassung nur einwertig. Die Lösung dieses Problems besteht im Prinzip der JUNKTION: Danach kann in einem Satz derselbe Aktant mehrfach wiedergegeben werden. Im vorliegenden Fall wird die Rolle des sogenannten ersten Aktanten von zwei Personen ausgefüllt. Tesnière spricht von Verdoppelung. Sie zieht notwendigerweise eine Junktion nach sich, d.h., die beiden substantivischen Nexus *Alfred* und *Bernhard* werden durch einen sogenannten Junktiv miteinander zu einem Aktanten verbunden (= jungiert). Graphisch wird dieser Prozess durch einen Junktionsstrich abgebildet, der horizontal verläuft (vgl. Abb. 8.6):

Junktion

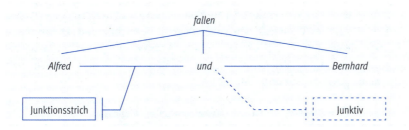

| Abb. 8.6

Die graphische Wiedergabe der Junktion

So klar und hoffentlich einleuchtend Ihnen das Modell der Valenz- bzw. Dependenzgrammatik bis hierhin erscheinen mag, so zahlreich sind die Probleme, die sich ergeben, wenn man versucht, das Modell an der Realität zu überprüfen. Einige davon sollen im Folgenden angesprochen werden, bevor dann in den Einheiten 9 und 10 ein weitgehend praktikables Modell zur dependenzsyntaktischen Analyse deutscher Sätze vorgestellt wird. Allerdings sollten Sie sich schon an dieser Stelle von der Vorstellung verabschieden, dass es (jedenfalls bisher) irgendein syntaktisches Modell gibt, welches sich problemlos auf die Empirie übertragen lässt – dazu ist das System Sprache letztlich doch zu komplex und in gewisser Weise dem Wetter vergleichbar, das sich trotz modernster Methoden ebenfalls immer noch nicht hundertprozentig vorhersagen lässt.

Probleme des Ansatzes von Tesnière | 8.2

Wenn in den folgenden Kapiteln die Schwierigkeiten geschildert werden, die sich ergeben, sobald man den Tesnière'schen Ansatz empirisch zu überprüfen versucht, so geschieht dies nicht zu Ihrer Verwirrung, sondern um Sie für die Komplexität des Systems Sprache zu sensibilisieren, die auf manche Menschen – die Autoren dieser Einführung eingeschlossen – durchaus eine gewisse Faszi-

DEPENDENZ UND VALENZ

nation ausstrahlt. Letztlich setzt sich dabei nur das fort, was Sie in kleinerem Rahmen auch schon in den vorherigen Einheiten lernen konnten: Sprache passt nur bedingt in Schubladen.

Ellipse

Ein erstes Problem ergibt sich, wenn Sie sich folgende Situation vorstellen: Sie möchten in einem sehr großen Möbelgeschäft einen Tisch kaufen, finden aber das Regal nicht, in dem seine Einzelteile lagern, und fragen daher einen Verkäufer, der Ihnen antwortet: *Im zweiten Gang ganz am Ende.* Solch unvollständige Sätze, die man als ELLIPSEN (griech.: élleipsis = das Ausbleiben) bezeichnet, hört man in der Alltagskommunikation permanent. Aus dependenzsyntaktischer Sicht stellt sich allerdings die Frage, wie in solchen Sätzen, die gar kein Verb enthalten, das Verb das Zentrum des Satzes sein kann. Tesnière begegnet diesem Einwand, indem er sagt, dass das Zentrum eines Satzes durchaus kein Verb sein müsse. Lediglich dann, wenn ein Verb vorhanden sei, bilde es das Zentrum des Satzes (vgl. die Abb. 8.2–8.6).

Synchronisations-komponente

Ein anderes Problem ergibt sich aus dem, was Ágel als SYNCHRONISATIONS-KOMPONENTE des Tesnière'schen Valenzbegriffs bezeichnet hat. Damit meint er, dass die semantische Grundleistung der Wörter, ihre formale Klassenzugehörigkeit und ihre Valenzfunktion bei Tesnière vollständig synchronisiert, also gleichgesetzt seien (vgl. Tab. 8.1).

Tab. 8.1 |

Die Synchronisations-komponente des Tesnière'schen Valenzbegriffs nach Ágel (2000: 41)

Semantische Grundleistung	Formale Klassenzugehörigkeit	Valenzfunktion
Geschehen	Verb	Valenzträger
Akteur	Substantiv	Aktant
Umstand	Adverb	Angabe

So werde beispielsweise in einem Satz, der ein Verb enthält, das Geschehen immer durch ein Verb ausgedrückt, was sich mit einem Satz wie *Er brachte die Angelegenheit zum Abschluss* nur bedingt vereinbaren lässt. Auch die Gleichsetzung von Akteur, Substantiv und Aktant lässt sich angesichts eines Satzes wie *Dass du so spät noch kommst, hätte ich nicht mehr erwartet* nur schwer aufrechterhalten. Tesnière würde sich hier wohl mit dem Prinzip der Translation behelfen, dessen Problematik oben bereits angedeutet wurde, und sagen, dass in diesem Fall der Konjunktionalsatz *Dass du so spät noch kommst* in die grammatische Kategorie eines Substantivs zu transferieren sei – eine Lösung, die nicht besonders überzeugend wirkt. Insgesamt erscheint der Tesnière'sche Ansatz hier zu idealisiert, um der sprachlichen Wirklichkeit gerecht werden zu können.

Ergänzungen

Ein eng damit verknüpfter Problemkomplex, dem sich die dependenzgrammatische Forschung seit Jahrzehnten widmet, bezieht sich auf die Weglassbarkeit von Aktanten oder ERGÄNZUNGEN, wie sie in neueren dependenzgrammatischen Veröffentlichungen meist heißen. Tesnière selbst hat formuliert,

PROBLEME DES ANSATZES VON TESNIÈRE **Einheit 8**

dass niemals alle Valenzen eines Verbs realisiert sein müssten. Damit fällt allerdings das am leichtesten zu operationalisierende (lat.: operatio = Arbeit, Verrichtung; in wissenschaftlichen Kontexten eine nach bestimmten Grundsätzen vorgenommene Prozedur, mit der man zu wissenschaftlich nachprüfbaren Ergebnissen kommt; vgl. Kapitel 8.3) Kriterium zur Identifizierung von Ergänzungen und Angaben weg: die OBLIGATORIK. Wenn Ergänzungen zum Teil, genauso wie Angaben, weglassbar sind, wenn es also neben OBLIGATORISCHEN auch FAKULTATIVE ERGÄNZUNGEN gibt, dann braucht man weitere Kriterien, um sie auseinanderhalten zu können. Tesnière hat seinen formalen Valenzbegriff, der ja wie beschrieben eigentlich vor allem ein quantitativer war, daher um eine semantische Komponente erweitert. Ágel spricht in diesem Zusammenhang von der DEFINITIONSKOMPONENTE des Tesnière'schen Valenzbegriffs. Demnach bildeten Verb und Aktant(en) in semantischer Hinsicht eine Einheit, was oft so weit gehe, dass die Verbbedeutung ohne Realisierung der Aktanten unvollständig bleibe. Beim ersten und dritten Aktanten handele es sich in semantischer Sicht im Allgemeinen um Personen (z. B. *Alfred* und *Karl*), beim zweiten meist um Dinge (*das Buch*), wobei der erste Aktant eine Tätigkeit ausführe, welche dem zweiten Aktanten widerfahre und zum Nutzen oder Schaden des dritten Aktanten geschehe.

Sie sehen schon an den vielen Einschränkungen (*oft, im Allgemeinen, meist*), dass sich mit diesen Kriterien Ergänzungen kaum zuverlässig von Angaben unterscheiden lassen. Ein weiteres Problem liegt nun darin, dass im Valenzbegriff Tesnières nur die Anzahl der Aktanten eines Verbs und grob deren typische Besetzung enthalten sind, nicht aber deren formale Eigenschaften, also z. B. die Frage, in welchem Kasus welcher Aktant realisiert wird. Er spricht daher folgerichtig auch nur von erstem, zweitem und drittem Aktanten. Das Wissen um (1) die Anzahl der Aktanten, die ein Verb regiert, sowie um (2) deren semantische Grundfunktion reicht aber noch nicht aus, um einen korrekten Satz zu bilden; dazu braucht man auch Informationen über ihre formale Beschaffenheit. Hinzu kommt, dass sich die theoretische semantische Einteilung in einen Aktanten, dem die Tätigkeit widerfährt, und einen weiteren Aktanten, zu dessen Nutzen bzw. Schaden etwas geschieht, nicht immer sauber in die Praxis umsetzen lässt.

Deutlich wird die beschriebene Problematik an den Verben *helfen* und *unterstützen*, die nach Tesnières Theorie beide jeweils mindestens zwei Aktanten regieren. Es stellt sich aber die Frage, ob derjenige, dem geholfen wird bzw. der unterstützt wird, nach der oben genannten Definition ein zweiter oder ein dritter Aktant ist. Und selbst wenn diese Frage gelöst wäre, bliebe im Rahmen eines Grammatikmodells immer noch festzuhalten, dass im Falle von *helfen* ein anderer Kasus verwendet wird als für den semantisch identischen Aktanten von *unterstützen*; es sei denn, Sie heißen Verona und machen mit dem Slogan „Da werden Sie geholfen" gleichzeitig Werbung für eine Telefon-Auskunft

Obligatorik
Obligatorische vs. fakultative Ergänzungen

Definitionskomponente

Formale Eigenschaften der Aktanten

143

DEPENDENZ UND VALENZ

und aus *helfen* ein transitives Verb, also ein Verb, das einen Akkusativ regiert. Ansonsten werden Sie wohl zustimmen, dass *helfen* zwei Ergänzungen regiert, die man als Subjekt- und Dativergänzung bezeichnen könnte, während *unterstützen* neben der Subjekt- eine Akkusativergänzung fordert. Hinzu kommt schließlich, dass es, anders als es die Einteilung Tesnières nahelegt, weit mehr als drei Typen von Aktanten bzw. Ergänzungen gibt.

Morphosyntaktische und semantische Valenz

Insgesamt sind die Folgen der beschriebenen, unsauberen Trennung von MORPHOSYNTAKTISCHER und SEMANTISCHER VALENZ bis in die moderne Dependenzgrammatik spürbar, wenn man sich z. B. die uneinheitlichen Klassifikationen von Ergänzungen, Angaben und Attributen bei Engel oder Eroms anschaut (vgl. die Literaturhinweise). Dennoch bietet das Konzept von Dependenz und Valenz einen ebenso interessanten wie umfassenden theoretischen Rahmen für die Beschreibung einer Einzelsprache. Der Anspruch einer umfassenden einzelsprachlichen Dependenzgrammatik wurde für das Deutsche am ehesten von Ulrich Engel umgesetzt, dessen Grammatik daher in den Einheiten 9 und 10 auszugsweise vorgestellt wird. Bevor wir jedoch dazu übergehen, werden in Kapitel 8.3 einige syntaktische Testverfahren vorgestellt, mit deren Hilfe sich Ergänzungen einigermaßen verlässlich von Angaben unterscheiden lassen.

8.3 | Syntaktische Testverfahren

Realisierung von Ergänzungen

Wenn Sie sich mit den einzelnen Testverfahren zur Unterscheidung von Ergänzungen und Angaben beschäftigen, bedenken Sie bitte, dass die oben als Synchronisationskomponente bezeichnete Auffassung des Tesnière'schen Valenzkonzepts, nach dem z. B. Ergänzungen (auf den Begriff „Aktanten" wird im Folgenden verzichtet) nur durch Substantive bzw. zu Substantiven transferierte grammatische Einheiten realisiert werden können, in der modernen Dependenzgrammatik nicht mehr vertreten wird. Merken Sie sich stattdessen (vgl. Abb. 8.7): Ergänzungen können realisiert werden durch Nominalphrasen (= NPs, also durch ein Substantiv, i. d. R. mit Artikel (1), ggf. mit Attribut, das seinerseits z. B. aus einem Adjektiv, einer NP im Gen. (2) usw. bestehen kann, oder durch ein Pronomen (3)), Präpositionalphrasen (= PPs, also eine Präposition mit einer NP (4)), Adjektivphrasen (= APs, also ein Adjektiv (5), ggf. mit Attribut, z. B. einer Partikel (6)), Adverbphrasen (= AdvPs, also ein Adverb (7), ggf. mit Attribut, z. B. einem Adj. (8)) und Verbalphrasen (= VPs, also z. B. Konjunktionalsätze (9) oder Infinitivkonstruktionen (10), welche wiederum alle zuvor genannten Phrasentypen enthalten können). Die jeweiligen Beispiele sind in der Abb. 8.7 hervorgehoben, die Attribute dabei in Klammern gesetzt.

SYNTAKTISCHE TESTVERFAHREN — Einheit 8

1) [NP: Subst. + Art.] *Der Hund beißt den Mann.*

2) [NP: Subst. + Art. + NP (Gen.)/AP] *Das Auto (des Chefs) hat einen (serienmäßigen) Airbag.*

3) [NP: Pron.] *Er beleidigt ihn.*

4) [PP: Präp. + NP] *Sie zieht in die Innenstadt.*

5) [AP: Adj.] *Ich finde dich schrecklich.*

6) [AP: Adj. + Part.] *Er verhielt sich sehr großzügig.*

7) [AdvP: Adv.] *Meine Großeltern wohnten oben.*

8) [AdvP: Adv. + Adj.] *Frau Schmidt lebt (vollkommen) allein.*

9) [VP: Konj.-Satz] *Dass du so spät nach Hause kommst, gefällt mir nicht.*

10) [VP: Inf.-Konstr.] *Wir hoffen, Sie bald wieder an Bord eines unserer Flugzeuge begrüßen zu dürfen.*

|Abb. 8.7

Die Realisierung von Ergänzungen durch verschiedene Phrasentypen (Auswahl)

Im Folgenden wird nun eine Kombination verschiedener OPERATIONALER TESTVERFAHREN vorgestellt, mittels derer sich Ergänzungen und Angaben relativ verlässlich auseinanderhalten lassen. Aus Platzgründen geschieht dies nur in Auswahl und teilweise etwas vereinfachend; bei einem Blick in die dependenzgrammatische Forschungsliteratur werden Sie feststellen, dass es noch zahlreiche weitere Verfahren gibt. Zwar verdeutlicht Abb. 8.8, dass nicht in allen Fällen eindeutig festzustellen ist, ob ein Test noch akzeptabel ist oder nicht. In der Regel ist jedoch durch die Testkombination ein eindeutiges Ergebnis zu erzielen. Allerdings wird in der Forschungsliteratur zu Recht immer wieder darauf hingewiesen, dass es sich bei diesen und weiteren Tests um Hilfsmittel handelt, die nur begrenzt anwendbar sind. Im Zweifelsfall ist es daher erforderlich, sich die folgenden Definitionen zur Abgrenzung von Ergänzungen und Angaben vor Augen zu halten.

Operationale Testverfahren

Ergänzungen: auf das finite Verb eines Satzes bezogene Satzglieder, die zusammen mit dem Verb die vollständige Darstellung eines Sachverhaltes ermöglichen und daher vom Verb semantisch gefordert und syntaktisch regiert werden. Ergänzungen können obligatorisch oder fakultativ sein.

Definition

Angaben: auf das finite Verb eines Satzes bezogene Satzglieder, die den durch das Verb und seine Ergänzungen beschriebenen Sachverhalt modifizieren. Da sie nicht semantisch vom Verb gefordert werden, werden sie auch nicht syntaktisch vom Verb regiert, sondern können in gleicher Form prinzipiell bei allen Verben stehen. Angaben sind immer fakultativ.

Definition

DEPENDENZ UND VALENZ

Abb. 8.8

Operationale
Testverfahren zur
Unterscheidung von
Ergänzungen und
Angaben

Erster Schritt: OBLIGATORISCH oder NICHT OBLIGATORISCH?

Bestimmungsziel:

Welche Satzglieder sind obligatorisch (notwendig), damit der Satz grammatisch ist? Anders
formuliert: Was ist das strukturelle Minimum des Satzes?

Vorgehen:

Reduktionstest (auch: Obligatheitstest/Eliminierungstest):
Eliminieren Sie das Satzglied, das Sie bestimmen wollen. Wird der Satz ungrammatisch, handelt es
sich um eine **obligatorische Ergänzung**.

Beispiele:

1) *Petra begegnet einem Hund.*
   → **Petra begegnet.*
   → **Begegnet einem Hund.*
2) *Michael arbeitet wahrscheinlich in Göttingen an seiner Hausarbeit.*
   → **Arbeitet wahrscheinlich in Göttingen an seiner Hausarbeit.*
   → *Michael arbeitet in Göttingen an seiner Hausarbeit.*
   → *Michael arbeitet wahrscheinlich an seiner Hausarbeit.*
   → *Michael arbeitet wahrscheinlich in Göttingen.*

Ergebnis:

1) *Petra* und *einem Hund* sind **obligatorisch** und damit **Ergänzungen**.
2) *Michael* ist **obligatorisch** und damit eine **Ergänzung**, *wahrscheinlich*, *in Göttingen* und *an seiner
   Hausarbeit* sind **nicht obligatorisch** und damit entweder **eine fakultative Ergänzung oder eine
   Angabe**.

Zweiter Schritt: FAKULTATIVE ERGÄNZUNG oder ANGABE?

Bestimmungsziel:

Handelt es sich bei einem nicht obligatorischen Satzglied um eine Ergänzung oder um eine Angabe?
Anders formuliert: Wird ein Satzglied vom Verb gefordert?

Vorgehen:

Es werden verschiedene **Anschlusstests** durchgeführt. Führt einer dieser Tests zu einem akzeptab-
len Ergebnis, handelt es sich um eine **Angabe**.

Beispiel:

Michael arbeitet wahrscheinlich in Göttingen an seiner Hausarbeit.

ÜBUNGEN **Einheit 8**

Anschlusstest 1 (mit *und das geschieht/und das tut er*):

Versuchen Sie, das zu klassifizierende Satzglied in einen Satz mit dem Verb *geschehen* oder *tun* zu überführen:

→ *Michael arbeitet wahrscheinlich an seiner Hausarbeit, und das tut er <u>in Göttingen</u>.*

→ **Michael arbeitet wahrscheinlich in Göttingen, und das tut er <u>an seiner Hausarbeit</u>.*

→ *?Michael arbeitet in Göttingen an seiner Hausarbeit, und das tut er <u>wahrscheinlich</u>.*

Anschlusstest 2 (mit *es ist/war ... so, dass*):

Versuchen Sie, wenn Anschlusstest 1 nicht akzeptabel erscheint (oben markiert mit *) oder Sie sich nicht sicher sind (oben markiert mit ?), das zu klassifizierende Satzglied in einen Satz mit *es ist/war ... so, dass* zu überführen:

→ **Es ist <u>an seiner Hausarbeit</u> so, dass Michael wahrscheinlich in Göttingen arbeitet.*

→ *Es ist <u>wahrscheinlich</u> so, dass Michael in Göttingen an seiner Hausarbeit arbeitet.*

<u>Ergebnis:</u>

Bei *wahrscheinlich* und *in Göttingen* handelt es sich um **Angaben**, bei *an seiner Hausarbeit* um eine **fakultative Ergänzung**.

|Abb. 8.8
(Fortsetzung)

Übungen

|8.4

1 Zeichnen Sie ein Stemma zu den beiden in Abb. 8.8 zitierten Sätzen.

2 Wenden Sie das in Abb. 8.8 beschriebene Testverfahren auf die Sätze in Abb. 8.7 an.

3 Bestimmen Sie nach Tesnière die Valenz (= Zahl der Ergänzungen) der hervorgehobenen Verben. Was ist bei den letzten drei Beispielen anders?

Satz	Valenz
1. *Die Pflanze **geht ein**.*	
2. *Mir **graut** vor dir.*	
3. *Das Gebäude **gehört** der Universität.*	
4. *Sie **bezichtigte** den Nachbarn der Lüge.*	
5. *Dem Patienten **geht es** gut.*	
6. ***Es heißt**, dass der Schauspieler gestorben sei.*	
7. *Den Jungen **friert**.*	
8. *Der Direktor **erwartet** seine Gäste.*	
9. *Der Arzt **findet**, dass der Patient besser aussieht.*	
10. *Den Kranken **verlangt** nach Ruhe.*	
11. *Der Meister **nannte** die Veranstaltung einen Reinfall.*	

12. Der Meister **arbeitet** an einem neuen Lied.	
13. Der Vorstand **schließt** einige Mitglieder aus dem Verein aus.	
14. Das Gericht **bestrafte** den Bücherdieb mit Sozialarbeit.	

4 Bestimmen Sie mithilfe der operationalen Testverfahren Ergänzungen und Angaben in den folgenden Sätzen.

1. *Der Kranke lehnt jedes Essen ab.*
2. *Philipp hat zwei Stunden mit dem Personalchef verhandelt.*
3. *Er redet Unsinn.*
4. *Er redet die ganze Zeit.*
5. *Er gibt einen guten Schauspieler ab.*
6. *Der Stein traf das Fenster.*
7. *Herr Meier gibt morgen früh sein Amt an Frau Müller ab.*
8. *Die Parteimitglieder gaben bei der Wahl ihre Stimme ab.*
9. *Viele Studierende hängen finanziell von ihren Eltern ab.*
10. *Paulchen spricht schon ein paar Wörter.*
11. *Er ist nicht ins Seminar gegangen.*

8.5 | Verwendete und weiterführende Literatur

Ágel, Vilmos (2000): Valenztheorie. Tübingen: Narr.

Engel, Ulrich (2004): Deutsche Grammatik. Neubearbeitung. München: Iudicium.

Eroms, Hans-Werner (2000): Syntax der deutschen Sprache. Berlin, New York: de Gruyter.

Tesnière, Lucien (1980): Grundzüge der strukturalen Syntax. Hrsg. u. übers. v. Ulrich Engel. Stuttgart: Klett-Cotta.

Einheit 9

Ergänzungen und Angaben

	Inhalt	
9.1	Satzglieder und Satzgliedteile – Woraus besteht ein Satz?	150
9.2	Ergänzungsklassen	151
9.3	Die stemmatische Darstellung von Ergänzungen	155
9.4	Angaben	158
9.5	Die stemmatische Darstellung von Angaben	160
9.6	Übungen	162
9.7	Verwendete und weiterführende Literatur	164

9.1 | Satzglieder und Satzgliedteile – Woraus besteht ein Satz?

Nachdem Sie in Einheit 8 gelernt haben, Ergänzungen von Angaben zu unterscheiden, soll es in dieser Einheit darum gehen, die verschiedenen Ergänzungs- und Angabeklassen zu bestimmen und stemmatisch darzustellen. Grundlage dieser Klassifikation ist die „Deutsche Grammatik" von Ulrich Engel. Da die dort vertretene Klassifikation – insbesondere bei den Angabeklassen – sehr ins Detail geht, muss sie für diese Einführung etwas vereinfacht werden.

Satzglieder

Zuvor sollten Sie sich noch einmal vor Augen halten, dass sich sowohl Ergänzungen als auch Angaben als SATZGLIEDER immer direkt auf das finite Verb eines Satzes oder, mit anderen Worten, den Kopf einer Verbalphrase (VP) (vgl. Einheit 7) beziehen. Engel (2004: 15) definiert alle Satzglieder zusammenfassend als SATELLITEN des Verbs. Das bedeutet aber auch, dass allein mit ihrer Bestimmung ein Satz noch nicht vollständig analysiert ist. Deutlich wird das an folgendem Beispielsatz: *Die Bedienungsanleitung für die Installation der zugehörigen Software wurde offensichtlich in großer Eile verfasst.*

Satelliten

Definition

> **Satellit:** Innerhalb einer Phrase hängt der Satellit vom Phrasenkopf ab. Die Satelliten des Kopfes einer Verbalphrase stellen entweder **Ergänzungen** oder **Angaben** dar, die Satelliten zu allen anderen Phrasenköpfen sind vorwiegend **Attribute**.

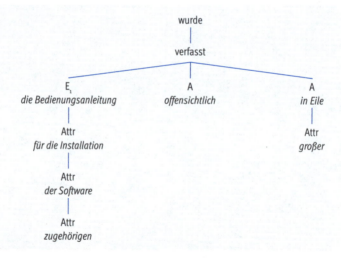

Abb. 9.1 | Ergänzungen, Angaben und Attribute

Satzgliedteile

Mit den in Einheit 8 beschriebenen Proben kommt man zu dem Ergebnis, dass der Satz eine Ergänzung und zwei Angaben enthält (vgl. Abb. 9.1). Abgesehen davon, dass Sie noch nicht sagen können, wie diese benannt werden, sieht man auf den ersten Blick, dass die syntaktische Analyse damit noch nicht beendet ist. Vielmehr lassen sich innerhalb der Ergänzungen und Angaben weitere Dependenzen beschreiben. Bei diesen Teilen von Satzgliedern oder

SATZGLIEDTEILEN, also den Satelliten zu nicht verbalen Phrasenköpfen, handelt es sich größtenteils um ATTRIBUTE, die ihrerseits um weitere Attribute erweitert werden können. Sie sind Gegenstand von Einheit 10. Anhand des in Abb. 9.1 abgebildeten Stemmas können Sie die Dependenzverhältnisse des oben zitierten Beispielsatzes nachvollziehen.

Die syntaktischen Funktionen sind hier jeweils direkt über die zugehörigen Satzglieder bzw. Satzgliedteile geschrieben. In Kapitel 9.2 werden nun anhand einiger einfacher Beispielsätze zunächst die verschiedenen Ergänzungsklassen dargestellt.

Ergänzungsklassen

| 9.2
Ergänzungsklassen

Engel (2004) unterscheidet in seiner Grammatik elf verschiedene ERGÄNZUNGSKLASSEN. In einer tabellarischen Übersicht listet er für jede Ergänzung die Abkürzung, die Bezeichnung, eine oder mehrere Anaphern sowie verschiedene Beispiele auf. Mit ANAPHER ist hier eine Möglichkeit des Ersatzes gemeint. So lässt sich beispielsweise die Subjektergänzung (E_{sub}) immer durch ein Pronomen im Nominativ ersetzen, während die Präpositivergänzung (E_{prp}) immer durch die jeweilige Präposition mit einem Pronomen oder durch ein sogenanntes Präpositionaladverb ersetzt werden kann, wie anhand von Tab. 9.1 deutlich wird.

Anapher

Abk.	Beispielsatz	Beispielsatz mit Anapher
E_{sub}	*Der alte Mann* sah auf.	*Er* sah auf.
E_{prp}	Sie dachten *über den Brief* nach.	Sie dachten *über ihn/darüber* nach.

| Tab. 9.1

Die Anaphorisierung von Ergänzungen

Dieses Verfahren der Anaphorisierung kann bei der Unterscheidung der einzelnen Ergänzungsklassen helfen, schafft aber oft neue Probleme. So stellt sich die Frage, wie die Anapher für die Genitivergänzung im Satz *Die Verordnung bedarf meiner Zustimmung* lautet. Engel schlägt *dessen, deren* vor – denkbar wäre hier auch *ihrer*. Sämtliche Vorschläge verursachen jedoch möglicherweise auch bei Ihnen gewisse Magenschmerzen, was vermutlich damit zusammenhängt, dass die Genitivergänzung allgemein im Deutschen nur noch sehr vereinzelt und speziell mit einem Pronomen im alltäglichen Sprachgebrauch praktisch gar nicht vorkommt. Deswegen wird bei der überblicksartigen Zusammenstellung in Tab. 9.2, die sich an der Übersicht in Engel (2004: 92) orientiert, auf die Anaphern verzichtet.

Tab. 9.2	Abk.	Bezeichnung	Beispiele
Die Ergänzungsklassen im Deutschen, modifiziert nach Engel (2004: 92)	E_{sub}	Subjektergänzung	*Der alte Mann sah auf.* *Ein junges Mädchen kam herüber.*
	E_{akk}	Akkusativergänzung	*Ich sah den Turm über dem Wald.* *Geben Sie mir die Tasse.*
	E_{gen}	Genitivergänzung	*Wir gedenken ihres Todestages.* *Die Verordnung bedarf meiner Zustimmung.*
	E_{dat}	Dativergänzung	*Schreiben Sie mir.* *Schenken Sie dem Jungen eine halbe Stunde.*
	E_{exp}	Expansivergänzung	*Hugo wiegt 70 Kilo.* *Das Spiel dauert einen Tag.*
	E_{prp}	Präpositivergänzung	*Sie dachten über den Brief nach.* *Ich hoffte auf eine Wetterbesserung.*
	E_{sit}	Situativergänzung	*Er wohnt in Altötting.*
	E_{dir}	Direktivergänzung	*Der Stein fiel ins Wasser.*
	E_{prd}	Prädikativergänzung	*Er ist ein Geizkragen.* *Er heißt Batman.* *Er gilt als Geizkragen.* *Sie war zynisch.*
	E_{mod}	Modifikativergänzung	*Heiner hat sich schlecht benommen.*
	E_{vrb}	Verbativergänzung	*Mir scheint, dass hier ein Irrtum vorliegt.* *Sie fragte, ob das alles sei.* *Er begann zu weinen.*

Subjekt-, Akkusativ-, Genitiv- und Dativergänzung

Nicht alle diese Ergänzungsklassen sind auf den ersten Blick gleichermaßen nachvollziehbar. Am einfachsten geht das wohl noch mit den ersten vier, welche den aus der Traditionellen Grammatik bekannten Satzgliedklassen Subjekt und Akkusativ-, Dativ- bzw. Genitivobjekt entsprechen. All diese Ergänzungsklassen werden prototypisch (vgl. die Prototypentheorie in Kapitel 12.3.2) durch NPs in den jeweiligen Kasus realisiert; eine E_{sub} also durch eine NP im Nominativ (*Der alte Mann/Peter/Er sah auf*), eine E_{akk} durch eine NP im Akkusativ usw. Mit Ausnahme der Dativergänzungen besteht jeweils auch die Möglichkeit, die NP durch einen Konjunktionalsatz (z.B. E_{sub}: *Dass er zugestimmt hat,* war mir nicht bewusst; E_{akk}: *Ich beantrage, dass er ausgeliefert wird*) oder eine Infinitivkonstruktion (z.B. E_{sub}: *Dreimal täglich zu essen ist mir sehr wichtig;* E_{gen}: *Man beschuldigte ihn, zu spät gekommen zu sein*) zu ersetzen. Beim Dativ tritt dafür das Phänomen der sogenannten FREIEN DATIVE auf (z.B. *Mir ist die Vase heruntergefallen*), die auf den ersten Blick

ERGÄNZUNGSKLASSEN · **Einheit 9**

wie ein E_{dat} aussehen, in vielen Grammatiken aber nicht zu den Ergänzungen
gezählt werden (vgl. dazu ausführlicher Kapitel 10.4.4).

Zu beachten ist außerdem, dass nicht jede Ergänzung, die formal aus einer
NP im Akkusativ besteht, eine E_{akk} sein muss. Denn auch bei den Expansiver-
gänzungen (lat.: expandere = ausdehnen), die in der Traditionellen Grammatik keine Entsprechung haben (vgl. Einheit 7), treten häufig NPs im Akkusativ
auf, auch wenn man an vielen Beispielen gar nicht erkennen kann, dass es
sich um Akkusative handelt (vgl. Tab. 9.2). Das liegt daran, dass die E_{exp}
immer in irgendeiner Form eine (räumliche, zeitliche, gewichtsmäßige o. ä.)
Ausdehnung bezeichnet und somit meist Zahladjektive enthält, die über keine
Flexionsmerkmale verfügen. Wenn Sie jedoch z. B. lieber Kricket als Fußball
spielen, können Sie bei einem Satz wie *Das Spiel dauerte **neunzig Minuten***
die NP *neunzig Minuten* durch eine Mengenangabe ersetzen, in der die Zahl
eins enthalten ist – also *Das Spiel dauerte **einen Tag**.* Daran sieht man, dass
die E_{exp} prototypisch durch eine NP im Akkusativ realisiert wird. Alternativ
findet man u. a. häufig auch PPs mit der Konjunktion *bis* + PP (*Das Spiel dauerte **bis in die Nacht***), Adjektive (*Das Spiel dauerte **lange***) und Nebensätze mit
bis (*Das Spiel dauerte, **bis es dunkel war***).

Nicht ganz einfach ist die Abgrenzung auch bei den Satzgliedern, die
aus PPs bestehen. Dabei kann es sich zum einen um Präpositivergänzungen
(E_{prp}) handeln, was immer dann der Fall ist, wenn ein Verb eine bestimmte
Präposition fordert, wie z. B. *nachdenken **über**, hoffen **auf**, denken **an*** etc. In
einigen Fällen kann ein Verb mit zwei verschiedenen Präpositionen stehen
(*sprechen **von/über***), ohne dass dadurch ein Bedeutungsunterschied zustande
kommt. All diesen Beispielen ist gemeinsam, dass die jeweilige Präposition
semantisch entleert erscheint – in den meisten Fällen verlieren die Präpositionen ihre konkrete räumliche bzw. zeitliche Bedeutung. Damit unterscheidet
sich die E_{prp} von der Situativ- und der Direktivergänzung. Bei diesen beiden
Ergänzungsklassen, die ja im Unterschied zu allen bisherigen semantisch
definiert sind, behalten die Präpositionen entsprechend ihre räumliche oder
zeitliche Bedeutung. Deutlich wird das an Sätzen wie *Er wohnt **in Altötting***
oder *Die Sitzung begann **am frühen Morgen**,* wo die E_{sit} mithilfe der Präpositionen gewissermaßen eine bestimmte Lage auf einer Raum- oder Zeitachse
beschreibt (frz.: situer = hinstellen, -legen; von mlat.: situare, zu lat.: situs =
hingelegt).

Auch bei der E_{dir} behalten die Präpositionen ihre eigentliche, richtungsan-
zeigende (lat.: directio = Richtung) Bedeutung, wie die Sätze *Ich ziehe **in die
Stadt*** oder *Ich komme **vom Dorf*** belegen. (Dabei ist zu berücksichtigen, dass
in mit Akk. eine andere Bedeutung hat, nämlich direktional, als mit Dat., wo
es situative Bedeutung hat.) Während bei den E_{sit} wie beschrieben vereinzelt
auch zeitliche Lagebeschreibungen vorkommen, ist dieses Phänomen bei den
E_{dir} kaum zu belegen; auch Engel bringt dafür kein Beispiel. Problematisch ist

Expansivergänzung

Präpositivergänzung

*Situativ- und
Direktivergänzung*

bei der E_{sit} und der E_{dir}, dass dort häufig der Anschlusstest 1 funktioniert (*Das Spiel begann, und das geschah abends.*), so dass es naheläge, sie als Angaben zu klassifizieren. In solchen Fällen kann man sich nur dann mit Sicherheit für eine Klassifizierung als Ergänzung entscheiden, wenn das fragliche Satzglied offensichtlich obligatorisch ist (wie z. B. beim Verb *wohnen*, das nur in der IKEA-Werbung ohne E_{sit} auskommt). Abschließend ist zur E_{prp}, E_{sit} und E_{dir} noch zu sagen, dass sie nicht nur durch PPs besetzt werden können. Alternativ treten auch Adverbien (E_{prp}: *Ich warte **darauf**;* E_{sit}: *Der Mantel hängt **dort**;*

Korrelat E_{dir}: *Ich ging **dorthin***) oder Nebensätze auf, zum Teil mit KORRELATEN (lat.: con + referre = mit auf etwas beziehen; vgl. Einheit 10) (E_{prp}: *Ich warte **(darauf), dass du mich besuchst**;* E_{sit}: *Der Mantel hängt **(da), wo er immer hängt**;* E_{dir}: *Ich gehe, **wohin ich will***).

Prädikativergänzung   Bei der Prädikativergänzung (E_{prd}) handelt es sich um ein Satzglied, das traditionell u. a. als Prädikativum oder – bezogen auf substantivische Realisierungen – als Gleichsetzungsnominativ bzw. -akkusativ bezeichnet wird. Ihre Ausdrucksformen sind dementsprechend NPs im Nom. (*August war **ein Feigling***) oder Akk. (*Man nannte August **einen Feigling***), zum Teil auch mit den Konjunktionen *als* oder *wie* verbunden (Nom.: *August gilt **als Feigling**, Er benimmt sich **wie ein Idiot**;* Akk.: *Man bezeichnete ihn **als ausgesprochenen Feigling**, Er behandelte ihn **wie einen Sohn***). In der Regel kann das Substantiv auch durch ein Adjektiv und/oder Adverb ersetzt werden (Nom.: *August war **feige/oben**, August gilt **als feige**, Er benimmt sich **wie immer**;* Akk.: *Man bezeichnete ihn **als feige**, Er behandelte ihn **großzügig***). Auch Pronomen (*Das ist **dasselbe**, Du bist ja vielleicht **einer**, Er ist genauso blöd **wie sie***) und Nebensätze (*Man ist, **was man isst***) treten als E_{prd} auf.

Modifikativergänzung   Von relativ untergeordneter Bedeutung, weil eher selten, ist die Modifikativergänzung (E_{mod}). Sie kommt, wie Engel formuliert, nur bei wenigen Verben des Sich-Verhaltens vor, und kann durch Adjektive (*Du benimmst dich mal wieder **unmöglich***), Adverbien, zum Teil mit Konjunktion angeschlossen (*Sie verhält sich heute **anders/wie immer***), PPs (*Er trat **mit großer Souveränität** auf*) oder Nebensätze, zum Teil mit Korrelat (*Er benahm sich **(so), wie wir es erwartet hatten***), realisiert werden. Bis auf das Verb *verhalten*, bei dem die E_{mod} absolut obligatorisch ist, fällt die Abgrenzung zu den Angaben hier relativ schwer, weshalb man auf diese Klasse eventuell ganz verzichten und sie unter die E_{prd} subsumieren könnte.

Verbativergänzung   Die problematischste Klasse stellt die Verbativergänzung (E_{vrb}) dar. Relativ klar scheint noch, dass Verben wie *fragen, vorhaben* oder Wendungen wie

Ergänzungssatz   *es heißt, es gilt, mir scheint* typischerweise einen ERGÄNZUNGSSATZ, meist in Form eines Konjunktionalsatzes bzw. einer Infinitivkonstruktion, fordern: *Ich fragte, **ob er kommt**; Ich habe vor, **Dir ein Buch zu schenken**; Nun galt es, **schnell zu handeln**; Mir scheint, **dass es bald regnen wird***. Bei Engel zählen auch die Modal- (*wollen, sollen, müssen* etc.) und Modalitätsverben (z. B. *Er* *pflegte früh ins Bett zu gehen*) dazu, nicht jedoch die zur Passivbildung und zur analytischen Tempus- bzw. Modusbildung (vgl. Kapitel 6.6) notwendigen Hilfsverben *sein, haben* und *werden*. Hinzu kommt, dass es einige relativ häufige Verben gibt, die einen Infinitiv mit *zu* fordern (*beginnen, aufhören, sich weigern*), und solche, die (oftmals in einer speziellen Bedeutung) einen Infinitiv ohne *zu* fordern, z. B. *lassen, bleiben, gehen* (*Ich lasse dich arbeiten, Ich bleibe stehen, Ich gehe einkaufen*). Der Einfachheit halber sei an dieser Stelle nur festgehalten, dass in dieser Einführung alle Verben, die ein Partizip oder einen Infinitiv ohne *zu* regieren, zusammen mit dem Partizip oder Infinitiv als VERBALKOMPLEX (VK) aufgefasst werden. Demgegenüber werden alle Verben, die einen Infinitiv mit *zu* oder aber einen Konjunktionalsatz fordern, als Verben mit einer E_{vrb} angesehen.

Verbalkomplex

Die stemmatische Darstellung von Ergänzungen | 9.3

Wie bereits in Einheit 8 gesagt, geht es in dieser Einführung ausschließlich um die Beschreibung der strukturalen Ordnung von Sätzen. Das schlägt sich in der Grammatik von Engel darin nieder, dass man aus der graphischen Darstellung von Sätzen in Stemmata, wie in Abb. 9.1 zu sehen, die lineare Struktur des Satzes (sprich: die Reihenfolge der Wörter) nicht rekonstruieren kann. Da einerseits die Beschreibung der Regeln für die Wortstellung im Deutschen den Rahmen dieses Buches bei weitem sprengen würde, andererseits jedoch die Darstellung mit Berücksichtigung der linearen Struktur übersichtlicher wird, wurde für die folgenden Stemmata eine Mischung aus den Vorlagen bei Engel und Eroms (2000) gewählt (vgl. Abb. 9.2).

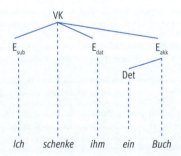

| Abb. 9.2

Die stemmatische Darstellung von Ergänzungen

Die Striche zwischen den einzelnen syntaktischen Funktionen signalisieren die strukturelle Ordnung des Satzes und entsprechen den in Einheit 8 beschriebenen Konnexionsstrichen. Am oberen Ende eines jeden Striches steht das Regens, am unteren Ende das Dependens, hier die jeweilige Ergänzung. Die gestrichelten Linien werden als Projektionsstriche bezeichnet; sie illustrieren die Verbindung zwischen der strukturellen syntaktischen Funktion und

Strukturelle Ordnung

Lineare Realisierung deren konkreter linearer Realisierung im Satz. Ein spezielles Problem stellen Ergänzungen dar, die aus mehreren Wörtern, also beispielsweise einer NP oder einer PP, bestehen. Bei ihnen steht die syntaktische Funktionsbezeichnung immer über dem Kopf der Phrase. In Abb. 9.2 ist das wie folgt zu lesen: Bei der E_{akk} handelt es sich um eine NP, in der das Substantiv *Buch* syntaktisch den Artikel *ein* regiert, und zwar deswegen, weil in einer NP das Genus des Substantivs (hier: Neutrum) immer auch das Genus des Artikels bestimmt.

Determinativ Dass die Artikel mit der syntaktischen Funktion DET für DETERMINATIV bezeichnet werden, liegt darin begründet, dass anstelle von Artikeln in dieser Funktion auch artikelartig verwendete Pronomen auftreten können. Näheres dazu finden Sie in Kapitel 10.1, in dem die Determinative von den Attributen abgegrenzt werden.

Bei Sätzen, die z. B. ein Hilfsverb oder Modalverb oder irgendeine andere Kombination aus zwei oder mehr Verben enthalten, wird hinsichtlich der Darstellung so verfahren, dass die einzelnen Bestandteile des VK in einem Verbalkomplex zusammengefasst und durch Projektionsstriche miteinander verbunden werden. Das Stemma in Abb. 9.3 veranschaulicht das.

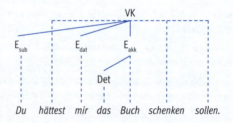

Abb. 9.3 | Die stemmatische Darstellung von komplexen Verbalkomplexen

In einem VK, der ja aus einer VP besteht, bildet den Kopf immer das finite Verb, hier also *hättest*. Um herauszufinden, welches Verb *hättest* direkt regiert, lässt man es einfach weg und schaut, welches Verb innerhalb des VK dann finit wird. Ohne *hättest* würde der Satz lauten: *Du solltest mir das Buch schenken*, mit anderen Worten: *sollen* würde dann zum finiten Verb. Wenn man auch *sollen* weglässt, wird *schenken* zum finiten Verb. Die syntaktische Funktion „VK" wird in dieser Darstellung allen Bestandteilen des Verbalkomplexes zuteil. Der wichtigste Grund dafür ist der, dass man nicht ohne Weiteres bestimmen kann, von welchen Bestandteilen eines VK die Ergänzungen abhängig sind. Semantisch gesehen ist es z. B. im obigen Beispielsatz so, dass das Verb *schenken* eine E_{sub}, eine E_{dat} und eine E_{akk} regiert. Aus syntaktischer Perspektive hingegen ist festzustellen, dass die E_{sub} mit dem Hilfsverb *hättest* kongruiert, was dafür sprechen würde, es auch davon abhängig zu machen. Um eben diesen Problemen aus dem Weg zu gehen, wird der VK in dieser Einführung als Einheit betrachtet, von dem die Ergänzungen und Angaben abhängig sind.

Die stemmatische Darstellung von Ergänzungen — Einheit 9

Bei der E_{prp} in Abb. 9.4 handelt es sich um eine PP, in der die Präposition *auf* den Akkusativ der NP *dich* regiert (vgl. Kapitel 7.4.1). Da es sich bei der Bezeichnung „NP + Kasus" jedoch nicht um eine funktionale, sondern nur um eine formale Bezeichnung handelt, die ausschließlich in PPs notwendig ist und auf die in allen anderen Phrasentypen verzichtet werden kann, wird sie in runden Klammern notiert.

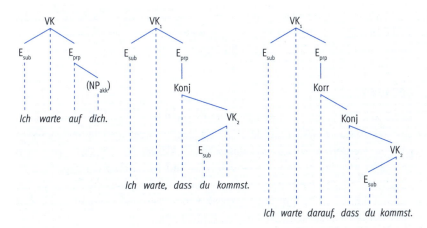

Abb. 9.4

Die stemmatische Darstellung von Ergänzungssätzen

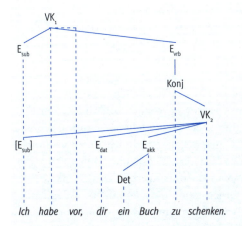

Bei einer E_{vrb} oder jeder anderen Ergänzung, die durch einen Ergänzungssatz (vorrangig als Konjunktionalsatz oder Infinitivkonstruktion) realisiert werden kann, muss in der Regel eine Konjunktion und manchmal ein Korrelat in das Stemma integriert werden (vgl. Abb. 9.4). Dabei regiert das Korrelat (in Abb. 9.4 oben rechts: Korr), wenn vorhanden, die Konjunktion, und diese wiederum das Verb des Konjunktionalsatzes bzw. der Infinitivkonstruktion. Die Ergänzungsklasse ändert sich nicht; in dem Satz *Ich*

Stemmatische Darstellung von Ergänzungssätzen

ERGÄNZUNGEN UND ANGABEN

warte (darauf), dass du kommst ist *(darauf), dass du kommst* also als E_{prp} zu werten, auch wenn es hier durch einen Konjunktionalsatz mit Korrelat realisiert wird. Der Konjunktionalsatz selbst besitzt einen eigenen VK und wird nach dem gleichen Prozedere wie der Hauptsatz analysiert. Bei Infinitivkonstruktionen wie *Ich habe vor, dir ein Buch zu schenken* ist allerdings zu beachten, dass die E_{sub} beider Teilsätze nur einmal, nämlich im Hauptsatz, realisiert wird. Das *zu*, das hier als (INFINITIV-)KONJUNKTION angesehen werden kann, regiert das infinite Verb. Schließlich ist zu beachten, dass der VERBZUSATZ bei trennbaren Verben wie *vorhaben* mit einem Projektionsstrich dem finiten Teil des Verbs zugeordnet wird.

9.4 | Angaben

Angabeklassen

Engel zählt in seiner Grammatik vier übergreifende ANGABEKLASSEN: situative, existimatorische, modifikative und Negativangaben. Die beiden ersten Klassen werden noch durch zahlreiche Subklassen spezifiziert, welche in der folgenden Tab. 9.3 aufgelistet werden – mit Ausnahme der sogenannten selektiven Angaben in Sätzen wie *Was musstest du **ausgerechnet** diesen Mantel nehmen* oder *Sie hat **sogar** Wein getrunken*, bei denen es sich tendenziell eher um Attribute zu handeln scheint (vgl. Einheit 10).

Wie Sie sehen, werden Angaben durchgehend semantisch klassifiziert. Eine detaillierte Beschreibung der verschiedenen Klassen kann hier nicht geleistet werden (vgl. die Literaturhinweise). Stattdessen erfolgen an dieser Stelle nur einige allgemeine Hinweise sowie ein paar Bemerkungen zu den Angabeklassen, die ohne Erläuterung möglicherweise unverständlich bleiben.

Situative Angaben

So lassen sich die SITUATIVEN ANGABEN generell als Angaben der Umstände eines Geschehens beschreiben, indem z. B. das Geschehen räumlich (lat.: locus = Ort) oder zeitlich (lat.: tempus = Zeit) eingeordnet wird, der Grund (lat.: causa), die Bedingung (lat.: conditio), die Folge (lat.: consecutio), die widrigen Umstände (lat.: concedere = zugestehen; es handelt sich also um eine Angabe des Zugeständnisses), das Ziel (lat.: finis), die (Hilfs-)Mittel (lat.: instrumentum), der Bezugsrahmen (lat.: restringere = einschränken) oder die begleitenden Akteure oder Gegenstände (lat.: comitatus = Begleitung) einer Handlung bzw. eines Geschehens genannt werden. Hingegen wird mit

Modifikative Angaben

Existimatorische Angaben

den MODIFIKATIVEN ANGABEN die Art und Weise eines Geschehens genauer bestimmt (lat.: modificare = richtig abmessen, umformen). Die EXISTIMATORISCHEN ANGABEN drücken die Position des Sprechers (lat.: existimare = einschätzen) zu einem Sachverhalt aus, z.B. seine Vorbehalte (lat.: cautio = Vorsicht), seine Wertung (lat.: iudicare = (be)urteilen), seine Einschätzung bezüglich dessen Wahrheitsgehalts (lat.: verum + facere = wahrmachen) oder dessen Beziehung zu anderen Sachverhalten (lat.: ordinare = ordnen). Auf die Funktion der Abtönungsangaben wird im nächsten Absatz eingegangen. Die

158

Einheit 9

Abk.	Bezeichnung	Beispiele
Situative Angaben		
A_{temp}	Temporalangabe	*Nachts* sind alle Katzen grau. Annabell hat *den ganzen Morgen* gelesen. *In drei Tagen* ist sie wieder gesund.
A_{lok}	Lokalangabe	*Hier* können Sie nicht parken. Er ist *in Hildesheim* aufs Gymnasium gegangen.
A_{kaus}	Kausalangabe	*Deshalb* sage ich nichts dazu. Der Unterricht fällt *wegen des Sturms* aus. Ich bleibe zuhause, *weil ich krank bin*.
A_{kond}	Konditionalangabe	*Bei dieser Unterstützung* gibt man 150 Prozent. Wir kommen gern, *wenn ihr auch kommt*.
A_{kons}	Konsekutivangabe	Er schob den Ärmel hoch, *so dass man die Narbe sah*.
A_{konz}	Konzessivangabe	*Trotz schlechtem Wetter* spielten sie draußen. Ich helfe dir, *obwohl du es nicht verdienst*.
A_{fin}	Finalangabe	Wir tun alles, *damit er bleibt*. Ich arbeite, *um zu leben*. *Für Schokolade* würde ich meine Oma verkaufen.
A_{instr}	Instrumentalangabe	*Mit diesem Hammer* kriegt man keinen Nagel in die Wand. Sie öffnen die Tube, *indem Sie den Nippel durch die Lasche ziehen*.
A_{restr}	Restriktivangabe	Es geht mir *gesundheitlich* nicht gut. *Hinsichtlich des Offensivspiels* ist noch viel zu tun.
A_{komit}	Komitativangabe	Er kam *mit seiner Freundin* zu der Party.
Existimatorische Angaben		
A_{kaut}	Kautive Angabe	Der Plan hätte *fast* geklappt. Das ist *in gewisser Weise* korrekt.
A_{ord}	Ordinative Angabe	Wir haben *im Übrigen* nichts zu verbergen. Das ist *jedoch* der falsche Ansatz.
A_{jud}	Judikative Angabe	*Bedauerlicherweise* kann ich Ihnen nicht helfen.
A_{ver}	Verifikative Angabe	Er ist *angeblich* der beste Koch in der Stadt.
A_{abt}	Abtönungsangabe	Das ist *ja* toll. Wo willst Du *denn* hin? Das ist *eben* ihre Schwäche.
Modifikative Angaben		
A_{mod}	Modifikative Angabe	Verena hat *sorgfältig* gearbeitet.
Negativangaben		
A_{neg}	Negativangaben	Karl ist *nicht* zuhause. Das überzeugt mich *keineswegs*.

Tab. 9.3
Die Angabeklassen im Deutschen, modifiziert nach Engel (2004: 120–134)

Negativangaben

NEGATIVANGABEN schließlich verkehren einen Sachverhalt ins Gegenteil (lat.: negare = verneinen).

Wie man bereits an den Beispielsätzen in Tabelle 9.3 sehen kann, sind die meisten Angaben im Satz relativ frei verschiebbar und können durch PPs (*In drei Tagen ist sie wieder gesund*), AdvPs (*Hier können Sie nicht parken*),

Angabesätze

ANGABESÄTZE (*Ich bleibe zuhause, weil ich krank bin*) oder APs (*Verena hat sorgfältig gearbeitet*) realisiert werden. Davon auszunehmen ist bei den situativen Angaben vor allem die Konsekutivangabe, die ausschließlich durch Angabesätze mit der Konjunktion *so dass* angeschlossen werden kann und immer nachgestellt wird. Sonderfälle stellen ferner die A_{abt} und die A_{neg} dar, die typischerweise durch Partikeln ausgedrückt werden. Zu den Partikeln bei den A_{abt} ist anzumerken, dass sie jeweils über Homonyme verfügen, die einer anderen Wortart angehören. In einem Satz wie *Das ist eben ihre Schwäche* hat die Partikel *eben* aber eine andere, eher kommunikative und semantisch kaum paraphrasierbare Bedeutung als das Adverb, das in der Regel im Rahmen einer A_{temp} verwendet wird (*Ich bin eben nach Hause gekommen*) – die A_{abt} mit der Partikel *eben* bewirkt hier, dass der gesamten Satzaussage der Charakter einer gewissen Selbstverständlichkeit zugesprochen wird.

Die A_{abt} und A_{neg} nehmen außerdem insofern eine Sonderstellung unter den Angabeklassen ein, als sie dadurch, dass sie durch Partikeln realisiert werden, nicht erststellenfähig sind, d. h. nicht an die erste Satzposition rücken können, und somit streng genommen keine Satzglieder darstellen. Andererseits beziehen sie sich, anders als Attribute (vgl. Einheit 10), auf den VK eines Satzes, weswegen ihre Zuordnung zu den Angaben gewissermaßen als das kleinere Übel erscheint.

Wenn Sie sich die operationalen Testverfahren zur Unterscheidung von Ergänzungen und Angaben aus Kapitel 8.3 noch einmal vergegenwärtigen, werden Sie feststellen, dass zum Erfragen der situativen und modifikativen Angaben tendenziell eher der Anschlusstest 1 (mit „und das geschieht/und das tut er") geeignet ist, während sich existimatorische und Negativangaben eher mit dem Anschlusstest 2 (mit „es ist/war … so, dass") erfragen lassen.

9.5 | Die stemmatische Darstellung von Angaben

Zunächst einmal orientiert sich die Darstellung von Angaben an dem in Kapitel 9.3 illustrierten Muster der Darstellung von Ergänzungen, wie die Stemmata in Abb. 9.5 verdeutlichen.

Stemmatische Darstellung komplexer Sätze

Bei der stemmatischen Darstellung von Angaben ergibt sich gegenüber den in Kapitel 9.3 gezeigten Stemmata die einzige zusätzliche Schwierigkeit, dass ein Stemma natürlich immer komplexer wird, je länger bzw. verschachtelter ein Satz ist. Ab einer gewissen Satzlänge steht man schlicht vor dem

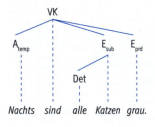
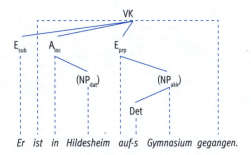

| Abb. 9.5

Die stemmatische Darstellung von Angaben

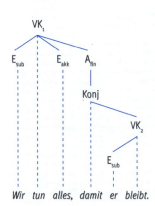

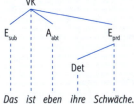

Problem, dass der Satz nicht mehr in eine Zeile passt. Daher wird es notwendig, Sätze in mehreren Schritten zu analysieren. Dies wird in Abb. 9.6 exemplarisch an folgendem, schon relativ komplexen Satz demonstriert: *Bevor Sie die Tube mit dem Hammer bearbeiten, sollten Sie sie probeweise öffnen, indem Sie den Nippel vorsichtig durch die Lasche nach oben ziehen.*

Zunächst einmal erkennen Sie in diesem Satz den Sonderfall, dass eine Präposition (*nach*) keine NP, sondern eine AdvP regiert. Da Adverbien nicht flektierbar sind, kann auf die Kasusangabe im Index natürlich verzichtet werden. Abgesehen davon wird aus der Abbildung ersichtlich, dass es sich anbietet, bei komplexen Sätzen jeden Teilsatz für sich zu analysieren. Dabei beginnt man mit dem Hauptsatz. Auf diese Weise lassen sich selbst Sätze von Thomas Mann stemmatisch wiedergeben. Der Übersichtlichkeit halber empfiehlt es sich, die jeweiligen Anknüpfungspunkte, also in unserem Beispiel die A_{temp} und die A_{instr}, immer in eckige Klammern zu setzen. Das ist besonders dann vonnöten, wenn ein Satz beispielsweise durch einen eingefügten Attributsatz noch komplexer wird. Sätze dieser Art werden Sie in der folgenden Einheit kennen lernen.

Ergänzungen und Angaben

Abb. 9.6 | Die stemmatische Darstellung komplexer Sätze

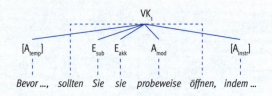
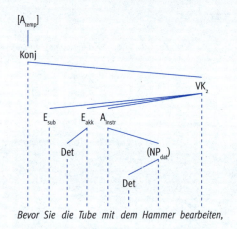
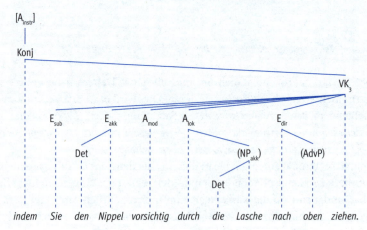

9.6 | Übungen

1 Klassifizieren Sie die hervorgehobenen Ergänzungen in den folgenden Sätzen.

Er ist **ein aufrichtiger Freund**.
Die Bibliothek befindet sich **dort**.
Ich beabsichtige, **nach London zu reisen**.
Das Tennismatch dauerte **vierzig Minuten**.

*Ihr sollt **gerecht** mit ihm umgehen.*
*Man hat ihn **des Diebstahls** beschuldigt.*
*Sie wohnt **oben**.*
*Sie fahnden **nach dem Räuber**.*
*Er nannte ihn **einen Lügner**.*
*Der Motor begann **zu qualmen**.*
*Er hofft **auf ein Wunder**.*
*Die Kinder bekamen **viele Geschenke**.*
*Er gilt **als Lügner**.*
***Der Vater** war um sein Kind besorgt.*
*Sie hat **ihm** das Buch gereicht.*
*Sie legt den Brief **auf den Tisch**.*
*Er wurde mit zunehmendem Alter **klüger**.*
*Er schlug vor, **einen Bogen um die Stadt zu machen**.*

2   Welche Satzglieder in den folgenden Sätzen sind Angaben und wie lassen sie sich klassifizieren?

Er fehlte gestern trotz aller Warnungen.
Er hat den Schein keineswegs verdient.
Er kam gesund wieder zurück.
Er ist übrigens ein guter Tennisspieler.
Sie hat sorgfältig nachgedacht.
Wir sind uns im Deutschen Theater begegnet.
Bei Regen fällt das Seminar aus.
In zwei Wochen sind Pfingstferien.
Er ist vielleicht in der Uni.
Die Nachbarin geht mit ihrem Hund spazieren.
Er hat den Schein nicht bekommen.

3   Bestimmen Sie bei den folgenden Sätzen den VK bzw. die E_{vrb}.

Ich lerne schwimmen.
Ich lerne ihn kennen.
Er drohte zu gehen.
Ich bat ihn zu kommen.
Sie bedeutete ihm, näher zu treten.
Er lässt es bleiben.
Er lässt ihn arbeiten.
Ich glaube sagen zu können.
Es fragt sich, ob man das so sagen kann.
Jetzt gilt es, cool zu bleiben.
Ich gehe spazieren.

4 Stellen Sie die Sätze aus Übung 2 stemmatisch dar.

5 Stellen Sie folgenden Satz stemmatisch dar.

Nachdem in diesem Kapitel ausführlich die Satzglieder dargestellt wurden, sind im Folgenden vorrangig Attribute das Thema, damit Sie dann mit Ihrem Wissen jeden Satz analysieren können.

9.7 | Verwendete und weiterführende Literatur

Engel, Ulrich (2004): Deutsche Grammatik. Neubearbeitung. München: Iudicium.

Engel, Ulrich (1988): Deutsche Grammatik. Heidelberg: Groos.

Eroms, Hans-Werner (2000): Syntax der deutschen Sprache. Berlin, New York: de Gruyter.

Schuhmacher, Helmut et al. (2004): VALBU – Valenzwörterbuch deutscher Verben. Tübingen: Narr.

Einheit 10

Attribute und syntaktische Einzelprobleme

Inhalt	
10.1 Attribute – Wie sind Satzglieder aufgebaut?	166
10.2 Die Attributsklassen	167
10.3 Die stemmatische Darstellung von Attributen	170
10.4 Einzelprobleme der syntaktischen Analyse	172
10.4.1 Funktionsverbgefüge	173
10.4.2 Echte und unechte Reflexivität	174
10.4.3 Der syntaktische Status von *es*	175
10.4.4 Freie Dative	177
10.4.5 Koordination	179
10.5 Übungen	181
10.6 Verwendete und weiterführende Literatur	182

10.1 Attribute – Wie sind Satzglieder aufgebaut?

Attribute

In der vorherigen Einheit haben Sie die Klassifikation von Ergänzungen und Angaben – also von auf den Verbalkomplex (VK) eines Satzes bezogenen Satzgliedern – kennen gelernt. Im Folgenden werden Sie sehen, dass sich diese Satzglieder ihrerseits noch erweitern lassen, und zwar durch ATTRIBUTE. Da sich Attribute niemals direkt auf den Verbalkomplex, sondern auf den Kopf einer NP, AP oder AdvP beziehen, und da sie außerdem im Satz weder allein frei verschiebbar noch spitzenstellungsfähig sind, sondern nur mit den Köpfen, auf die sie sich beziehen, verschoben werden können, werden sie als Teile eines Satzgliedes oder Satzgliedteile (vgl. Einheit 9) bezeichnet.

Abb. 10.1 Attribute als Satzgliedteile

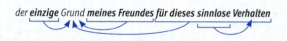

Attribute erster, zweiter, dritter Ordnung

In Abb. 10.1 ist erstens zu sehen, dass Attribute durch verschiedene Phrasentypen realisiert werden können. In diesem Beispiel handelt es sich um zwei APs (Adjektivattribute: *einzige*, *sinnlose*), eine NP im Genitiv (Genitivattribut: *meines Freundes*) und eine PP (Präpositionalattribut: *für dieses (sinnlose) Verhalten*). Die einzelnen Attributsklassen sind Gegenstand von Kapitel 10.2. Zweitens ist zu erkennen, dass sich mehrere Attribute auf einen Kopf beziehen können; hier sind es drei Attribute, die den Kopf der gesamten NP, nämlich *Grund*, näher beschreiben. Drittens schließlich ist zu erwähnen, dass es auch Attribute zu (Teilen von) Attributen gibt; im genannten Beispiel das Adjektivattribut *sinnlose* zu *Verhalten*, welches seinerseits Teil des Präpositionalattributs *für dieses Verhalten* ist. Man spricht dann von ATTRIBUTEN ERSTER, ZWEITER, DRITTER ORDNUNG usw.

Partikeln

Nicht einheitlich geklärt ist der Status von PARTIKELN. Diese können sich nicht nur, wie in Einheit 9 beschrieben, auf den VK eines Satzes und damit als Angaben auf eine VP beziehen, sondern auch auf andere Satzglieder, bevorzugt Adjektive und Adverbien. Während Engel (2004: 15) alle Satelliten, die sich nicht auf einen verbalen Phrasenkopf beziehen, als Attribute definiert, sagt Eisenberg (2004), dass solche Einheiten meist zu den adverbialen Bestimmungen gerechnet würden, denen in der Dependenzgrammatik prinzipiell die Angaben entsprechen. Da diese Einordnung jedoch eher zur systematischen Verwirrung beiträgt, wird in dieser Einführung Engel gefolgt; die in Abb. 10.2

Partikel-Attribute verwendeten Partikeln werden somit als PARTIKEL-ATTRIBUTE eingestuft.

Abb. 10.2 Partikeln als Attribute

Die Reise nach Island war **sehr** schön.   Das Zimmer befindet sich **ganz** oben.

Ein weiterer Vorteil der Definition von Engel besteht darin, dass dadurch grundsätzlich Satelliten von Adjektiven und Adverbien als Attribute klassifiziert werden können. Das vereinfacht die Analyse von Sätzen bzw. Phrasen, wie sie in Abb. 10.2 aufgeführt sind. Auch in Phrasen wie *die heiß gekochte Suppe* oder *die außen gestrichene Fassade* lassen sich das Adjektiv *heiß* und das Adverb *außen* so problemlos als Attribute zweiter Ordnung zu den Adjektivattributen *gekochte* bzw. *gestrichene* einstufen. Allerdings entsteht dadurch das Problem, dass dann streng genommen auch die Artikel bzw. artikelartig verwendeten Pronomen in NPs (*das Haus, irgendein Haus*) als Satelliten zu einem nicht verbalen Phrasenkopf und damit als Attribute aufgefasst werden müssten. Gleiches gilt für NPs, die innerhalb einer PP von einer Präposition regiert werden (*in der Schule*); auch die NP müsste hier demnach streng genommen als Attribut zur Präposition *in* gelten. Da der Attributsbegriff so jedoch ziemlich überdehnt würde, sei an dieser Stelle folgende Definition für das Attribut in der vorliegenden Einführung festgehalten:

Attribut: ein Satellit zu einem nicht verbalen Phrasenkopf, also ein Satzgliedteil, das Teil eines Satzglieds ist und dieses näher bestimmt. Als Attribute können Adjektivphrasen (*das **schöne** Haus*), Nominalphrasen (*das Haus **meines Vaters***), Präpositionalphrasen (*das Haus **in der Goethestraße***), Verbalphrasen (z. B. Relativsätze: *das Haus, **das dort drüben steht***) sowie, meist als Attribute zweiter Ordnung, auch Adverbphrasen (*das **unlängst** erbaute Haus*) und Partikeln (*das **sehr** schöne Haus*) fungieren. Als Phrasenköpfe, auf die sich Attribute beziehen können, kommen nur Substantive, Adjektive und Adverbien in Frage, nicht aber Präpositionen und Verben. Artikel (*der/einer*) sowie Pronomen (*deiner, irgendeiner*), die wie Artikel verwendet werden (*dein Haus, irgendein Haus*), werden als **Determinative** von den Attributen abgegrenzt.	Definition

Die Attributsklassen

|10.2

Die meisten Attributsklassen sind in den bisherigen Ausführungen schon angeklungen. Während allerdings bei Engel das Prinzip der Valenz u. a. auf die Ebene der Substantive übertragen wird und er z. B. von präpositiven Attributen als Nomenergänzungen spricht, bei denen die Präposition – ähnlich wie die E_{prp} vom Verb – vom Substantiv regiert wird (z. B. *die Ähnlichkeit mit etwas/jemandem*), orientiert sich diese Einführung an Eisenberg, dessen sehr viel übersichtlichere Zusammenstellung allerdings durch die oben beschriebenen Adverb- und Partikelattribute ergänzt und etwas modifiziert wird. In Tab. 10.1 sind die wichtigsten Klassen überblicksartig zusammengestellt.

Attributsklassen

Abk.	Bezeichnung	Beispiele
Attr$_{adj}$	Adjektivattribut	*der alte Mann, ein **gestrichenes** Fenster, ein **ansprechendes** Bild*
Attr$_{gen}$	Genitivattribut	*das Haus **meines Vaters**, Gertruds Sofakissen*
Attr$_{prp}$	Präpositionalattribut	*das Haus **von Peter**, mein Hunger **auf Schoko-lade**, ein Ausritt **in die Prärie**, der Unfall **auf der Autobahn***
Attr$_{adv}$	Adverbattribut	*die **neulich** entdeckte Insel, das Zimmer **oben***
Attr$_{part}$	Partikelattribut	*ein **sehr** hohes Haus, **ganz** oben*
Attr$_{app}$	(enge) Apposition	***Bürgermeister** Schmidt, ein Liter **Bier***
	Attributsätze	
Attr$_{infk}$	Infinitivkonstruktion als Attribut	*die Idee, **nach München zu fahren**, der Wunsch, **zu arbeiten***
Attr$_{konjs}$	Konjunktionalsatz als Attribut	*die Frage, **ob er Lust hat**, der Vorschlag, **dass Paul mitkommt***
Attr$_{rels}$	Relativsatz als Attribut	*ein Vorschlag, **der mich überzeugt**, ein Witz, **über den ich lachen kann***

Tab. 10.1
Die Attributsklassen im Deutschen, modifiziert nach Eisenberg (2004: 49)

Genitivattribute

Zu diesen Klassen sind noch einige Punkte anzumerken. So werden die Genitivattribute häufig semantisch weiter subklassifiziert. Eisenberg (2004) nennt (mit teilweise abweichenden Bezeichnungen) den GENITIVUS SUBIECTIVUS (*die Mündung des Flusses, die Gesundheit meiner Kinder*), der sich dadurch auszeichnet, dass man das Substantiv, auf das er sich bezieht, in ein Verb oder ein prädikatives Adjektiv umwandeln kann, wobei dann aus dem Genitiv eine E$_{sub}$ wird (*der Fluss mündet ..., meine Kinder sind gesund*). Ähnlich verhält es sich beim GENITIVUS OBIECTIVUS (*die Zerstörung Karthagos*), nur dass hier bei der Umwandlung des Bezugssubstantivs in ein Verb aus dem Genitiv eine E$_{akk}$ wird (*[die Römer] zerstörten Karthago*). In einigen Fällen ist ohne Kontext nicht entscheidbar, ob es sich um einen subiectivus oder obiectivus handelt: *die Beobachtung des Politikers*.

Genitivus subiectivus

Genitivus obiectivus

Neben diesen auch grammatisch nachvollziehbaren Subklassen des Genitivs gibt es noch weitere, die rein semantisch motiviert sind. Wie Eisenberg bemerkt, ist der Charakter dieser Klassifizierungen semantisch beschreibend, ohne dass damit syntaktische Strukturen erfasst werden könnten, was dazu führt, dass man in praktisch jeder Grammatik andere Einteilungen findet. Dennoch seien hier die wichtigsten genannt: der GENITIVUS POSSESSIVUS (*das Auto meines Onkels*) beschreibt den Besitzer des zugehörigen Bezugs-

Genitivus possessivus

wortes, der teilweise nur schwer davon und vom subiectivus abzugrenzende GENITIVUS AUCTORIS (*ein Frühwerk **des Meisters**, die Arbeit **einer Studentin***) den Erzeuger einer Sache. Teilweise als eigenständige Klasse, teilweise aber auch als Subklasse des possessivus wird die Teil-Ganzes-Relation (*der Kopf **des Angeklagten**, das Dach **des Hauses***) aufgefasst. Der GENITIVUS QUALITATIS (*ein Mann **der Tat***) beschreibt, wie der Name schon sagt, eine Eigenschaft des Bezugswortes (*der Mann ist tatkräftig*) und unterscheidet sich darin vom GENITIVUS EXPLICATIVUS (*das Problem **der Genitivattribute***), wo umgekehrt das Bezugswort den Genitiv näher beschreibt (*die Genitivattribute sind ein Problem*). Beim GENITIVUS PARTITIVUS (*die Hälfte **der Bewohner**, 10 Tonnen **japanischen Stahls***) steht im Genitiv eine Gruppe oder Substanz, mit dem Bezugswort hingegen wird die Anzahl bzw. Menge eingegrenzt. Die letzte erwähnenswerte Klasse stellt der GENITIVUS DEFINITIVUS (*die Funktion **des Universitätspräsidenten***) dar, bei der durch den Genitiv ausgedrückt wird, was mit dem Bezugswort gemeint ist (*die Funktion – gemeint ist „Universitätspräsident" – sollte nicht von Medizinern ausgefüllt werden*).

Genitivus auctoris

Genitivus qualitatis

Genitivus explicativus

Genitivus partitivus

Genitivus definitivus

Zu den APPOSITIONEN ist zu sagen, dass es neben den hier aufgeführten engen Appositionen – Sie werden es schon geahnt haben – auch die sogenannten lockeren Appositionen gibt. Wie sich beide voneinander abgrenzen lassen, ist noch nicht endgültig geklärt. Ein relativ verlässliches Mittel zur Identifikation einer lockeren Apposition ist deren Abtrennung durch Kommata bzw. eine Sprechpause mit einem anschließenden neuen Intonationsbogen (*Franz Beckenbauer, **die Lichtgestalt des deutschen Fußballs**, …*). Auf sie soll hier nicht weiter eingegangen werden. Bei der engen Apposition gilt, dass nicht immer auf den ersten Blick zu erkennen ist, was Apposition und was Bezugswort ist. Als Faustregel sei hier ein morphologisches Kriterium empfohlen: Setzen Sie die gesamte Phrase (z. B. *Bürgermeister Schmidt*) in einen anderen Kasus und schauen Sie, was passiert. Im ersten Satz von Abb. 10.3 sehen Sie, dass das Bezugswort *Schmidt* dann flektiert wird, die Apposition *Bürgermeister* hingegen nicht. Zu beachten ist allerdings z. B. bei Amtsbezeichnungen, dass in dem Moment, wenn der Apposition ein Artikel hinzugefügt wird, das Appositionsverhältnis gewissermaßen kippt: Was vorher Apposition war, wird nun zum flektierten Bezugswort und umgekehrt.

Appositionen

***Bürgermeister** Schmidts Haus*
*das Haus des Bürgermeisters **Schmidt***
*die größte Leistung der Lichtgestalt **Beckenbauer***
*betrunken von zwei Litern **Bier***

| Abb. 10.3
Enge Appositionen

Bezüglich der ATTRIBUTSÄTZE schließlich gilt, dass diese unterschiedliche Realisierungsformen von Attributen des Phrasentyps VP darstellen. In vielen Fällen kann an die Stelle des Attributsatzes auch ein anderes Attribut treten, z. B. ein Attr$_{gen}$ (*die Idee, **nach München zu fahren** → die Idee **einer Fahrt nach München***), ein Attr$_{prp}$ (*der Wunsch, **zu arbeiten** → der Wunsch **nach Arbeit***)

Attributsätze

oder ein Attr$_{adj}$ (*ein Vorschlag, **der mich überzeugt*** → *ein **überzeugender** Vorschlag*).

10.3 | Die stemmatische Darstellung von Attributen

Die stemmatische Darstellung komplexer Attribute

In Einheit 9 ist in Abb. 9.1 bereits eine vereinfachte Darstellung des Satzes *Die Bedienungsanleitung für die Installation der zugehörigen Software wurde offensichtlich in großer Eile verfasst* abgebildet. Diese Darstellung wird in Abb. 10.4 noch einmal detailliert wiedergegeben, wobei auch die am Ende von Kapitel 10.1 definierten Determinative (Det) sowie die von Präpositionen regierten NPs ihre Position erhalten. Ebenso wie bei den Beispielen für Ergänzungs- und Angabesätze besteht auch hier ein Platzproblem, wenn der Satz linear abgebildet wird. Dieses wird gelöst, indem von den einzelnen, besonders komplexen Satzgliedern im ersten Schritt nur die Phrasenköpfe, ggf. mit Determinativen, und in weiteren Schritten dann die zugehörigen Attribute analysiert werden.

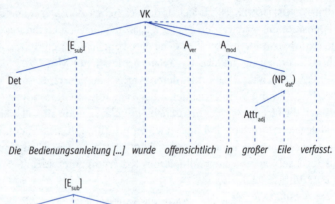

Abb. 10.4 | Die stemmatische Darstellung komplexer Attribute

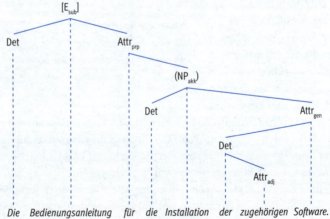

Die stemmatische Darstellung von Attributen — Einheit 10

In diesem Stemma wird deutlich, warum in Einheit 9 die Entscheidung getroffen wurde, innerhalb von PPs die von der Präposition regierte NP gesondert zu bezeichnen. Denn das Genitivattribut *der zugehörigen Software* ist ja nicht von der PP *für die Installation* als ganzes abhängig, sondern bezieht sich nur auf die NP *die Installation*. Man könnte noch darüber streiten, ob der Konnexionsstrich zum Attr$_{gen}$ deswegen von dem Kopf der NP, *Installation*, oder vom Det *die* abgehen sollte. Relevanter erscheint die Frage, wie es zu der Reihenfolge innerhalb des Attr$_{gen}$ *der zugehörigen Software* kommt. Der Grund dafür liegt in den Flexionseigenschaften des Adjektivs. Wie in Kapitel 6.6 beschrieben, existieren hier starke, gemischte und schwache Flexion, und zwar – das ist dependenzgrammatisch der entscheidende Aspekt – in Abhängigkeit davon, ob in der NP ein bestimmter, unbestimmter oder gar kein Artikel vorliegt. Das lässt sich auch auf die Pronomen übertragen (vgl. Tab. 6.4): Flektiert ein Pronomen wie der bestimmte Artikel, dann flektiert das Adjektiv schwach (*der schöne Tag* = *dieser schöne Tag*); flektiert das Pronomen wie der unbestimmte Artikel, dann flektiert das Adjektiv jeweils gemischt (*ein schöner Tag* = *irgendein schöner Tag*).

Wie bereits ausgeführt, treten insbesondere als Attribute zweiter Ordnung häufig auch Partikeln und Adverbien auf. Deren stemmatische Darstellung ist unproblematisch, wie Abb. 10.5 zeigt. Ebenfalls unkompliziert gestaltet sich die Darstellung von engen Appositionen.

Die stemmatische Darstellung von NPs und engen Appositionen

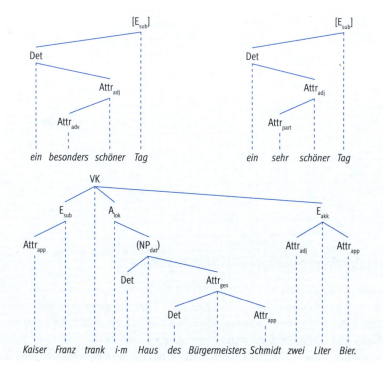

Abb. 10.5

Die stemmatische Darstellung von NPs und engen Appositionen

Attribute und syntaktische Einzelprobleme

Attributsätze
Relativsätze

ATTRIBUTSÄTZE werden im Prinzip wie Ergänzungs- und Angabesätze notiert. Eine besondere Schwierigkeit stellen nur RELATIVSÄTZE dar, weil bei ihnen das Relativpronomen sowohl als eine Art Konjunktion zum Bezugswort fungiert als auch innerhalb des Satzes eine Ergänzung realisiert. Beides wird im Stemma dadurch berücksichtigt, dass dem Relativpronomen sowohl die syntaktische Funktion RELATIVUM (Rel) als auch der Ergänzungsstatus – bzw. als Teil einer E_{prp} der Status einer NP – zugewiesen wird.

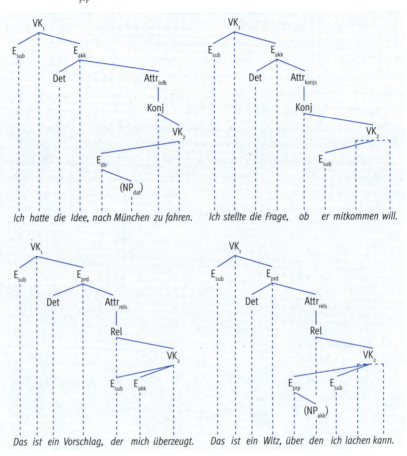

Abb. 10.6 | Die stemmatische Darstellung von Attributsätzen

10.4 | Einzelprobleme der syntaktischen Analyse

In den Einheiten haben Sie gewissermaßen die Instrumente kennen gelernt, die Sie zur dependenzgrammatischen Analyse komplexer deutscher Sätze benötigen. In den folgenden Unterkapiteln sollen Sie nun abschließend mit einigen speziellen Problemen der syntaktischen Analyse bekannt gemacht werden, die unabhängig davon bestehen, ob Sie einen Satz nun dependenzgrammatisch oder im Rahmen irgendeines anderen Grammatikmodells analysieren. Für jedes Problem wird dabei jeweils auch stemmatisch eine Lösungsmöglichkeit vorgestellt.

Funktionsverbgefüge

| 10.4.1

Funktionsverbgefüge

Bereits in Kapitel 9.3 wurde das Problem der Grenzen des Verbalkomplexes diskutiert – mit dem Ergebnis, dass VKs aus Kombinationen von Vollverben (*arbeiten, schreiben, beantragen* etc.), Modalverben (*sollen, können, müssen* etc.) und Hilfsverben (*werden, sein*) bestehen können, während Infinitive mit *zu*, wie sie z. B. von Modalitätsverben regiert werden (*Er pflegte früh aufzustehen, die Titanic drohte zu sinken*), als Verbativergänzung außerhalb des VK stehen. Neben den genannten Verbgefügen gibt es als wichtige Gruppe noch die sogenannten FUNKTIONSVERBGEFÜGE (FVG). Eines wurde schon in Abb. 10.6 zitiert: *Ich **stellte** die Frage …* FVG zeichnen sich, wie man an diesem Beispiel sieht, dadurch aus, dass ihre eigentliche Bedeutung vom Substantiv getragen wird, während das finite Verb semantisch relativ leer ist. Wenn man eine Frage stellt, dann stellt man eigentlich nichts, sondern man fragt etwas. Ähnlich verhält es sich bei den anderen Beispielen in Abb. 10.7, wobei Grenzfälle existieren, bei denen sich das Substantiv nicht einfach durch ein entsprechendes Verb ersetzen lässt.

unter Strafe stellen	*bestrafen*
in der Kritik stehen	*kritisiert werden*
zur Anwendung kommen	*angewendet werden*
in Erfahrung bringen	*?erfahren (eigentlich: herausfinden)*
Beifall zollen	*[applaudieren (Applaus = Beifall)]*

| Abb. 10.7

Funktionsverbgefüge

Obwohl diese FVG semantisch eine Einheit bilden, lassen sie sich syntaktisch so analysieren, als würde man sie gewissermaßen wörtlich verstehen (vgl. Abb. 10.8). Unbefriedigend ist das insofern, als sich in Sätzen wie *ich habe gestern Abend die Abfahrtszeit des Busses in Erfahrung gebracht* die Temporalangabe *gestern Abend* natürlich eher auf das gesamte FVG als nur auf das Funktionsverb *bringen* bezieht. Dieser eher semantischen Argumentation lässt sich aber entgegenhalten, dass *bringen* sowohl als VOLLVERB (*ich bringe Kerstin in die Schule*) wie auch als Funktionsverb dieselbe Valenz haben kann, weswegen in dieser Einführung beide syntaktisch gleich behandelt werden.

Attribute und syntaktische Einzelprobleme

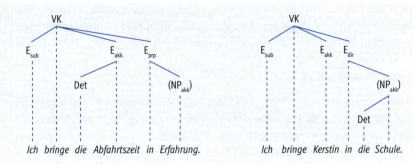

Abb. 10.8 | Die stemmatische Darstellung von Funktionsverbgefügen im Vergleich zum signifikantgleichen Vollverb

10.4.2 | Echte und unechte Reflexivität

Echte und unechte Reflexivität

Was ein Reflexivpronomen ist, wissen Sie vermutlich. Aber wie behandelt man es syntaktisch? Die Antwort auf diese Frage lautet: Kommt drauf an. Und zwar darauf, ob es sich um ECHTE oder UNECHTE REFLEXIVITÄT handelt. Worin der Unterschied besteht, wird klar, wenn man die folgenden sechs verbalen Ausdrücke miteinander vergleicht: (1) *(ich) schäme mich*, (2) *(ich) wasche mich*, (3) *(ich) verbitte mir (das)*, (4) *(ich) kaufe mir (das)*, (5) *(sie) duellieren sich* und (6) *(sie) begrüßen sich*.

Sie sehen, dass es Reflexivität sowohl im Akkusativ als auch im Dativ gibt. Zum Teil ist sie auch auf den Plural beschränkt; man spricht dann auch von reziproken Verben oder REZIPROZITÄT. Darum geht es hier aber nicht. Entscheidend ist ein anderer Unterschied: Bei der echten Reflexivität können Sie das Reflexivpronomen nicht durch eine andere Ergänzung im selben Kasus ersetzen. In (1), (3) und (5) kann man also nicht sagen: **Ich schäme meinen Freund/ ihn*, **ich verbitte dem Lehrer/ ihm das* oder **sie duellierten die Gegner/ einander*. Wenn Sie diese Verben mit einem Objekt kombinieren wollen, was nur bei den Verben mit akkusativischem Reflexivpronomen ((1) und (5)) funktioniert, müssen Sie sagen: *Ich schäme mich für meinen Freund/ für ihn* oder *ich duelliere mich mit meinem Gegner/ mit ihm*. Im Falle der unechten Reflexivität hingegen lassen sich die Reflexivpronomen problemlos ersetzen: (2) *ich wasche mein Auto*, (4) *ich kaufe meiner Schwester ein Auto*, (6) *ich begrüße den Bürgermeister/ sie begrüßten einander*. Entsprechend wird im Stemma bei echter Reflexivität das Reflexivpronomen als Teil des VK abgebildet, während es bei unechter Reflexivität als Ergänzung realisiert wird (vgl. Abb. 10.9).

174

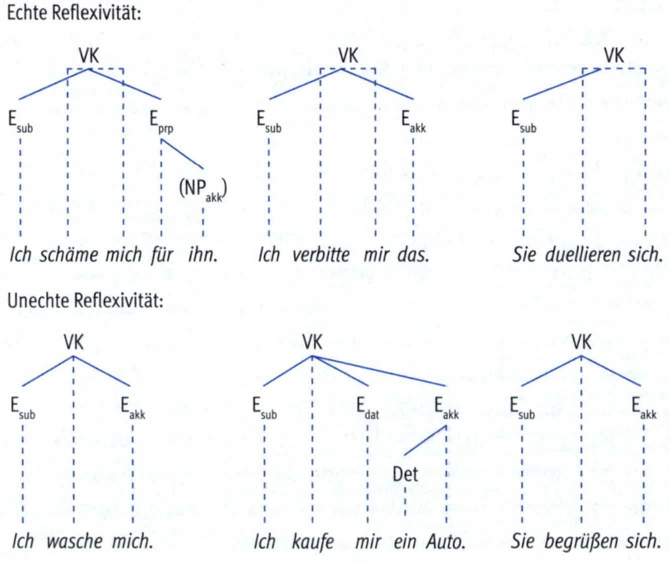

EINZELPROBLEME DER SYNTAKTISCHEN ANALYSE **Einheit 10**

Echte Reflexivität:

Abb. 10.9

Die stemmatische Darstellung von echter und unechter Reflexivität

Unechte Reflexivität:

Der syntaktische Status von *es*

| 10.4.3

Eines der häufigsten echt reflexiven Verben im Deutschen ist *sich handeln*. Dieses Verb tritt immer in Verbindung mit dem Pronomen *es* auf. Welchen syntaktischen Status besitzt *es* in solchen Verbindungen? Um diese Frage zu klären, sind in Abb. 10.10 zunächst einige Verwendungsweisen von *es* aufgelistet.

1) *Das Klappern der Mühle nervt. Ich kann **es** einfach nicht ertragen.*

2a) ***Es** klappert die Mühle am rauschenden Bach.*

2b) *Die Mühle klappert am rauschenden Bach.*

2c) *Am rauschenden Bach klappert die Mühle.*

3a) *Ich bedaure (**es**), dass die Mühle klappert.*

3b) ***Es** ist bedauerlich/ Bedauerlich ist (**es**), dass die Mühle klappert.*

3c) *Dass die Mühle klappert, bedaure ich/ ist bedauerlich.*

4a) ***Es** regnet.*

4b) ***Es** handelt sich um eine Mühle.*

Abb. 10.10

Verschiedene Verwendungsweisen von *es*

Der einfachste Fall ist (1). Dort stellt *es* schlicht eine PRO-FORM für den vorhergehenden Satz dar und könnte durch *das Klappern der Mühle* ersetzt werden. Dementsprechend wird es stemmatisch als E_{akk} dargestellt. Etwas schwieriger gestaltet sich die Lage in (2a–c). Das *es* hat hier auf den ersten Blick gar keine erkennbare Bedeutung und fällt einfach weg, wenn man den Satz umstellt. Offenbar hat die Verwendung von *es* hier also nur die syntaktische Funktion,

Pro-Form

175

ATTRIBUTE UND SYNTAKTISCHE EINZELPROBLEME

Platzhalter
die Position vor dem finiten Verb zu besetzen, die in deutschen Aussagesätzen (= Verbzweitsätzen) immer besetzt sein muss. Das *es* tritt hier also lediglich als semantisch leerer PLATZHALTER für ein beliebiges Satzglied auf. Im Stemma wird es daher mit der nicht näher spezifizierten Funktion PH notiert (vgl. Abb. 10.11).

Auch in (3a–c) fällt *es* weg, wenn man den Satz wie in (3c) umstellt. Allerdings hat es hier offenbar keine (jedenfalls keine ausschließliche) Platzhalter-Funktion, denn es bleibt ja auch erhalten bzw. kann erhalten bleiben, wenn es nicht die Position vor dem finiten Verb einnimmt. In Sätzen wie *es macht mir nichts aus/ mir macht es nichts aus, dass die Mühle klappert* muss es sogar erhalten bleiben, es sei denn, der Konjunktionalsatz wird nach vorne verschoben: *dass die Mühle klappert, macht mir nichts aus*. Das *es* hat hier offensichtlich dieselbe Funktion wie das Pronominaladverb *darauf* im Satz *Ich warte darauf,*

Korrelat
dass du kommst (vgl. Einheit 9, Abb. 9.4). Deshalb wird es auch als KORRELAT bezeichnet und im Stemma entsprechend dargestellt (vgl. Abb. 10.11). In den Sätzen (4a–b) schließlich ist *es* ähnlich wie das Reflexivpronomen bei echter Reflexivität ein Teil des VK. Satz (4b) sieht demzufolge so aus wie in Abb. 10.11.

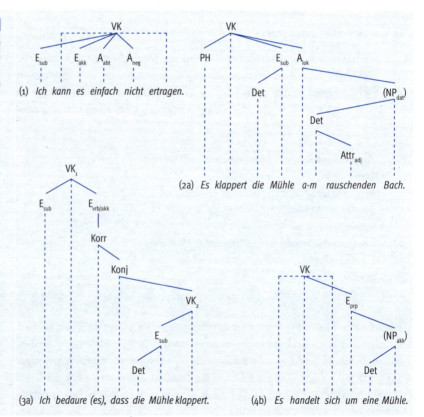

Abb. 10.11 | Die stemmatische Darstellung von *es* in verschiedenen syntaktischen Funktionen

Einheit 10

EINZELPROBLEME DER SYNTAKTISCHEN ANALYSE

Freie Dative

| 10.4.4

Freie Dative

Der Dativ gehört zu den vielfältigsten Erscheinungen in der Grammatik. Er kann zahlreiche Funktionen übernehmen, was seine syntaktische Analyse insgesamt nicht gerade vereinfacht. Bisher wurden in dieser Einführung nur Dativergänzungen (E_{dat}, z.B. *er schenkt **mir** ein Auto*) und der Dativ als in einer PP von einer Präposition regierter Kasus (NP_{dat}, z.B. *mit **dem Hammer***) behandelt. Eine sehr große Gruppe von Dativen lässt sich so aber nicht erklären. Einige Beispiele für diese sogenannten FREIEN DATIVE finden Sie in Abb. 10.12.

1) *Komm **mir** bloß pünktlich nach Hause!*

2a) *Ich fahre **dem Herrn** den Wagen in die Garage.*

2b) ***Meiner Schwester** ist die Kontaktlinse in den Abfluss gefallen.*

2c) *Wir richten **dir** die Wohnung ein.*

3) *Herr Müller redet **mir** zu schnell.*

4) *Der Ball klatschte **dem Spieler** an die Stirn.*

| Abb. 10.12

Verschiedene freie Dative

Am ungewöhnlichsten erscheint auf den ersten Blick der DATIVUS ETHICUS (griech.: ethikós = sittlich, moralisch), wie er in Satz (1) vorkommt. Er wird auch als Dativ der inneren Anteilnahme bezeichnet, womit bereits seine beiden wichtigsten Charakteristika angedeutet sind: Zum einen kommt er hauptsächlich in der umgangssprachlichen, mündlichen Kommunikation vor, zum anderen hat er dort, ähnlich wie die Abtönungsangaben, eine kommunikative Funktion, eben den – wie der Name schon sagt – Ausdruck einer bestimmten inneren Anteilnahme. Er wird aufgrund seiner Ähnlichkeit mit den Abtönungsangaben in dieser Einführung wie diese behandelt (s. Abb. 10.13). Bei den übrigen freien Dativen ist die Klassifizierung ihrer syntaktischen Funktion noch umstrittener, weshalb sie im Folgenden zunächst semantisch voneinander abgegrenzt und dann syntaktisch bestimmt werden.

Dativus ethicus

Bei den Sätzen (2a–c) steht im Dativ jeweils die Person, zu dessen Vor- bzw. Nachteil ein Geschehen passiert. Dementsprechend heißt dieser Dativ auch DATIVUS COMMODI bzw. INCOMMODI (lat.: commodum = Vorteil). In manchen Grammatiken werden diese beiden Klassen getrennt behandelt. Dagegen spricht allerdings u.a., dass nicht in allen Fällen ganz klar ist, ob eine Handlung für die betroffene Person ein Vor- oder Nachteil ist – stellen Sie sich einfach vor, Sie würden Satz (2c) von Ihren Eltern hören.

Dativus (in)commodi

In Satz (3) wird im Dativ die Person ausgedrückt, die einen Sachverhalt beurteilt. Dieser DATIVUS IUDICANTIS (lat.: iudicare = urteilen) steht häufig in Verbindung mit *zu* oder *genug*, muss aber nicht darauf reduziert werden, wie das Beispiel *dieser Vorfall bleibt mir rätselhaft* illustriert.

Dativus iudicantis

177

Pertinenzdativ

Satz (4) schließlich gibt ein Beispiel für den sogenannten Pertinenzdativ (lat.: pertinere = sich beziehen auf). Im Dativ steht hier in der Regel eine Person (in Satz (4): *dem Spieler*), auf die sich das Geschehen bezieht, wobei das Geschehen meistens einen Teil der Person (in Satz (4): *die Stirn*) betrifft, der oft mit einer E_{prp} ausgedrückt wird. Allerdings sind auch nicht-personale Pertinenzdative wie *dem Haus fiel ein Ziegel vom Dach* denkbar.

Wie bei allen semantischen Klassifizierungen von syntaktischen Elementen besteht auch bei den freien Dativen die Schwierigkeit oft darin, die einzelnen Klassen voneinander abzugrenzen. Handelt es sich z. B. im Satz *er trat ihr auf den Fuß* um einen Pertinenzdativ oder einen Dativus incommodi? Abgesehen von dieser Problematik interessiert im Rahmen dieser Einführung allerdings vor allem die Frage, wie die freien Dative in der syntaktischen Analyse behandelt werden sollen. Die Lösungsvorschläge der dependenzgrammatischen Literatur zu diesem Thema sind alles andere als einheitlich und können hier nicht im Detail diskutiert werden.

Syntaktische Analyse der freien Dative

Wie sind nun die freien Dative ihrer syntaktischen Funktion nach zu klassifizieren? Am Ende von Einheit 8 wurden Ergänzungen und Angaben so definiert, dass Ergänzungen zur vollständigen Darstellung eines Sachverhalts notwendig sind, während Angaben einen Sachverhalt modifizieren. Demzufolge wird der Dativus (in)commodi hier den modifikativen Angaben zugerechnet, da er ganz allgemein formuliert genau wie diese das vom Verb bezeichnete Geschehen modifiziert (vgl. Abb. 10.13). In einem Satz wie *Das ist mir zu teuer* wird hingegen der Realitätsgrad eines Satzes eingeschränkt, indem die Aussage subjektiviert wird – der Sprecher sagt in diesem Falle nicht, dass etwas zu teuer ist, sondern dass er es zu teuer findet. Insofern ähnelt der Dativus iudicantis den verifikativen Angaben, denn auch in Sätzen wie *Er ist vermutlich der beste Koch in der Stadt* wird eine Aussage eingeschränkt, indem sie als subjektive Sichtweise einer Person markiert wird.

In dieser Einheit wurden ferner Attribute als Satelliten zu nicht verbalen Phrasenköpfen beschrieben. Entsprechend wird der Pertinenzdativ in dieser Einführung als (obligatorisches) Attribut betrachtet. Deutlich wird das an einem Vergleich: Während in dem Satz *der Ball klatschte an die Latte* das Verb *klatschen* keine Dativergänzung fordert, ist im oben zitierten Beispielsatz *der Ball klatschte dem Spieler an die Stirn* der Sachverhalt ohne den Dativ *dem Spieler* zwar semantisch unvollständig; allerdings wird der Dativ nicht vom Verb, sondern von der PP *an die Stirn* gefordert. Hinzu kommt das Argument, dass man den Sachverhalt alternativ mit einem Genitivattribut formulieren könnte: *der Ball klatschte an die Stirn des Spielers*. Stemmatisch wirkt sich das so aus, dass die Klasse der Attribute um die Subklasse der Pertinenzdative ($Attr_{pert}$) ergänzt wird (vgl. Abb. 10.13).

Einheit 10 — Einzelprobleme der syntaktischen Analyse

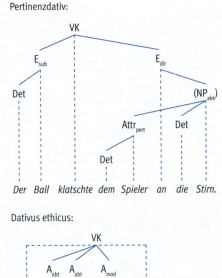

Abb. 10.13
Die stemmatische Darstellung von freien Dativen

Koordination | 10.4.5

Zum Abschluss dieses drei Einheiten langen Ausflugs in die Dependenzgrammatik, der trotzdem über den Charakter einer Stippvisite nicht hinauskommt, sollen Sie noch mit einem sehr häufigen Phänomen in der deutschen Sprache konfrontiert werden: der KOORDINATION. Die Möglichkeiten sind auch hier so vielfältig, dass sie nur grob umrissen werden können. Die folgende Darstellung beschränkt sich dabei auf die Koordination von nicht verbalen Satzgliedern bzw. Satzgliedteilen, und da auch nur auf die wichtigsten Varianten.

Koordination

1a) *Peter, Paul und Maria sitzen in der Küche.*
1b) *Ich betrachte ihn als Idioten.*
1c) *Ich bin schlauer als du.*
1d) *Er ist dumm wie Brot.*
2a) *Ich komme morgen oder übermorgen zurück.*
2b) *Er schrie wie am Spieß.*
2c) *Besucht er dich regelmäßig oder nicht?*
3a) *Ich komme am nächsten oder übernächsten Montag zurück.*
3b) *Das war ein schöner, aber kurzer Ausflug.*

Abb. 10.14
Beispiele für Koordination

Attribute und syntaktische Einzelprobleme

Abb. 10.15
Die stemmatische Darstellung der Koordination

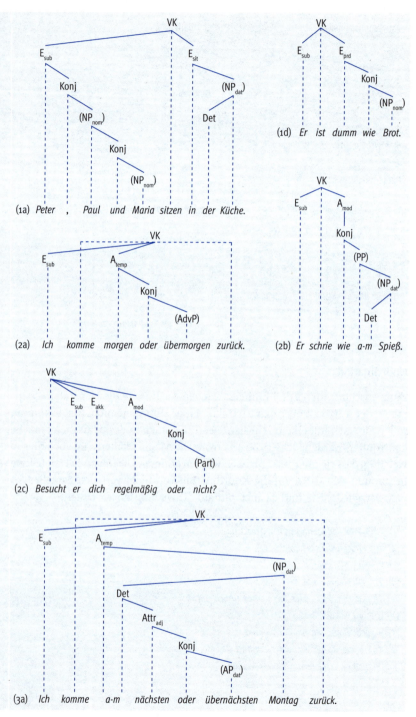

Zunächst einmal wird anhand von Abb. 10.14 deutlich, dass Koordination in allen syntaktischen Bereichen möglich ist, also auf der Ebene der Ergänzungen (1a–d), Angaben (2a–c) und Attribute (3a–b). Abgesehen von den aufgeführten Konjunktionen gibt es noch zahlreiche weitere wie z. B. *jedoch, nämlich, beziehungsweise, sondern* etc. Zu beachten ist, dass auch das bloße Komma der Koordination dient, wie schon an Satz (1a) deutlich wird. Wie lassen sich nun koordinierte Satzgliedteile in ein Stemma überführen? Tesnière hatte hierfür das Prinzip der Junktion eingeführt (vgl. Einheit 8). Damit wurde der Tatsache Rechnung getragen, dass bei Koordinationen mit Konjunktionen wie *und, oder, aber* die koordinierten Elemente prinzipiell vertauschbar sind. Bei den in Abb. 10.14 aufgeführten Beispielen ist das jedoch nicht durchgehend der Fall (vgl. (1b), (1c), (1d), (2b)). Trotzdem erscheint es hier sinnvoll, stemmatisch die Konjunktion als Dependens zum Bezugswort und das mit der Konjunktion verbundene Element als Dependens der Konjunktion zu werten, da rein syntaktisch die Existenz eines wie auch immer gearteten Satzglieds die Voraussetzung für das Vorkommen einer Konjunktion (bzw. eines Kommas) und die Konjunktion wiederum die Voraussetzung für ein weiteres angeschlossenes syntaktisches Element bildet – mit Ausnahme von Sätzen wie (2b), bei denen Sie sich eine A_{mod} in Form des Adverbs *so* dazudenken müssen. Dies wird exemplarisch verdeutlicht in Abb. 10.15, womit das Kapitel Syntax in dieser Einführung abgeschlossen wäre.

Übungen

| 10.5

1   Bestimmen Sie die Attribute in den folgenden Beispielsätzen.

Das Essen hat mir sehr gut geschmeckt.
Der Schaden durch die weggeschwemmten Dünen ist unübersehbar.
Das Restaurant in der Goetheallee wurde verkauft.
Die Prognose, dass es regnen würde, war offensichtlich falsch.
Das ist eine Abschrift des Vortrags, den unser Kollege auf diesem Kongress gehalten hat.
Die Durchführung der Wahlen wurde durchgesetzt.
Der größte Teil seiner Wohnung war verwüstet.
Die Hoffnung, bei der nächsten Wahl zu gewinnen, hat er aufgegeben.
Das Vermögen meiner Eltern beträgt eine Million Euro.
Eine Katastrophe größeren Ausmaßes ereignete sich in Frankfurt.
Den Ratschlag eines Freundes sollte man beherzigen.
Der Vorschlag von Herrn Schulze, dem Leiter des Projekts, gefiel uns.
Die Situation war äußerst unübersichtlich.
Ich habe wenig Erfreuliches zu berichten.
Du hast völlig Recht!
Das ist ja doch nun wirklich etwas ganz und gar anderes!

2 Klassifizieren Sie die hervorgehobenen Dative im folgenden Text hinsichtlich ihrer syntaktischen Funktion und bestimmen Sie bei den freien Dativen, welcher semantischen Klasse sie angehören.

Neulich hat man **einem Zugbegleiter** seine Tasche gestohlen. Die Bahnpolizei hat **ihm** geholfen, den Dieb zu suchen. Dabei ist **ihr** auch noch ein Streifenwagen abhanden gekommen. **Einem Polizisten** ist nämlich der Schlüssel verloren gegangen. Nun schmerzen **ihm** die Beine, weil er zu Fuß gehen musste.
Scheint **Ihnen** diese Geschichte auch etwas konstruiert zu sein?

3 Welche syntaktischen Einzelprobleme erkennen Sie im folgenden Text und wie lösen Sie sie?

Wissenschaftler der California State University haben sich mit einer Studie an die Öffentlichkeit gewagt, nach der ein gewohnter Duft dem Gedächtnis hilft. Es sei bewiesen, dass Studenten sich an mehr Details erinnerten, wenn sie beim Examen das gleiche Parfüm aufgelegt haben wie im Studium. Allerdings müsse man dann Sorge tragen, dass sich die Duftnote beim Lernen und am Tag der Prüfung entsprechen. Wäre es denkbar, dass Prüfer sich künftig darauf vorbereiten, bei Erinnerungslücken olfaktorische Hilfe mit dem Flakon zu leisten? Dann wäre der Prüfling ein Gewinner und der Prüfer früh zu Hause.

4 Stellen Sie folgenden Satz stemmatisch dar.

Diese Forderung stammt offensichtlich aus dem jüngsten Antrag der Bürgerinitiative BAH, welcher ja am vergangenen Freitagabend im Rat viele Stunden zur Diskussion stand, bevor man sich entschloss, die Entscheidung zu vertagen.

5 Warum enthält der Beispielsatz zum Dativus ethicus in Abb. 10.13 keine E_{sub}?

10.6 | Verwendete und weiterführende Literatur

Eisenberg, Peter (2004): Grundriß der deutschen Grammatik. Bd. 2. Der Satz. 2., überarb. u. aktual. Aufl. Stuttgart, Weimar: Metzler.

Engel, Ulrich (2004): Deutsche Grammatik. Neubearbeitung. München: Iudicium.

Engel, Ulrich (1988): Deutsche Grammatik. Heidelberg: Groos.

Eroms, Hans-Werner (2000): Syntax der deutschen Sprache. Berlin, New York: de Gruyter.

van der Elst, Gaston; Habermann, Mechthild (1997): Syntaktische Analyse. 6., neubearb. Aufl. Erlangen, Jena: Palm und Enke.

Einheit 11

Semantische Grundbegriffe

Inhalt		
11.1	Was ist Semantik?	184
11.2	Was ist Bedeutung?	184
11.3	Was ist ein Wort – semantisch gesehen?	187
11.4	Elemente der Wortbedeutung: Denotation und Konnotation	188
11.5	Semantische Relationen	188
11.5.1	Übereinstimmung von Bedeutungen	189
11.5.2	Überordnung – Unterordnung	191
11.5.3	Gegensatz	191
11.5.4	Reihung	192
11.5.5	Mehrdeutigkeit	192
11.6	Übungen	193
11.7	Verwendete und weiterführende Literatur	194

11.1 | Was ist Semantik?

Eine bündige Antwort auf die Frage: „Was ist Semantik?" gibt uns das „Metzler-Lexikon Sprache". Dort heißt es einleitend:

Definition

> **Semantik** (griech.: sēmantikós = zum Zeichen gehörig, engl.: semantics, frz.: sémantique): Bezeichnung für wissenschaftliche Teildisziplinen (u. a. der Philosophie, Semiotik und Linguistik), die die Bedeutung von Zeichen, speziell von Sprachzeichen, erforschen. (vgl. Metzler-Lexikon Sprache 2004)

Lexikalische Bedeutung

Sichtbar wird daran, dass die Semantik als Bedeutungslehre keine rein sprachwissenschaftliche Angelegenheit ist, sondern dass sich hier verschiedene Wissenschaften mit ihren Perspektiven ergänzen müssen. Das hat zur Folge, dass das Grundkonzept der Semantik, die Wortbedeutung, auch LEXIKALISCHE BEDEUTUNG genannt, nicht aus der Sicht einer Einzelwissenschaft fest definiert werden kann. (Daneben gibt es auch Richtungen, die Satz- und Textbedeutungen untersuchen. Im Zentrum dieser Einführung steht aber die Beschäftigung mit der Wortbedeutung.) Man kann nicht *den* Bedeutungsbegriff festlegen, sondern nur beschreiben, wie verschiedene Richtungen und Wissenschaften Bedeutung auffassen. Versuchen wir, etwas Licht ins Dunkel zu bringen.

11.2 | Was ist Bedeutung?

Abb. 11.1 |
George Orwell (1984):
Neusprech =
neue Bedeutungen

„Krieg ist Frieden"
„Freiheit ist Sklaverei"
„Unwissenheit ist Stärke"

„Wie sprechen Menschen mit Menschen? Aneinander vorbei", so sagt Kurt Tucholsky.

Nimmt man dieses Bonmot zunächst einmal wörtlich, so müssen wir, um nicht aneinander vorbeizusprechen, unseren Wörtern zumindest dieselbe Bedeutung zumessen wie unsere Gesprächspartner. Tun wir das nicht, wird die Kommunikation unverständlich, so wie in der bekannten Kurzgeschichte von Peter Bichsel (vgl. Einheit 2). Oder verstehen Sie das Folgende?

Abb. 11.2 |
Peter Bichsel: Ein Tisch
ist ein Tisch

Am Morgen blieb der alte Mann lange im Bild liegen, um neun läutete das Fotoalbum, der Mann stand auf und stellte sich auf den Schrank, damit er nicht an die Füße fror, dann nahm er seine Kleider aus der Zeitung, zog sich an, schaute in den Stuhl an der Wand, setzte sich dann auf den Wecker an den Teppich, und blätterte den Spiegel durch, bis er den Tisch seiner Mutter fand.

Bedeutung von Wörtern

Hier wird mit einer Tatsache gespielt: Der BEDEUTUNG VON WÖRTERN liegt, wie immer man sie auffasst, eine soziale Verständigung über die Inhaltsseite sprachlicher Zeichen zugrunde. An welchen Kriterien aber ist diese Gemeinsamkeit orientiert? Diese Frage wird unterschiedlich beantwortet, je

WAS IST BEDEUTUNG?　　Einheit 11

nachdem, aus welcher Wissenschaft heraus die Antwort kommt. Psychologie, Philosophie, Soziologie und Linguistik geben jeweils andere Antworten. Eine wichtige Unterscheidung, die einen ersten Zugang ermöglicht, hat bereits der Sprachwissenschaftler Hermann Paul (1846–1921) in seinen „Prinzipien der Sprachgeschichte" von 1880 getroffen, in denen er sagt:

Und dem Tisch sage ich Tisch, dem Bild sage ich Bild, das Bett heißt Bett, und den Stuhl nennt man Stuhl. Warum denn eigentlich? Die Franzosen sagen dem Bett „li", dem Tisch „tabl", nennen das Bild „tablo" und den Stuhl „schäs", und sie verstehen sich. Und die Chinesen verstehen sich auch. [...] „Jetzt ändert es sich", rief er, und er sagte von nun an dem Bett „Bild". „Ich bin müde, ich will ins Bild", sagte er.

|Abb. 11.3

Peter Bichsel: Ein Tisch ist ein Tisch

> Die Möglichkeit, wir müssen auch sagen die Notwendigkeit des Bedeutungswandels hat ihren Grund darin, daß die Bedeutung, welche ein Wort bei der jedesmaligen Anwendung hat, sich mit derjenigen nicht zu decken braucht, die ihm an und für sich dem Usus nach zukommt. Da es wünschenswert ist für diese Diskrepanz bestimmte Bezeichnungen zu haben, so wollen wir uns der Ausdrücke **usuelle** und **okkasionelle** Bedeutung bedienen. Wir verstehen also unter usueller Bedeutung den gesamten Vorstellungsinhalt, der sich für den Angehörigen einer Sprachgenossenschaft mit einem Worte verbindet, unter okkasioneller Bedeutung denjenigen Vorstellungsinhalt, welchen der Redende, indem er das Wort ausspricht, damit verbindet, und von welchem er erwartet, daß ihn auch der Hörende damit verbinde (Paul 1880: § 51).

Hermann Paul weist darauf hin, dass Wortbedeutungen keine ehernen, unveränderbaren Einheiten sind, sondern sich wandeln, und dass dieser Wandel mit der Spannung zwischen USUELLER und OKKASIONELLER Bedeutung zu tun hat. Mit dieser Zweiteilung richtet er den Blick bereits auf zwei der fünf wichtigsten Aspekte, die jeweils im Mittelpunkt wichtiger Bedeutungskonzeptionen stehen. Eine Wortbedeutung aufzufassen als „den gesamten Vorstellungsinhalt, der sich für den Angehörigen einer Sprachgenossenschaft mit einem Worte verbindet", heißt Bedeutung als KONVENTIONALISIERT zu begreifen (vgl. Einheit 2). Bedeutung jedoch aufzufassen als „denjenigen Vorstellungsinhalt, welchen der Redende, indem er das Wort ausspricht, damit verbindet, und von welchem er erwartet, daß ihn auch der Hörende damit verbinde", verweist auf den KOOPERATIVEN Charakter lexikalischer Bedeutungen. Damit lässt sich, angebunden an Hermann Paul, formulieren:

Konventionalisierte Bedeutung

Dem Bett sagte er Bild.
Dem Tisch sagte er Teppich.
Dem Stuhl sagte er Wecker.
Der Zeitung sagte er Bett.
Dem Spiegel sagte er Stuhl.
Dem Wecker sagte er Fotoalbum.
Dem Schrank sagte er Zeitung.
Dem Teppich sagte er Schrank.
Dem Bild sagte er Tisch.
Und dem Fotoalbum sagte er Spiegel.

|Abb. 11.4

Peter Bichsel: Ein Tisch ist ein Tisch

185

SEMANTISCHE GRUNDBEGRIFFE

Definition

> **Wortbedeutung** (mhd.: bediutunge = Auslegung): der gesamte Vorstellungsinhalt, der sich für die Mitglieder einer Sprachgemeinschaft (individuell und als Gesamtheit) mit einem Wort ergibt. Dieser ist gleichermaßen:
>
> ► Konventionalisiert (Zeichensystem einer Sprachgemeinschaft)
> ► Kognitiv (buchstäblich ‚im Kopf' der Sprachbenutzer)
> ► Kooperativ (als Resultat gemeinsamen Sprachgebrauchs)
> ► Kontextabhängig (abhängig von der Verwendungsumgebung)
> ► Kodifiziert (im Wörterbuch)

Als KONVENTIONALISIERT lässt sich Wortbedeutung besonders im Rahmen semiotischer Bedeutungskonzeptionen auffassen. Die zeichenorientierten Konzeptionen sehen Sprache als konventionsbasiertes Zeichensystem einer Sprachgemeinschaft und fassen Bedeutungen dementsprechend als die Inhaltsseite sprachlicher Zeichen auf. Dieser Zeicheninhalt kann charakterisiert werden:

► mit Blick auf die zeicheninterne Beziehung von Ausdruck und Inhalt. So kann eine Bedeutung über mehrere Ausdrucksseiten abgedeckt werden, wie etwa bei *Orange* vs. *Apfelsine* (SYNONYMIE), oder es verbergen sich hinter einem Signifikanten (Ausdrucksseite des sprachlichen Zeichens) mehrere Bedeutungen wie etwa bei *Kiefer/Nadelbaum* und *Kiefer/Knochen des Gesichtsschädels* (Ambiguität);

► mit Blick auf die Beziehung des Zeichens zum bezeichneten außersprachlichen Sachverhalt oder Gegenstand (REFERENZ);

► mit Blick auf das Zeichen in seiner Beziehung zu anderen Zeichen (PARADIGMATISCHE BEDEUTUNGSBEZIEHUNGEN wie Bedeutungsähnlichkeit oder Gegensätzlichkeit);

► mit Blick auf die Beziehung des Zeichens zu Sender und Empfänger (pragmatische Beziehung).

Kognitiv orientierte Bedeutungs-konzeptionen

KOGNITIV orientierte Bedeutungskonzeptionen fassen Wortbedeutungen als Wissensrepräsentationen auf. Aus dieser Perspektive werden lexikalische Bedeutungen, wie es in der „Kleinen Enzyklopädie Deutsche Sprache" formuliert wird, in erster Linie als „gesellschaftlich geprägtes kommunikativ verarbeitetes Wissen" aufgefasst. Dieses Bedeutungswissen wird im Sprachgebrauch immer wieder modifiziert oder gefestigt, nie aber endgültig für alle Zeiten festgelegt. Stellen Sie sich vor, Sie finden den folgenden Slogan in einer Verlagsbroschüre: *Lesen ist geil! Echt fette Bücher*. Über den Verkaufserfolg können wir nur spekulieren; was wir aber wissen, ist, dass *fett* und *geil* in einer besonderen, einer neuen Bedeutung verwendet werden, die wir natürlich im Kopf haben müssen, um diese Verwendungsweise zu verstehen. Um

186

WAS IST EIN WORT – SEMANTISCH GESEHEN? **Einheit 11**

diese Formen der Repräsentation von Wortbedeutungen in unseren Köpfen geht es in Kapitel 12.3.

KOOPERATIV orientiert sind handlungs- und gebrauchstheoretische Bedeutungskonzeptionen, die sich häufig auf das Diktum des Philosophen Ludwig Wittgenstein (1889–1951) berufen, der in seinen sprachphilosophischen Untersuchungen pointiert hat: „Die Bedeutung eines Wortes ist sein Gebrauch." Nach dieser Vorstellung existiert Bedeutung nur als Ergebnis der Anwendung von Gebrauchsregeln in einer Sprachgemeinschaft. Bedeutungen existieren demnach nur in Abhängigkeit von sozialen Gruppen, die sie auf der Grundlage ihres Gebrauchsregel-Wissens generieren und weiterentwickeln.

Kooperativ orientierte Bedeutungskonzeptionen

KONTEXTABHÄNGIG heißt, die Bedeutung resultiert erst aus dem Kontext von Wörtern. So taucht das Wort *bissig* häufiger zusammen mit Wörtern wie *Hund* oder *Wolf* auf als etwa mit dem Wort *Wasser*. Auch mehrdeutigen Wörtern wie etwa *Bank* ordnen wir durch den gegebenen Kontext nur eine der möglichen Bedeutungen zu.

Kontextabhängige Bedeutungen

KODIFIZIERT bedeutet: Diejenigen Wortbedeutungen, die von einer Sprachgemeinschaft aus den bisher besprochenen Blickwinkeln anerkannt sind, werden in Wörterbüchern festgehalten, kodifiziert. Dass Wörterbücher immer nur Momentaufnahmen eines Wortschatzes sind, zeigt der Blick in ältere Wörterbücher deutlich. Zunächst noch zu einigen weiteren semantischen Grundbegriffen und Gegensatzpaaren.

Kodifizierte Bedeutungen

Was ist ein Wort – semantisch gesehen?

| 11.3

Semantisch gesehen ist ein Lexem nicht nur einfach ein Wort, sondern man unterscheidet Autosemantika (Inhaltswörter) und Synsemantika (Funktionswörter).

In der Diskussion des Wortbegriffes in Einheit 5 wurde bereits auf den Lexembegriff verwiesen. Ein LEXEM ist ein Wort, wie es uns im Lexikon begegnet. Dabei handelt es sich um eine von Flexionsmerkmalen abstrahierende Klassenbezeichnung. Im Wörterbuch finden wir ja z. B. nur einen einzigen Eintrag zum Lexem *Turm*.

Lexem

	Singular	Plural
Nominativ	*Turm*	*Türme*
Genitiv	*Turms*	*Türme*
Dativ	*Turm*	*Türmen*
Akkusativ	*Turm*	*Türme*

| **Tab. 11.1**

Deklinationsparadigma des Lexems *Turm*

187

SEMANTISCHE GRUNDBEGRIFFE

Unterhalb des Lexembegriffs kann man die Lexik (den Wortschatz) einer Sprache in zwei große Gruppen einteilen: Autosemantika und Synsemantika.

Autosemantikum

Ein AUTOSEMANTIKUM ist ein Inhaltswort (wie *Baum, trinken, grün, hoch*), das unabhängig vom Kontext eine selbstständige Bedeutung besitzt und satzgliedfähig ist. Dies trifft im Deutschen auf die Wortklassen der Substantive, Verben, Adjektive und Adverbien zu.

Synsemantikum

Dagegen sind SYNSEMANTIKA Funktionswörter wie z. B. *der, und, wegen*, die häufig keine eigene kontextunabhängige lexikalische Bedeutung tragen, sondern primär grammatische Funktionen übernehmen und nicht satzgliedfähig sind. Somit sind insbesondere Artikel, Konjunktionen und manche Präpositionen Synsemantika.

11.4 | Elemente der Wortbedeutung: Denotation und Konnotation

Denotation

Eine Wortbedeutung besteht nicht nur aus einem fixen Bedeutungskern, sondern ist sehr vielschichtig. Die DENOTATION (lat.: denotare = bezeichnen, deutlich hinweisen) bildet dabei die kontext- und situationsunabhängige begriffliche Grundbedeutung eines Wortes oder sprachlichen Ausdruckes. (Die Verwendung des Terminus „Denotation" ist nicht ganz einheitlich; häufig wird damit auch der außersprachliche Referent bezeichnet.)

Konnotation

Die KONNOTATION (lat.: connotatio = Mitbezeichnung) dagegen fügt der Gesamtbedeutung wertende, oft emotionale Elemente hinzu. Ein Wort wie *Führer* denotiert also zunächst wertfrei eine Person, die etwas führt, leitet oder fährt (vgl. *Lokführer, (Museums-)Führer* oder *Führerschein*). Nach der Erfahrung des Nationalsozialismus konnotiert es jedoch überaus pejorativ (abwertend). *Liebe* dagegen oder *Urlaub* sind bei den meisten Sprachbenutzern positiv aufgeladen.

11.5 | Semantische Relationen

Lexeme stehen aufgrund ihrer Bedeutung auch außerhalb konkreter Kontexte bereits in beschreibbaren Beziehungen zu anderen Wörtern. Beim Verstehen der Bedeutung des einen Wortes klingt paradigmatisch die Bedeutung des jeweils anderen Wortes oft implizit mit. So impliziert *oben* gleichzeitig *unten* und *alt* impliziert *jung*. Diese Bedeutungsbeziehungen lassen sich danach ordnen, ob sie in einem Verhältnis der Übereinstimmung, einer Über- oder Unterordnung, einem Gegensatz oder einer Reihung zwischen den jeweiligen Lexemen bestehen. Die wichtigsten sind in der folgenden Übersicht zusammengestellt:

188

SEMANTISCHE RELATIONEN **Einheit 11**

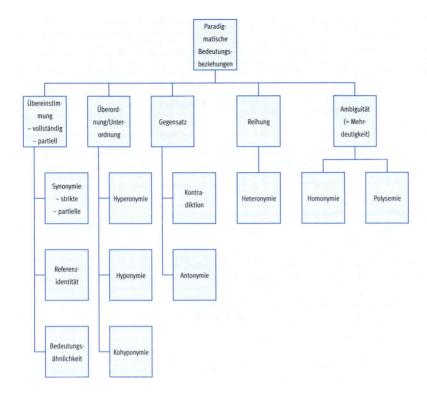

Abb. 11.5

Paradigmatische Bedeutungsbeziehungen

Übereinstimmung von Bedeutungen

| 11.5.1

SYNONYMIE ist die Bedeutungsgleichheit, d. h. verschiedenen Wörtern (z. B. *Apfelsine – Orange, Vetter – Cousin*) wird dieselbe Bedeutung zugeordnet, sie weisen diese Bedeutung kontextunabhängig auf und haben in allen Kontexten nahezu die gleiche Wirkung. Die Frage der Gleichheit von Bedeutungen wird allerdings intensiv diskutiert, denn tragen die folgenden Wörter jeweils wirklich die gleiche Bedeutung?

Synonymie

Geld, Knete, Zaster, Schotter, Zahlungsmittel	*Appendix, Wurmfortsatz, Blinddarm*	*Fahrstuhl, Lift, Aufzug*	*Gesicht, Visage, Fresse, Antlitz*

| Abb. 11.6

Bedeutungsähnliche Wörter

Muttersprachler nehmen sofort wahr, dass die Bedeutung der Wörter eben nicht gleich ist, dass konnotative oder stilistische Unterschiede vorliegen oder aus Gruppensprachen oder Fachsprachen eine Art Übersetzung vorgenommen wird. Damit ist der Kreis der lupenreinen Synonyme (man spricht von STRIKTER SYNONYMIE, wie etwa noch zwischen *Streichholz* und *Zündholz*,

189

SEMANTISCHE GRUNDBEGRIFFE

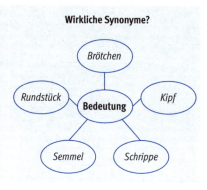

Abb. 11.7 | Dialektale Synonyme

Couch und *Sofa*) recht klein. Oft wird die Striktheit von Synonymen eingeschränkt, wenn man in Betracht zieht, dass bestimmte Verwendungsweisen auch regional bzw. dialektal geprägt sind. Liegt eine solche etwas weitere Form der Synonymie vor, spricht man auch von PARTIELLER SYNONYMIE (Homoionym). So haben wir in unserer Beispielsammlung partielle Synonyme aus verschiedenen Bereichen:

- regionale Differenzierung: *Brötchen – Kipf – Schrippe – Semmel – Rundstück*;
- indigenes Wort vs. Fremdwort: *Fahrstuhl/ Aufzug – Lift*;
- Fachwort vs. Laienwort: *Appendix – Wurmfortsatz – Blinddarm*.

Referenzidentität

Ein wiederum anderer Fall liegt bei *Abendstern* und *Morgenstern* vor, einem Lexempaar, das in Philosophie und der Sprachwissenschaft häufig bemüht worden ist, um zu trennen zwischen:

- der **Bedeutung** als der Inhaltsseite sprachlicher Zeichen (auch INTENSION oder Begriffsinhalt);
- der **Referenz** als der Beziehung zwischen dem Sprachzeichen und dem außersprachlichen Referenzträger;
- dem außersprachlichen **Referenzträger** (auch EXTENSION oder Begriffsumfang).

Abendstern und *Morgenstern* sind Bezeichnungen für den Planeten Venus. Sie beziehen sich auf denselben außersprachlichen Referenzträger, eben die Venus. Damit sind sie referenzidentisch. Streng genommen müsste es sogar referenz**träger**identisch heißen. Auf der Ebene des sprachlichen Zeichens bedeuten sie aber „Stern am Abendhimmel" oder „Stern am Morgenhimmel". Diese REFERENZIDENTITÄT stellt einen Sonderfall dar, weil im mentalen Lexikon meist nicht verankert ist, dass sich beide Bezeichnungen auf denselben Referenzträger beziehen.

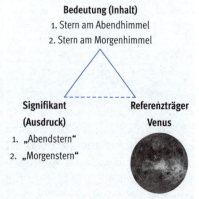

Abb. 11.8 | Referenz(träger)identität am Beispiel *Venus*

SEMANTISCHE RELATIONEN **Einheit 11**

BEDEUTUNGSÄHNLICHKEIT besteht zwischen Wörtern, die einen Sachbereich, etwa den der Zeit, lexikalisch ausdifferenzieren: *Augenblick, Moment, Zeitpunkt, Zeitraum, Abschnitt, Frist, Phase, Weile.* Die Gesamtheit solcher Wörter bildet ein Wortfeld. (Zur Wortfeldtheorie erfahren Sie in der nachfolgenden Einheit mehr.)

Bedeutungs-
ähnlichkeit

Überordnung – Unterordnung

| 11.5.2

Ein HYPERONYM ist ein Oberbegriff, dem HYPONYME (Unterbegriffe) zugeordnet sind. Durch diese Relation kann der Wortschatz insgesamt hierarchisch aufgegliedert werden. Die meisten konkreten Nomina lassen sich bestimmten Oberbegriffen zuordnen. So ordnet das Wörterbuch von Dornseiff „Der deutsche Wortschatz nach Sachgruppen" (2004) dem Oberbegriff *Mann* u. a. die folgenden Unterbegriffe zu:

Hyperonym und
Hyponym

Bursche, Chauvinist, Herr, Kerl, Lebensgefährte,
Macho, Männchen, Mannsbild, Partner, Pascha,
Rentner, Typ, Weichei, Witwer, Eunuch, Kastrat

| Abb. 11.9

Kohyponyme zum
Hyperonym *Mann*
nach Dornseiff
(2004: 419f.)

Die aufgeführten Hyponyme zum Hyperonym *Mann* sind KOHYPONYME und bilden eine Klasse. Die Kohyponyme enthalten alle die Bedeutung des Hyperonyms Mann, aber nicht umgekehrt.

Kohyponym

Auch bei der TEIL-VON-BEZIEHUNG oder ZUGEHÖRIGKEITSRELATION findet auf der Grundlage unseres Weltwissens eine hierarchische Strukturierung statt. Die Beziehung zwischen *Kopf* und *Körper*, oder zwischen *Scheinwerfer* und *Auto* ordnen wir automatisch hierarchisch, weil wir wissen, dass das Eine ein Teil des Anderen, des Ganzen ist.

Teil-von-Beziehung/
Zugehörigkeitsrelation

Gegensatz

| 11.5.3

Die GEGENWÖRTER sind miteinander inkompatibel, schließen einander aus. KONTRADIKTIONEN sind Wortpaare, die einen Bereich strikt in genau zwei Teile teilen, wie *tot ↔ lebendig, rund ↔ eckig, natürlich ↔ künstlich, Himmel ↔ Erde.* Weniger strikt stehen dagegen ANTONYME einander gegenüber. So lassen sich z. B. zwischen *groß* und *klein, heiß* und *kalt* oder *hell* und *dunkel* Zwischenstufen finden.

Gegenwort
Kontradiktion
Antonym

191

SEMANTISCHE GRUNDBEGRIFFE

Abb. 11.10 | Gegenwörter

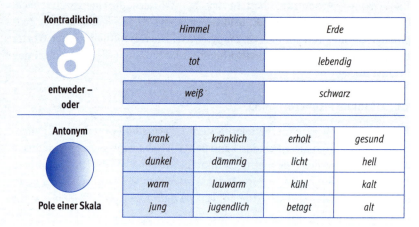

11.5.4 | Reihung

Heteronym

Wortreihen, die einen Bedeutungsbereich im Idealfall vollständig abdecken, werden aus HETERONYMEN gebildet, z. B. *Montag – Dienstag – Mittwoch – Donnerstag – Freitag – Samstag – Sonntag.*

Abb. 11.11 | Heteronyme

| Januar | Februar | März | April | Mai | Juni | Juli | August | September | Oktober | November | Dezember |

| sehr gut | gut | befriedigend | ausreichend | mangelhaft | ungenügend |

11.5.5 | Mehrdeutigkeit

Ambiguität

AMBIGUITÄT (= Mehrdeutigkeit) entsteht, wenn einer Ausdrucksseite eines sprachlichen Zeichens verschiedene Bedeutungen zugeordnet werden. Ein Wort wie *Bank* kann *Geldinstitut* bedeuten oder *Sitzgelegenheit*. Dabei grenzt man häufig die POLYSEMIE von der HOMONYMIE ab. Die Abgrenzungskriterien sind bis heute nicht eindeutig und allgemeingültig bestimmt. Eine praktikable Unterscheidung ist die, dass Polyseme etymologisch auf eine gemeinsame Kernbedeutung zurückgeführt werden können. So bilden *Bank/Sitzmöbel* und *Bank/Geldinstitut* ein Polysem, weil die *banca* im Mittelalter der lange Tisch der Geldwechsler war. Daraus hat sich die Bedeutung Geldinstitut entwickelt. Dagegen werden etwa *Kiefer/*

Polysemie vs. Homonymie

Abb. 11.12 | Signifikantgleichheit

Ambiguität/ signifikantgleiche Zeichen

Nadelbaum und *Kiefer/ Knochen des Gesichtsschädels* als Homonyme ange- | Signifikantgleiche
sehen, weil sie sprachgeschichtlich nicht auf eine gemeinsame Grundbedeu- | Zeichen
tung rückführbar sind. *Kiefer/ Nadelbaum* geht zurück auf ahd. *kienforha*, die
Kienföhre, während *Kiefer/ Knochen des Gesichtsschädels* rückführbar ist auf
das mhd. *kiver*, auch: *kivel*, das eigentlich „Nager" oder „Esser" bedeutet und
mit *Käfer* verwandt ist. Die Kriterien zur Unterscheidung von Polysemen und
Homonymen sind aber umstritten, so dass man verallgemeinernd von Ambiguität oder mit Wichter (1994) von SIGNIFIKANTGLEICHEN ZEICHEN sprechen
kann, also von Zeichen, die dieselbe Ausdrucksseite, aber verschiedene
Inhaltsseiten besitzen (vgl. Einheit 2).

Übungen

| 11.6

1 Erstellen Sie mithilfe eines etymologischen Wörterbuches eine Bedeutungsgeschichte
   der Wörter *fett, geil* und *toll*.

2 Welche der Wörter in der folgenden Meldung sind Synsemantika und welche Autose-
   matika?

Prinz Charles

Der britische Thronfolger hat seinen Ski-Urlaub in der Schweiz aus Umwelt-
schutzgründen abgesagt. Damit will er zur Verringerung des CO_2-Ausstoßes
beitragen.
(Aus der „Lippischen Landeszeitung")

---

3 Bestimmen Sie, welche semantische Beziehung zwischen den Wortpaaren jeweils
   besteht.

ledig – verheiratet	Orange – Apfelsine	behaart – haarlos	männlich – weiblich	Computer – PC
Montag – Dienstag	lang – kurz	Ebbe – Flut	gesund – krank	Gefühl – Liebe
Hänsel – Gretel	Kartentelefon – Münztelefon	Bruder – Schwester	bestechlich – unbestechlich	herauskommen – hinausgehen
hinausgehen – hereinkommen	Hammer – Werkzeug	Blinddarm-entzündung – Appendizitis	drunter – drüber	vor – zurück

4 Eine Zeitungsüberschrift lautet: *Individuelle Unikate*. Erläutern Sie das semantische
   Problem.

5 Wie ist die Beziehung zwischen Wort 1 und den weiteren Wörtern der folgenden Liste? Wie ist die Beziehung zwischen den Wörtern 2 bis 10 untereinander?

1. Gebäude	2. Haus	3. Wolken-kratzer	4. Hütte	5. Bungalow
6. Schuppen	7. Iglu	8. Schloss	9. Strandhütte	10. Villa

11.7 | Verwendete und weiterführende Literatur

Bichsel, Peter (2005): Ein Tisch ist ein Tisch. In: Ders.: Geschichten. Frankfurt am Main: Suhrkamp.

Dornseiff, Franz (2004): Der deutsche Wortschatz nach Sachgruppen. 8., völlig neubearb. u. mit einem vollst. alphabet. Zugriffsregister versehene Aufl. v. Uwe Quasthoff. Berlin/New York: de Gruyter.

Fleischer, Wolfgang; Helbig, Gerhard; Lerchner, Gotthard (Hrsg.) (2001): Kleine Enzyklopädie – Deutsche Sprache. Frankfurt am Main: Peter Lang.

Kluge, Friedrich (1999): Etymologisches Wörterbuch der deutschen Sprache. Bearb. v. Elmar Seebold. 23., erw. Aufl. Berlin/New York: de Gruyter.

Linke, Angelika; Nussbaumer, Markus; Portmann, Paul R. (2004): Studienbuch Linguistik. 5., erw. Aufl. Tübingen: Niemeyer.

Metzler-Lexikon Sprache (2004). Hrsg. v. Helmut Glück. 2. Aufl. CD-Version. Stuttgart: Metzler.

Schwarz, Monika; Chur, Jeannette (2001): Semantik. Ein Arbeitsbuch. 3. Aufl. Tübingen: Narr.

Wichter, Sigurd (1994): Signifikantgleiche Zeichen. Untersuchungen zu den Problembereichen Polysemie, Homonymie und Vagheit auf der Basis eines kommunikativen Zeichenbegriffs. Tübingen: Narr.

Einheit 12

Semantische Theoriebildung

Inhalt	
12.1 Merkmalssemantik – Wortbedeutung als Merkmalsmenge	196
12.2 Wörter in Verbänden: Wortfamilien, Wortfelder, Phraseologismen	199
12.2.1 Die Wortfamilie als Ausdrucksverband	199
12.2.2 Das Wortfeld als Inhaltsverband	200
12.2.3 Der Phraseologismus als syntagmatischer Verband	202
12.3 Wortbedeutung im Gedächtnis	204
12.3.1 Wörter im Kopf	204
12.3.2 Die Prototypentheorie	206
12.3.3 Die Framesemantik	209
12.3.4 Sprachliche Relativität: Sprache – Denken – Wirklichkeit	210
12.4 Übungen	212
12.5 Verwendete und weiterführende Literatur	213

12.1 | Merkmalssemantik – Wortbedeutung als Merkmalsmenge

Merkmalssemantik

Die MERKMALSSEMANTIK beruht, wie es der Semantiker John Lyons (*1932) (1983: 327) formuliert hat, auf der These, „daß die Bedeutung eines jeden Lexems aufgrund einer Menge allgemeiner Bedeutungskomponenten (oder semantischer Merkmale) analysiert werden kann." So wie man in der Chemie davon ausgeht, dass ein Molekül aus Atomen (griech.: átomos = unteilbar) besteht, so beruht die Merkmalssemantik auf der Vorstellung, dass man semantische Merkmale (SEME) als „atomare" Einheiten betrachten und „die Bedeutungen bestimmter Lexeme als molekulare Begriffe" (Lyons 1983: 327) auffassen kann. So weist dann etwa das Lexem oder Bedeutungsmolekül *Frau* die Bedeutungsatome (Seme) [+ Mensch], [+ weiblich], [+ erwachsen] auf.

Definition

> **Seme** (griech.: sēma = Merkmal): die kleinsten distinktiven Bedeutungsmerkmale, die kleinsten Bestandteile von Lexembedeutungen. Die Menge der Seme bildet das Semem.

Das klassische Darstellungsmittel der Merkmalssemantik ist die Semmatrix, in der die Ausdifferenzierung der Bedeutungen in Seme visualisiert wird.

Tab. 12.1 |

Distinktive Merkmalsmatrix als typisches Darstellungsmedium

Seme \ Lexeme	Mann	Frau	Mädchen	Junge
[erwachsen]	+	+	–	–
[männlich]	+	–	–	+
[weiblich]	–	+	+	–

+ = Merkmal vorhanden, – = Merkmal nicht vorhanden

Semantische Primitive

Diese recht plausible Vorstellung, dass die Bedeutung eines Lexems in kleinere Einheiten in der Art von Bedeutungsatomen zerlegt werden kann, wird auch in der psycholinguistischen Forschung zum mentalen Lexikon diskutiert. In Ihrem Buch „Wörter im Kopf" überprüft Jean Aitchison (1997: 94), ob Lexeme auch im Gehirn „aus einem gemeinsamen Vorrat an ‚Bedeutungsatomen' gebildet werden und verwandte Wörter gemeinsame Atome besitzen". Sie nennt diese Position die „Atomkügelchenhypothese". So hilfreich die Merkmalsanalyse in manchen Bereichen auch sein mag, für eine mentale Repräsentation solcher Bedeutungsatome im Sinne SEMANTISCHER PRIMITIVE gibt es bisher keine empirischen Belege. Im mentalen Lexikon scheinen Bedeutungen eher in komplexeren Einheiten, Aitchison nennt sie „Wortgewebe" oder „semantische Netzwerke", repräsentiert zu sein. Sie resümiert:

Die Argumente für diesen Ansatz [die Atomkügelchentheorie, A. B.] beruhen im Wesentlichen auf dem Bedürfnis nach einfachen Beschreibungen […]. Wir sind zu dem Schluss gekommen, dass sie [die semantischen Primitive, A. B.], beispielsweise für Lexikographen, die nach knappen und sauberen Definitionen suchen, ein geeignetes Handwerkszeug sind. Doch dass sie im mentalen Lexikon existieren, ist unwahrscheinlich. (Aitchison 1997: 104)

Die Merkmalssemantik ist somit ein einfaches Verfahren, Wortbedeutungen, insbesondere von Konkreta, durch die Angaben von Merkmalsbündeln zu beschreiben und von anderen Wortbedeutungen abzugrenzen. So lässt sich das ausschließlich binär arbeitende Verfahren auf die Verwandtschaftsbezeichnungen im Deutschen problemlos anwenden.

Lexeme / Seme	Verwandter	Eltern	Vater	Mutter	Großeltern	Opa	Oma	Geschwister	Bruder	Schwester	Onkel	Tante	Cousin	Cousine
[direkt verwandt]	+/−	+	+	+	+	+	+	+	+	+	−	−	−	−
[+ 1 Generation]	+/−	+	+	+	−	−	−	−	−	−	+	+	−	−
[+ 2 Generationen]	+/−	−	−	−	+	+	+	−	−	−	−	−	−	−
[männlich]	+/−	+/−	+	−	+/−	+	−	+/−	+	−	+	−	+	−
[weiblich]	+/−	+/−	−	+	+/−	−	+	+/−	−	+	−	+	−	+
[…]														

Semem / *Sem* (Spaltenbeschriftung links)

+ = vorhanden, − = nicht vorhanden, +/− = nicht eindeutig entscheidbar

|Tab. 12.2

Distinktive Merkmalsmatrix zu Verwandtschaftsbezeichnungen

Allerdings findet das Verfahren, Seme in einer solchen binären Merkmalsmatrix abzubilden, schnell seine Grenzen bei Abstrakta wie *Zeitgeist* oder Konkreta, deren Wortbedeutungen nicht ganz eindeutig abgrenzbar sind. Beschrieben werden merkmalssemantisch daher meist Prototypen (vgl. Kap. 12.3.2), damit man bei der Erstellung einer Merkmalstabelle keine Vagheiten abbilden muss.

Tests in vier Seminaren haben gezeigt, dass sich bei der Bezeichnung von Sitzgelegenheiten schon nicht mehr so eindeutig sagen lässt, ob etwa das Sem [+ Armlehne] nun zur Grundbedeutung von *Bank*, *Sessel*, *Sofa* gehört oder nicht.

SEMANTISCHE THEORIEBILDUNG

Tab. 12.3

Distinktive Merkmalsmatrix für Bezeichnungen von Sitzgelegenheiten

Seme \ Lexeme	Stuhl	Bank	Sessel	Sofa	Hocker
[mit Beinen]	+	+	+/−	+/−	+
[mit Rückenlehne]	+	+/−	+	+	−
[mit Armlehne]	+/−	+/−	+/−	+/−	−
[für eine Person]	+	−	+	−	+

(Spalte links: **Semem**)

+ = vorhanden, − = nicht vorhanden, +/− = nicht eindeutig entscheidbar

Klassem

Auch Verbbedeutungen lassen sich mit der Komponentialanalyse (der Analyse der Bedeutungskomponenten) beschreiben und Klassen zuordnen. Die wichtigsten semantischen Großklassen sind Zustandsverben (z. B. *enthalten, bleiben, gleichen*), Vorgangsverben (z. B. *blühen, brennen, klingen*), Handlungsverben (z. B. *schreiben, lesen, laufen*), Ereignisverben (z. B. *geschehen, stattfinden, erfolgen*) und Witterungsverben (z. B. *regnen, tauen, schneien*). Solche klassenbildenden Zuordnungen deuten darauf, dass manche Seme generalisierende Kraft haben, wie etwa [± Zustand], [± Vorgang], [± Handlung], [± Ereignis], oder auch [± menschlich] oder [± zählbar]. Solche übergreifenden semantischen Merkmale werden auch als KLASSEME bezeichnet.

Definition

> **Klasseme:** Klassenbildende und paradigmenübergreifende Merkmale wie z. B. [± menschlich], [± zählbar], [± belebt], [± konkret]. Während ein Sem eher innerhalb eines Sinnbereiches (etwa *Verwandtschaftsbeziehungen, Sitzgelegenheiten*) angesiedelt ist, sind Klasseme generelle semantische Merkmale.

Solche Klasseme kommen z. B. auch in der traditionellen Klassifizierung von Verben nach Aktionsarten zum Ausdruck:

Tab. 12.4

Verben nach Aktionsarten

Inchoative Verben (lat.: inchoare = anfangen)	drücken den Beginn eines Geschehens aus	*aufbrechen, erblühen, entbrennen*
Resultative Verben (mlat.: resultatum = Ergebnis)	drücken das Ende eines Geschehens aus	*ankommen, verblühen, verbrennen,*
Durative Verben (lat.: durare = dauern, währen)	drücken das Andauern eines Geschehens aus	*bleiben, blühen, brennen*
Iterative Verben (lat.: iterare = wiederholen)	drücken eine stete Wiederholung aus	*grübeln, schaukeln, zittern*
Intensive bzw. **diminutiv-iterative Verben** (lat.: diminuere = zerkleinern)	drücken eine schwächere, aber dafür andauernde Intensität aus	*lächeln* vs. *lachen, kränkeln, hüsteln.*

198

Wörter in Verbänden: Wortfamilien, Wortfelder, Phraseologismen | 12.2

Um es auf gut Neudeutsch zu sagen: You'll Never Walk Alone bzw. Wörter sind keine Singles. Sie kommen einfach nicht ohne Mitwörter aus. Nur wenn man sie in Wörterbücher sperrt, sind sie manchmal etwas einsam, aber auch dort nicht alleine. Wörter sind soziale Zeichen und brauchen Mitzeichen. Deshalb bilden sie in dreierlei Richtung WORTVERBÄNDE:

Wortverband

- ausdrucksseitig erkennbare Verwandtschaft drückt sich in einer Wortfamilie aus;
- inhaltsseitige Ähnlichkeit verbindet die Mitglieder eines Wortfeldes;
- feste Wendungen, Phraseologismen, sind geradezu unzertrennlich.

Die Wortfamilie als Ausdrucksverband | 12.2.1

Wortfamilie: eine Gruppe von Lexemen, die durch den ausdrucksseitigen Bezug auf einen gemeinsamen Wortstamm oder ein gemeinsames Kernlexem zurückgehen. Wortfamilien können synchron und diachron konstruiert werden.

Definition

Die WORTFAMILIE ist demnach eine Formfamilie; sie verbindet Wörter, die ein bestimmtes ausdrucksseitiges Formmerkmal, eben einen gemeinsamen Wortstamm oder ein gemeinsames Kernwort, haben. Solche Wortfamilien bilden eine lexikalische Struktur, die für lexikographische und didaktische Zwecke besonders gut geeignet ist, weil durch den Bezug auf ein gemeinsames BASISLEXEM oder einen Wortstamm ein gewisser Bedeutungszusammenhang sichtbar wird. Helmut Henne (1998: 577) nennt die Wortfamilie „eine durch den Prozess der Wortbildung erzeugte, objektivierte lexikalische Struktur" und betont: „Sie zeigt den lexikalischen Zusammenhang, der durch die Wortbildung gestiftet wird. Die vergleichbare und divergierende Semantik der Wortbildungen wird im Zusammenhang deutlicher, zudem werden undurchsichtige Strukturen [...] einsichtig." Das synchron orientierte Wortfamilienkonzept ist besonders von Gerhard Augst lexikologisch expliziert und in Form des „Wortfamilienwörterbuches der deutschen Gegenwartssprache" verfügbar gemacht worden. Zur Einführung in das Wörterbuch stellt er programmatisch die Frage, die auf den Vorteil einer bedeutungsnahen Ordnung des Wortschatzes nach Wortfamilien zielt: „Glauben Sie, dass der Wortschatz in Ihrem Kopf alphabetisch geordnet ist?" (August 1998: VII) Er versuche, so Augst, die „Bedeutungsklumpen" der „atomisierten alphabetischen Wörterbücher" (August 1997: 3) zu zerschlagen. Das Wortfamilienkonzept bildet in der Tat eine gute Möglichkeit, Wortschätze ausdrucksseitig zu ordnen und eine Bedeutungsähnlichkeit, die in der Wortbildung sichtbar wird, zu nutzen. Wortfamilien können überaus umfangreich sein und bündeln lexikalisch zusammengehörige Inventare.

Wortfamilie

Basislexem

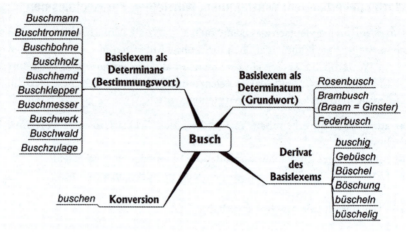

Abb. 12.1 | Wortfamilie „Busch" im Großen Wörterbuch der deutschen Sprache (Duden)

12.2.2 | Das Wortfeld als Inhaltsverband

Auch außerhalb von Wortfamilien sind Wörter nicht einsam, denn sie haben immer schon ihre Begriffsverwandten bei sich, wie der Begründer der Wortfeldtheorie, Jost Trier, betont:

> Kein ausgesprochenes Wort steht im Bewußtsein des Sprechers und Hörers so vereinzelt da, wie man aus seiner lautlichen Vereinsamkeit schließen könnte. Jedes ausgesprochene Wort läßt seinen Gegensinn anklingen. Und noch mehr als dies. In der Gesamtheit der beim Aussprechen eines Wortes sich empordrängenden begrifflichen Beziehungen ist die des Gegensinns nur eine und gar nicht die wichtigste. Neben und über ihr taucht eine Fülle anderer Worte auf, die dem ausgesprochenen begrifflich enger oder ferner benachbart sind. Es sind seine Begriffsverwandten. Sie bilden unter sich und mit dem ausgesprochenen Wort ein gegliedertes Ganzes, ein Gefüge, das man Wortfeld oder sprachliches Zeichenfeld nennen kann. (Trier 1931: 1)

Definition

Wortfeld: eine Menge bedeutungsähnlicher Lexeme. So bilden z. B. die Lexeme *sterben, verscheiden, erfrieren, verhungern, abkratzen, verrecken* u. a. das Wortfeld ‚Zuendegehen des Lebens'. Die gängigste Methode zur Ermittlung der Wortfeldlexeme ist die Merkmalsanalyse.

Wortfeld

WORTFELDER differenzieren einen Sachbereich in seine Facetten aus, sind aber, anders als Wortfamilien, nicht durch Wortbildungsmittel miteinander verbunden. Die Zusammengehörigkeit der bedeutungsverwandten Mitglieder eines Wortfeldes erkennen wir Sprachbenutzer nur aufgrund unseres Weltwissens. Wir wissen, dass *Belohnung*, *Honorar* und *Trinkgeld* etwas miteinander zu tun haben, dass es zumindest einen Punkt gibt, in dem sich die Bedeutungen der drei Wörter ähneln. Um Wortfelder stärker einzugrenzen, hat man einige Bedingungen formuliert:

Wortfeldbedingungen

1. GANZHEITLICHKEIT: Der gesamte Wortschatz lässt sich in Wortfelder aufgliedern.
2. LÜCKENLOSIGKEIT: Die Lexeme eines Wortfeldes decken dessen Bedeutungsspektrum lückenlos ab.
3. BEDEUTUNGSÜBERSCHNEIDUNG: Die Bedeutungen von Wortfeldlexemen haben eine gemeinsame Schnittmenge.
4. WECHSELSEITIGE BEDEUTUNGSBESTIMMUNG: Die Bedeutungen der Wortfeldlexeme bestimmen einander wechselseitig.
5. BEDEUTUNGSBEZIEHUNG: Die Lexeme eines Feldes stehen zueinander in klar definierten Bedeutungsbeziehungen.
6. HIERARCHISIERBARKEIT: Die Lexeme eines Wortfeldes lassen sich hierarchisch darstellen.

Abb. 12.2

Das Wortfeld „Pferd" (Quelle: Brockhaus Multimedia 2005)

Diese Kriterien sind am besten anwendbar auf kleine Wortfelder. Die kleinsten Wortfelder sind kontradiktorische Wortpaare wie etwa *tot* und *lebendig*. Antonymen- oder Heteronymenpaare dagegen repräsentieren weitere Felder und können schon komplexere Skalen eröffnen, wie etwa Lutzeiers (1981: 170) Zuordnung von Temperaturadjektiven zu „Intensitätsbereichen" zeigt:

1. *heiß*	Intensitätsbereich 1 (Temperatur ist höher als 2)
2. *warm*	Intensitätsbereich 2 (Temperatur ist höher als 3)
3. *lau*	Intensitätsbereich 3 (Temperatur ist höher als 4)
4. *kühl*	Intensitätsbereich 4 (Temperatur ist höher als 5)

Tab. 12.5

Wortfeld „Temperaturbereiche"

Tab. 12.5	5. *kalt*	Intensitätsbereich 5 (Temperatur ist höher als 6)
(Fortsetzung)	6. *frostig*	Intensitätsbereich 6 (Temperatur ist höher als 7)
	7. *eisig*	Intensitätsbereich 7

Grenzen der Wortfeld-bedingungen

Nicht alle Kriterien sind problemlos anwendbar, insbesondere das Postulat der Lückenlosigkeit ist löchrig. Das prominenteste Beispiel für eine mögliche Wortschatzlücke ist das Fehlen eines Wortes für das Gegenteil von *durstig*. Das Grimmsche Wörterbuch deutet noch an, dass *satt* als Gegenteil von *hungrig* und *durstig* gleichermaßen möglich wäre: Dort heißt es: „jemand, der seinen *hunger* oder *durst* gestillt hat, gewöhnlich auf ersteren bezogen: satt, gesettiget". An weniger ernst gemeinten Vorschlägen mangelt es zwar nicht (vgl. Tab. 12.6), aber keiner hat sich bisher durchgesetzt. Offenbar kommt die Sprachgemeinschaft auch ganz gut ohne ein solches Wort aus.

Auch für die erste Dekade eines Jahrhunderts fehlt uns im Gegenteil zu den *zwanziger*, *dreißiger* usw. Jahren das Wort. Und der fünfte Geschmack neben *süß*, *sauer*, *salzig* und *bitter*, der im Japanischen *umami* (von jap. *umai*: „fleischig und herzhaft", „wohlschmeckend") heißt, bleibt im Deutschen ohne eigenes Lexem.

Tab. 12.6

Vorschläge für das Gegenteil von *durstig*

schmöll	„Möchten Sie noch etwas zu trinken?" – „Nein danke, ich bin schmöll". In einer Beilage der Satirezeitschrift „pardon" stellte Robert Gernhardt als fiktiver Herr Schmöll bereits 1975 seinen Namen als Bezeichnung für das Gegenteil von *durstig* zur Verfügung.
stulln	Sven Böttcher bietet uns *stulln* in seinem Buch „Der Sinn des Labenz" (2004) an. Hier findet sich auch das händeringend gesuchte Wort *Oberursel* für „das Mädchen, das immer die Getränke bringt".
sitt	*Sitt* ist das Ergebnis eines Wettbewerbs, der von einem Getränkehersteller und dem Duden-Verlag ausgeschrieben worden war.

12.2.3 | Der Phraseologismus als syntagmatischer Verband

Abb. 12.3

Liedtext von Roger Cicero: Spiel mit Phraseologismen

In dem System da ist der Wurm drin
Wenn über Dir das hohe Tier
mal wieder irgendwas verbockt hat
macht er zur Schnecke Dich dafür
Der Fisch stinkt eh vom Kopfe her
Unter aller Sau ist das Niveau
Du sagst Du glaubst Dein Schwein pfeift
Das ganze Leben ist ein Zoo

Den Satz: *Da muss man mal auf den Busch klopfen* wird hoffentlich niemand wörtlich nehmen. Bei solchen festen Wendungen, den PHRASEOLOGISMEN, wissen wir, dass es sich um feste Wortverbindungen handelt, die in der Summe mehr bedeuten als die Menge der Einzelbedeutungen. Wenn uns etwas *durch die Lappen* gegangen ist, denken wir normaler-

WÖRTER IN VERBÄNDEN: WORTFAMILIEN, WORTFELDER, PHRASEOLOGISMEN

Einheit 12

weise nicht an eine Jagdtechnik, bei der das Jagdgebiet mit Stofflappen abgegrenzt wird. Wenn jemand *ins Gras beißt*, muss das keine Kuh sein, und wenn uns etwas als *ein Buch mit sieben Siegeln* erscheint, denken wir selten an die Offenbarung des Johannes und stecken schon gar nicht *den Kopf in den Sand*. Solche Phraseologismen sind häufige Erscheinungen in der Sprache, die wir wie Lexeme als zusammengehörige Einheiten lernen, oder würden Sie sagen: *Der Apfel fällt nicht weit vom Pferd*?

Phraseologismus: eine Verbindung von zwei oder mehr Wörtern, die in der Sprachgemeinschaft ähnlich wie ein Lexem als feste Verbindung mit einer eigenen, festen Bedeutung verwendet wird.

Definition

Die Vielzahl der möglichen Formen von Phraseologismen lässt sich in Anlehnung an Burger (2003) in zehn Grundklassen aufteilen:

Phraseologische Kategorie	Beispiel
1. Verbale Phraseologismen	
a. **Allgemein**	*alt aussehen, Amok laufen, kalte Füße kriegen*
b. **Kinegramme**	*die Achseln zucken, die Nase rümpfen*
(versprachlichen nonverbales Verhalten)	
c. **Funktionsverbgefüge**	*Beachtung schenken* (statt *beachten*),
(eigentliche Bedeutung im Substantiv)	*ein Angebot machen* (statt *anbieten*)
2. **Zwillingsformeln**	*klipp und klar, mit jemandem durch dick und dünn gehen*
3. **Nominale Phraseologismen**	*grauer Alltag, Forelle blau, alte Schule*
4. **Modellbildungen** (nach einem Strukturschema z. B. Modell X um X oder von X zu X)	*Glas um Glas, Flasche um Flasche von Mann zu Mann, von Fall zu Fall*
5. **Phraseologische Vergleiche**	*dumm wie Bohnenstroh, frieren wie ein Schneider*
6. **Sprichwörter** (in sich geschlossene Sätze, die durch kein lexikalisches Element an den Kontext angeschlossen werden müssen)	*wer andern eine Grube gräbt …*
7. **Gemeinplätze** (formulieren im Gegensatz zu Sprichwörtern Selbstverständlichkeiten)	*was man hat, das hat man.*

Tab. 12.7

Typologie der Phraseologismen

203

Tab. 12.7 (Fortsetzung)	8. Routineformeln	*guten Abend, wie bitte?, das gibt's doch nicht, willkommen zu Hause, mach's gut*
	9. Onymische Phraseologismen (haben die Funktion von Eigennamen)	*das Rote Kreuz, der Ferne Osten, das Weiße Haus*
	10. Phraseologische Termini (haben Fachwortcharakter)	*in Konkurs gehen, einstweilige Verfügung*

12.3 | Wortbedeutung im Gedächtnis

12.3.1 | Wörter im Kopf

Wie kommen die Wörter ins Gehirn und wie sind sie dort gespeichert? Ist es so, wie es uns der Hamburger Werbeagentur-Chef Stephan Rebbe für die schöne neue Markenwelt im Jahre 2067 verheißt?

> Raritätenliebhaber, zum Beispiel solche der verbalen Kommunikation, werden [im Jahr 2067, A. B.] ab und zu das neue Duden-Duschgel nutzen, das gut zur sonnengegerbten Haut ist und neben Vitaminen und Duftstoffen auch jede Menge Vokabeln enthält. Diese werden durch leichte, kreisende Bewegungen an den Schläfen in den Sprachschatz einmassiert.

> Es wird aber auch anders gehen: Italienisch können Sie auch mit dem intelligenten Pizzabelag von Dr. Oetker lernen, wenn Sie wollen. Die Informationen werden direkt auf die Zunge übertragen. Business-Englisch lernt man mit schalem Bier, und den Jugendslang wird man von Zeit zu Zeit mit einem i-Burger von McDonald's auffrischen. (www.spiegel.de, 20.01.2007)

Abb. 12.4 | Individueller Wortschatzumfang

Ein einfacher Bürger kommt im täglichen Leben mit wenigen tausend Wörtern aus. Ein Gebildeter, beispielsweise ein Gelehrter oder Schriftsteller, kann mehrere zehntausend Wörter benutzen (aktiver Wortschatz) und sehr viel mehr verstehen, wenn sie ihm begegnen (passiver Wortschatz). (Best 2000: 40)

So wird es sicher nicht sein, der reale Spracherwerb sieht etwas anders aus. Wie aber ist Sprache im Gehirn repräsentiert? Darüber weiß man noch nicht so viel, wie man sich wünscht, aber es gibt einige wichtige Theorien. Was wir beobachten können, ist, dass Menschen zehntausende Wörter in ihrem aktiven und noch mehr in ihrem passiven Wortschatz haben, die sie in Sekundenbruchteilen zur Verwendung abrufen können. „Solch riesige Mengen und die Effektivität beim Zugriff lassen vermuten, daß diese Wörter nicht in wirren Haufen gestapelt werden, sondern sorgfältig angeordnet sind." (Aitchison 1997: 19) Wenn die Wörter in der riesigen „Mammutstruktur" (Aitchison 1997: 19) unseres MENTALEN LEXIKONS geordnet gespeichert sind, so stellt sich die Frage nach der Art der Ordnung. Psycholinguistische Forschungen geben wichtige Hinweise; so wird zur Erforschung der neuronalen Grundlagen des

Mentales Lexikon

mentalen Lexikons untersucht, welche Zugriffs- und Selektionsprobleme bei der Wortverarbeitung bei Probanden mit Gehirnschädigungen auftreten. Auf diese Weise gelang es z. B., die Hirnregionen zur Speicherung von Informationen über Menschen, Tiere und Werkzeug zu lokalisieren.

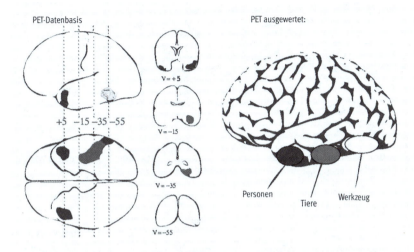

Abb. 12.5

Die an der Speicherung von Informationen zu Personen, Tieren und Werkzeugen beteiligten Hirnregionen können durch PET (= Positronen-Emissions-Tomographie), ein modernes bildgebendes Verfahren, sichtbar gemacht werden.

Neurowissenschaftler wie Wolf Singer vom Max-Planck-Institut für Hirnforschung in Frankfurt gehen von einem DYNAMISCHEN GEHIRN aus. Auf den Windungen der Großhirnrinde sind Milliarden Nervenzellen (Neuronen) verteilt. Bedeutung entsteht offenbar dadurch, dass Neuronen gleichzeitig aktiviert werden („feuern") und dabei einen synchronen Rhythmus annehmen. Das Neuronenfeuer lässt sich, wie es Herden (2007) formuliert, „mit einer Jazzband vergleichen, die im spontanen Zusammenspiel Bedeutung durch immer neue Variation erzeugt". Aus den bisherigen Ergebnissen der Psycholinguistik ergibt sich, dass das mentale Lexikon nicht einen einzigen Ort im Gehirn hat, sondern ein gemischtes System darstellt, in dem zwei Hauptkomponenten auf komplexe Weise miteinander interagieren: die semantisch-syntaktische und die phonologische. Deren Zusammenwirken kann man sich folgendermaßen vorstellen:

Dynamisches Gehirn

> Diese Komponenten kann man sich als Städte auf einer Landkarte vorstellen. Zunächst ist da Semstadt, die die Bedeutungen sowie die Angaben über die Wortart (die Lemmata) beheimatet, und dann Phonstadt, in der die Laute (die Wortformen) zu Hause sind. Beide haben eine Verbindung zu Neustadt, in der neue Wörter produziert werden. (Aitchison 1997: 294)

SEMANTISCHE THEORIEBILDUNG

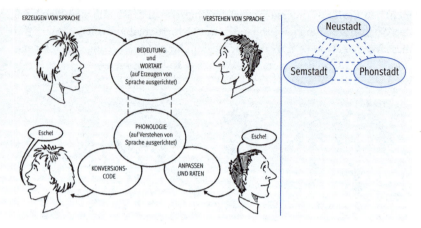

Abb. 12.6 | Interaktion von semantisch-syntaktischen und phonologischen Komponenten im menschlichen Gehirn nach Aitchison (1997: 294f.)

Schauen wir uns den Städteführer zu „Semstadt" genauer an, so treffen wir auf die Prototypentheorie.

12.3.2 | Die Prototypentheorie

Die Dinge, die wir wahrnehmen und versprachlichen, sind semantischen Kategorien wie z. B. „Mensch, Tier, Pflanze" oder „Werkzeug" zugeordnet. Für solche natürlichen Kategorien schwebt uns ein möglichst prototypischer Vertreter vor, sobald wir eine solche Wortbedeutung abrufen. Woher wissen wir das? Schaut man mit Hilfe moderner bildgebender Verfahren dem menschlichen Gehirn beim Arbeiten zu, sieht man dort ja keine Prototypen. Nicht also der Blick ins Hirn, sondern Experimente lassen den Schluss auf das Vorhandensein von Prototypen zu.

Prototypen-Experimente
Berühmt geworden sind die PROTOTYPEN-EXPERIMENTE von Eleanor Rosch. In Experiment 1 ließ sie 1975 von Probanden auf einer von 1 (sehr typisch) bis 7 (sehr untypisch) reichenden Skala bewerten, wie typisch ihnen verschiedene Mitglieder einer bestimmten Kategorie erscheinen. In der Kategorie „Vögel" erhielt „Rotkehlchen" eine 1,1 während „Huhn" bei 3,8 lag. Bei den Sportarten wurde „Football" mit 1,2 als besonders typisch aufgefasst (Wie wäre das wohl in Deutschland?), bei den Verbrechen wurde „Mord" mit 1,0 für typischer gehalten als etwa „Landstreicherei" mit 5,3. Und was wäre für Sie das typische Gemüse?

In einem weiteren Experiment ließ Rosch anstelle von Wörtern Abbildungen von Gegenständen kategorisieren. Je typischer ein abgebildetes Objekt für eine Kategorie war, desto schneller konnten es die Probanden der Kategorie zuordnen: So waren Äpfel leichter der Kategorie „Obst" zuzuordnen als etwa Wassermelonen.

Im dritten Experiment ließ Rosch Sätze zu Kategorienamen produzieren, wie etwa:

WORTBEDEUTUNG IM GEDÄCHTNIS — Einheit 12

- Ich hörte einen Vogel zwitschern.
- Drei Vögel saßen auf einem Ast.
- Ein Vogel flog herunter und begann zu fressen.

Ersetzte man nun den Namen der Kategorie „Vogel" jeweils durch ein sehr typisches Mitglied („Rotkehlchen") oder ein weniger typisches („Huhn"), so gaben die Probanden an, dass die Sätze mit den typischen Mitgliedern sinnvoller erschienen als die mit den untypischen Kandidaten. Dies alles deutet darauf, dass Wortbedeutungen im mentalen Lexikon sorgfältig angeordnet sind. Eines der Anordnungsprinzipien ist vermutlich, das lässt sich aus solchen und anderen Experimenten ablesen, das Prinzip der Prototypikalität.

Prototypensemantik: beruht auf der Grundannahme, dass die Bedeutung von Wörtern nach ihrer Position in einer Kategorie hierarchisiert ist. Prototypen sind besonders zentrale Vertreter einer Kategorie. Zu den Rändern hin weisen Besetzungen von Kategorien Randunschärfen und Vagheiten auf.

Definition

Der prototypische Vertreter (oder Prototyp) der Kategorie „Vogel" ist das *Rotkehlchen*. Je weiter man jedoch in den Randbereich der Kategorie schaut, desto vager und unbestimmter wird die Zuordnung.

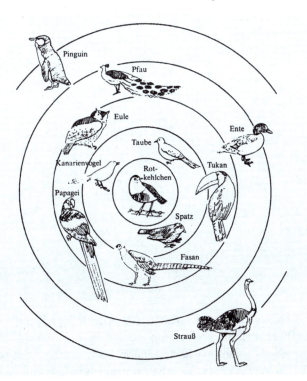

| Abb. 12.7

Prototyp „Vogel":
Die Abstufung der „Vogeligkeit"
(Aitchison 1997: 68 auf der Grundlage von Rosch 1975)

SEMANTISCHE THEORIEBILDUNG

Gilt Ihnen der *Pinguin* noch als Vogel? Und wie ist es mit dem *Strauß*? Wenn wir also das Wort „Vogel" verwenden, schwebt uns als besonders guter Vertreter der Kategorie eben ein *Rotkehlchen*, ein *Spatz* oder eine *Taube* vor. Alle anderen Vogelnamen werden offenbar immer in Relation zu dieser prototypischen Besetzung verstanden. Je weiter die Wörter, die wir verwenden, in den Randbereich einer Kategorie reichen, desto unbestimmter werden die Grenzen. Dies hat William Labov (*1927) in seinem berühmten TASSENEXPERIMENT untersucht. Welche der Figuren in Abb. 12.8 würden Sie als Tasse bezeichnen und welche nicht?

Tassenexperiment

Je weiter wir uns vom Prototypen (Gefäße 1 und 5) entfernen, desto mehr lässt die Trennschärfe unserer Bestimmung nach. Deshalb spricht man auch von einer RANDUNSCHÄRFE oder der VAGHEIT natürlicher Kategorien.

Randunschärfe/ Vagheit

So würden wir vielleicht bei den Gefäßen 6, 7, 10 und 11 eher von einem *Becher* oder – wie es einem in so mancher Mensa begegnet – schnöde von einem *Pott* sprechen. Im Seminarexperiment war übrigens Gefäß Nummer 3 für den einen oder anderen Kommilitonen ein *Kümpfchen*.

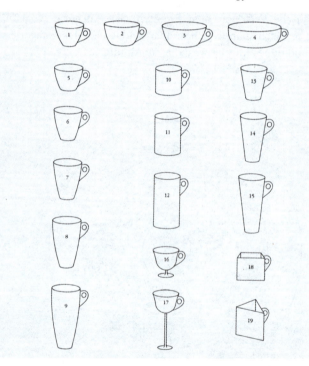

Abb. 12.8 | Labovs Tassenexperiment (Anderson 1988: 124)

Je vager wiederum der Grenzverlauf zwischen Tasse und Nicht-Tasse, desto kontextsensibler wird die Bestimmung. Stellen Sie sich, wenn Sie möchten, die Gefäße einmal gefüllt mit Kartoffelpüree (oder was Sie sonst so mögen) auf einem Tisch stehend vor. Sie schaffen damit (wie Labov bei seinen Probanden) einen Essenskontext, der sich auf die Bestimmung ob Tasse oder Nicht-Tasse (hier Schüssel) auswirkt. In einem solchen Kontext wurden in Labovs Experiment die Behältnisse häufiger als Schüssel bezeichnet als ohne diesen Kontext. Das deutet darauf, dass es nicht nur die Eigenschaften eines Gegenstandes sind, die die Bezeichnungswahl festlegen, sondern eben auch der Kontext, in dem wir Gegenstände gewöhnlich vorfinden. Dies wiederum legt nahe, dass unser Welt- und Bedeutungswissen kontextgebunden gespeichert ist. Ein Repräsentationsformat, mit dessen Hilfe man diese Kontextgebundenheit abbilden kann, bietet uns die Schematheorie oder FRAMESEMANTIK.

Die Framesemantik

| 12.3.3
Frames und Skripts

Die Framesemantik geht davon aus, dass Bedeutungen eingebettet in Wissensrahmen, sogenannten FRAMES bzw. SKRIPTS, gespeichert sind. Frames und Skripts übergeordnet ist der Schemabegriff. SCHEMATA sind große und komplexe Wissenseinheiten, die die typischen Eigenschaften von Kategoriemitgliedern inventarisieren.

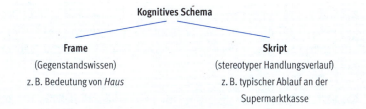

| Abb. 12.9
Schematheorie

Kognitive Schemata binden Sachwissen in Form einer geordneten Menge von Leerstellen, die über eine Kategoriestruktur miteinander verbunden sind. Eine Framerepräsentation zur Wortbedeutung sähe ungefähr so aus:

Kognitives Schema

	Haus	
Kategoriestruktur	**Besetzung**	
Oberbegriff:	Gebäude	
Material:	Holz, Stein	
enthält:	Zimmer	
Funktion:	menschlicher Wohnraum	
Form:	rechteckig	
Größe:	50–500 Quadratmeter	
Ort:	ebenerdig	
…		

| Abb. 12.10
Framerepräsentation *Haus* nach Anderson (1988: 121)

SEMANTISCHE THEORIEBILDUNG

Skript | Ein SKRIPT, ein drehbuchartiges Schema, bündelt dagegen Wissen über typische Situationen, etwa Vorlesung oder Kindergeburtstag. Dass wir genau wissen, was zu einer Situation gehört und was nicht, erleben wir im Alltag ständig. Wenn jemand etwa an der Supermarktkasse den konventionalisierten Ablauf verletzt, wird ihn möglicherweise der Hausdetektiv auf die Regeln des Skripts verweisen. Auch ist es in Deutschland unüblich, der Kassiererin freundlich die Hand zu schütteln und sie nach ihrem Befinden zu fragen. All das ist in unserem Wissen als stereotype Wissenskonfiguration enthalten und wir müssen es nicht immer für jeden Supermarkt neu lernen.

12.3.4 | Sprachliche Relativität: Sprache – Denken – Wirklichkeit

Sapir-Whorf-
Hypothese | Wie viele Wörter gibt es für Schnee? … oder für Sand? Fragen Sie den nächsten Inuit oder Wüstenbewohner, den Sie treffen. Es werden vermutlich mehr sein, als Sie selbst kennen. Jedenfalls ist es plausibel, anzunehmen, dass man wichtige Elemente seiner Umwelt differenziert versprachlicht und dass in einer schnee- oder sandreichen Umwelt das Bezeichnungsinventar dafür ausdifferenzierter ist als in anderen Weltgegenden. Von ähnlichen Grundgedanken ausgehend, entwarfen der amerikanische Anthropologe und Linguist Edward Sapir (1884–1939) und sein Schüler Benjamin Lee Whorf (1897–1941) eine aufsehenerregende These über das Verhältnis von Sprache und Denken, die SAPIR-WHORF-HYPOTHESE.

Definition | **Sapir-Whorf-Hypothese** (auch ‚**linguistisches Relativitätsprinzip**‘): besagt, dass einzelne Sprachsysteme natürlicher Sprachen die menschlichen Denkstrukturen und Denkmöglichkeiten der Sprachteilhaber determinieren. Whorf entwickelte seine Theorie auf der Grundlage seiner Studien zu nordamerikanischen Indianersprachen, insbesondere der Sprache der Hopi.

Linguistisches
Relativitätsprinzip | Whorf beschrieb in seinen Studien u. a., dass die Hopi (die westlichste Gruppe der Pueblo-Indianer, die im nordöstlichen Arizona lebt) einen grundlegend anderen Zeitbegriff hätten als andere Völker. Ihre Sprache enthalte generell keine Wörter oder grammatische Konstruktionen, die sich auf das beziehen, was wir „Zeit" nennen. Er schloss daraus auch, dass die Hopi keinen Begriff von Zeit als einem Kontinuum von Vergangenheit, Gegenwart und Zukunft hätten. Seine Forschungen führten Whorf zur Formulierung seines RELATIVITÄTSPRINZIPS:

> Wir gelangen daher zu einem neuen Relativitätsprinzip, das besagt, daß nicht alle Beobachter durch die gleichen physikalischen Sachverhalte zu einem gleichen Weltbild geführt werden, es sei denn, ihre linguistischen [= sprachlichen, A. B.] Hintergründe sind ähnlich oder können in irgendeiner Weise auf einen gemeinsamen Nenner gebracht werden. (Whorf 1940: 12)

210

Die Vorstellung, der einzelne sei nun sprachlich-kulturell völlig determiniert und könne nur das denken, was er zugleich in den Strukturen und Mustern seiner Muttersprache versprachlichen kann, ist damit allerdings nicht gemeint. Dies hat auch Whorf so krass nicht formuliert, zudem wurden seine Erkenntnisse zu den Hopi durch spätere Untersuchungen modifiziert. Heute ist eine moderate Variante des sprachlichen Relativitätsprinzips allgemein akzeptiert. Zwar bestimmt die Sprache nicht unser Denken, aber sie beeinflusst es ebenso, wie sie die Wahrnehmung modifiziert.

Die moderate Variante der Sapir-Whorf-Hypothese: Die These, daß ein Volk irgendwoher eine Sprache annimmt, die dann seine typischen Erfahrungs-, Handlungs-, und Lebensformen bestimmt, wird weder von ihnen [Sapir/Whorf, A. B.] vertreten, noch wäre sie im mindesten plausibel. Vielmehr wird Sprache aus der Auseinandersetzung mit den materiellen, sozialen und religiösen Bedürfnissen und Lebensumständen eines Volkes geprägt. Wenn man hingegen den einzelnen betrachtet, so ist es sinnvoll zu sagen, daß die Sprache, die er übernimmt, seine Erfahrungen mitbestimmt. Auch für den einzelnen besteht natürlich nicht eine totale Abhängigkeit von der Sprache, so daß er nicht in der Lage wäre, andere Unterscheidungen zu machen, als man sie sprachlich einfach ausdrücken kann. (vgl. Kutschera 1975: 308–310)

Definition

Das Prinzip der sprachlichen Relativität hat eine lange Tradition und klingt in Herders und Humboldts Vorstellung von Sprache als Spiegel des Denkens im 18. und 19. Jh. ebenso an wie bei Leo Weisgerber (1899–1985) oder auch in der heutigen Feministischen Linguistik, die ebenfalls einen engen Bezug zwischen Kultur und Kulturversprachlichung sieht.

Orion: Verschiedene Interpretationen

In diesem Sternbild sahen:

- die Sumerer: ein Schaf
- die Ägypter: ihren Gott Osiris
- die Griechen der Antike: den großen Jäger Orion
- die Germanen: einen Pflug
- die Wikinger: ihren Gott Thor
- die Südsee-Insulaner: ein Kriegsboot

| Abb. 12.11

Darstellung des Sternbilds Orion in Johann Bayers Himmelsatlas „Uranometria" (1603)

SEMANTISCHE THEORIEBILDUNG

Muttersprachliche Zwischenwelt

Leo Weisgerber sieht zwischen Innen- und Außenwelt eine MUTTERSPRACHLICHE ZWISCHENWELT und verdeutlicht dies u. a. am Beispiel des Sternbilds „Orion". Was wir sehen, ist eine Konfiguration von ca. zwanzig Himmelskörpern, die zwar Lichtjahre auseinander liegen, in denen Menschen aber z. B. die Figur des mythischen Himmelsjägers erkennen. Diese Interpretation ist nach Weisgerber Resultat der muttersprachlichen Zwischenwelt. In verschiedenen Sprachen und Kulturen werden dem auffälligen Sternbild ganz unterschiedliche Bedeutungen zugeschrieben (vgl. Abb. 12.11).

Kognitive Metapherntheorie

In den letzten Jahrzehnten ist die Frage der sprachlichen Relativität insbesondere von der kognitiven Linguistik wieder ins Zentrum der Betrachtungen gerückt worden. Die KOGNITIVE METAPHERNTHEORIE betont die kulturspezifische Rolle der Metaphorik für unser Denken. Selbst das, was wir als direkte physische Erfahrungen erleben und bezeichnen, hängt „niemals allein davon ab, dass wir einen Körper bestimmter Bauart haben, *alle* Erfahrung ereignet sich vielmehr in einem riesigen Kosmos kultureller Vorgaben." (Lakoff/Johnson 1998: 71)

Und auch im nicht-linguistischen Alltag ist uns, wie Werlen (2002: 33) in seiner Zusammenschau der Theorien zur sprachlichen Relativität anmerkt, eines klar:

> Die Art und Weise, wie man über etwas redet, hat sehr viel zu tun mit den Wertungen gegenüber diesem Gegenstand; sie beeinflusst schließlich auch das Handeln. Eine ganze Industrie, die Werbeindustrie, lebt heute von dieser Einsicht.

12.4 | Übungen

1 Nennen Sie die Grundannahmen und -einheiten der Merkmalssemantik und unterscheiden Sie merkmalssemantisch die beiden folgenden Wortbedeutungen aus dem Duden-Fremdwörterbuch (Mannheim 2001):

> **Ran|da|le** *die; -*: heftiger u. lautstarker Protest; Krawall; Randale machen: randalieren
> **Bam|bu|le** *die; -, -n <Bantuspr.-fr.>*: 1. (Gaunerspr.) in Form von Krawall[en] geäußerter Protest bes. von Häftlingen. 2. (Jugendsprache) bes. von Jugendlichen veranstaltetes äußerst ausgelassenes Treiben [auf einem Treffen od. Fest]

2 Unterscheiden Sie am Beispiel der folgenden Wörter den Unterschied zwischen einer Wortfamilie und einem Wortfeld, indem Sie:

a) definieren, was ein Wortfeld ist,

b) aus den nachfolgenden Beispielen ein Wortfeld erstellen,

c) definieren, was eine Wortfamilie ist,

d) aus den nachfolgenden Beispielen eine Wortfamilie erstellen.

Einheit 12 — VERWENDETE UND WEITERFÜHRENDE LITERATUR

> Demokratie, demokratisieren, Diktatur, Monarchie, Despotie, Volksherrschaft, Oligarchie, Christdemokratie, Sozialdemokratie, Cyberdemokratie, Demokratiekrise, Demokratieentwick-lung, demokratisch, Demokratiefeinde, Basisdemokratie

3 Entwickeln Sie eine Forschungsstrategie, mit der Sie ermitteln können, welches in der deutschen Sprachgemeinschaft das prototypische Gemüse ist.

4 Arbeiten Sie heraus, inwieweit der folgende Text aus Samel (1995) auf die Existenz eines sprachlichen Relativitätstheorems deutet.

Die Muttersprache steuert die kognitiven Funktionen wie Wahrnehmung, Bewertung von Sachverhalten, Gedächtnisspeicherung oder Problemlösung ihrer Sprecherinnen und Sprecher. Das kann konkrete Auswirkungen haben, denn wahrscheinlich wird auch die gesellschaftliche Situation der Geschlechter durch die Art und Weise, wie Frauen in der jeweilig zu betrachtenden Sprache vorkommen, mit beeinflusst. Die Sprache ist nicht nur das Produkt der Gesellschaft und ihrer Sprecherinnen und Sprecher, sondern die Sprache prägt auch die Gesellschaft. (Samel, Ingrid (1995): Einführung in die feministische Sprachwissenschaft. Berlin: Schmidt, 81.)

5 Stellen Sie die Bedeutungsunterschiede der folgenden Wörter merkmalssemantisch dar: *Fluss, Teich, Meer, Bach, Kanal, Rinnsal, Strom, See, Pfuhl, Tümpel.*

Verwendete und weiterführende Literatur | 12.5

Aitchison, Jean (1997): Wörter im Kopf. Eine Einführung in das mentale Lexikon. Tübingen: Niemeyer.

Anderson, John, R. (1988): Kognitive Psychologie. Eine Einführung. Heidelberg: Spektrum der Wissenschaft.

Augst, Gerhard (1998): Wortfamilienwörterbuch der deutschen Gegenwartssprache. Tübingen: Niemeyer.

Augst, Gerhard (1997): Wort – Wortfamilie – Wortfamilienwörterbuch. Zur Konzeption eines neuen Wörterbuchs der deutschen Gegenwartssprache auf der Basis der Wortbildung. In: Berens, Franz Josef; Wimmer, Rainer (Hrsg.): Wortbildung und Phraseologie. Tübingen: Narr. 89–113.

Baron, Alexander (2007): Markenwelt 2067. Einmal Duden-Duschgel, Nike-Muskeln und das Wiki-Hirn, bitte! (http://www.spiegel.de/wirtschaft; 20.01.2007)

Best, Karl-Heinz (2000): Unser Wortschatz. Sprachstatistische Untersuchungen. In: Hoberg, Rudolf; Eichhoff-Cyrus, Karin M. (Hrsg.): Sprachkultur oder Sprachverfall? Die deutsche Sprache zur Jahrtausendwende. Mannheim et al.: Dudenverlag, 35–52.

Böttcher, Sven u. a. (2004): Der tiefere Sinn des Labenz. Das Wörterbuch der bisher unbenannten Gegenstände und Gefühle. München: Heyne.

Brockhaus multimedial premium 2005. DVD-Version. Mannheim: Brockhaus.

Burger, Harald (2003): Phraseologie. München: Erich Schmidt.

Duden (2000) – Das große Wörterbuch der deutschen Sprache. Hrsg. vom Wissenschaftlichen Rat der Dudenredaktion. CD-ROM-Ausgabe auf Basis der 3., völlig neu bearb. u. erw. Aufl. der Buchausgabe in 10 Bänden von 1999. Mannheim: Bibliographisches Institut.

Duden (2001) – Fremdwörterbuch. Hrsg. von der Dudenredaktion auf der Grundlage der neuen amtlichen Rechtschreibung. Mannheim: Bibliographisches Institut.

Henne, Helmut (1998): Wort und Wortschatz. In: Duden – Grammatik der deutschen Gegenwartssprache. 6., neu bearbeitete Aufl. Mannheim et al.: Dudenverlag.

Herden, Birgit (2007): Der Rhythmus der Gedanken. In: „Süddeutsche Zeitung", 09.01.2007, 16.

Kutschera, Franz von (1975): Sprachphilosophie. München: Fink.

Lakoff, George; Johnson, Mark (1998): Leben in Metaphern. Konstruktion und Gebrauch von Sprachbildern. Heidelberg: Carl-Auer-Systeme Verlag.

Lutzeier, Peter Rolf (1981): Wort und Feld. Wortsemantische Fragestellungen mit besonderer Berücksichtigung des Wortfeldbegriffes. Tübingen: Niemeyer.

Lyons, John (1983): Semantik. Band I und II. München: Beck.

Rosch, Eleanor (1975): Cognitive Representations of Semantic Categories. In: Journal of Experimental Psychology 104, 192–223.

Samel, Ingrid (1995): Einführung in die feministische Sprachwissenschaft. Berlin: Erich Schmidt.

Trier, Jost (1931): Der deutsche Wortschatz im Sinnbezirk des Verstandes. Die Geschichte eines sprachlichen Feldes. Heidelberg: Winter.

Werlen, Iwar (2002): Sprachliche Relativität. Eine problemorientierte Einführung. Tübingen, Basel: Francke.

Whorf, Benjamin Lee (1940/1997): Sprache – Denken – Wirklichkeit. Beiträge zur Metalinguistik und Sprachphilosophie. Hrsg. und übersetzt von Peter Krausser. Reinbek bei Hamburg: Rowohlt.

Einheit 13

Pragmatik

Inhalt	
13.1 Pragmatik – Was ist sprachliches Handeln?	216
13.2 Sprechakte – Was tun wir, wenn wir sprechen?	216
13.3 Konversationale Implikaturen und Konversationsmaximen	220
13.4 Präsuppositionen	221
13.5 Deixis	222
13.6 Übungen	224
13.7 Verwendete und weiterführende Literatur	224

PRAGMATIK

13.1 | Pragmatik – Was ist sprachliches Handeln?

„Eine Frau, die so gut sein will wie ein Mann, hat einfach keinen Ehrgeiz", sagte der Journalist Bodo Hauser einmal. Was hat er damit gemeint? In jedem Fall mehr, als er gesagt hat. Das Gemeinte, in etwa: *Frauen sind ohnehin besser als Männer*, verstehen wir sofort und realisieren damit eine IMPLIKATUR (engl.: to implicate = stillschweigend mitbehaupten). Außerdem hat Hauser eine Behauptung aufgestellt und damit einen SPRECHAKT ausgeführt. Wir beschreiben im folgenden Teilkapitel genauer, was das ist.

Implikatur

Sprechakt

Mit sprachlichen Ausdrücken wie *Eine Frau* und *die* verweist er auf eine mögliche Person. Dabei handelt es sich um eine Form des sprachlichen Zeigens, die DEIXIS. Außerdem setzt er bei seinen Adressatinnen und Adressaten voraus, dass sie einiges über das Verhältnis und die Chancenverteilung zwischen den Geschlechtern und über gängige Geschlechterstereotype in unserer Kultur wissen. Eine solche Voraussetzung ist – linguistisch benannt – eine PRÄSUPPOSITION (lat.: praesupponere = voraussetzen). Hauser hat also vor dem Hintergrund präsupponierten Wissens in mehrfacher Hinsicht mit Sprache gehandelt, und genau dieses Handeln mit Sprache ist Gegenstand der linguistischen Pragmatik (griech.: prägma = Handlung).

Deixis

Präsupposition

Definition

> **Linguistische Pragmatik:** die Lehre vom sprachlichen Handeln. Sie befasst sich in erster Linie mit Sprechakten, der Deixis, Implikaturen und Präsuppositionen.

Bei der pragmalinguistischen Untersuchung von Kommunikation wird insbesondere auf das geachtet, was für den Erfolg einer Sprachhandlung wichtig ist, nicht eigens ausgesprochen oder geschrieben wird, aber in der Kommunikation ganz selbstverständlich verstanden wird. Solche nicht explizierten (lat.: explicare = entfalten) Elemente einer Sprachhandlung sind die Funktion oder Absicht, die hinter einer Äußerung steht, ebenso wie das Wissen, auf das man sich bezieht, und das eigentlich Gemeinte. Die Funktionalität einer Sprachhandlung wird im Rahmen der Sprechakttheorie analysiert.

13.2 | Sprechakte – Was tun wir, wenn wir sprechen?

Sprechakttheorie

Die SPRECHAKTTHEORIE wurde von den beiden amerikanischen Sprachphilosophen John Langshaw Austin (1911–1960) und John Rogers Searle (*1932) entwickelt. Austin hatte in einer Vorlesungsreihe mit dem Titel „How to do things with words" 1955 die Grundlinien der Theorie entworfen, sein Schüler John Searle entwickelte sie weiter. In einem Aufsatz erläutert er 1965:

SPRECHAKTE – WAS TUN WIR, WENN WIR SPRECHEN? Einheit 13

In einer typischen Sprechsituation, die einen Sprecher, einen Hörer und eine Äußerung des Sprechers umfaßt, sind eine Reihe verschiedener Akte mit der Äußerung des Sprechers verknüpft. Charakteristischerweise wird der Sprecher sein Kinn und seine Zunge bewegt und Geräusche gemacht haben. Darüber hinaus wird er charakteristischerweise einige Akte vollzogen haben, die in die Klasse fallen, welche das Informieren, das Irritieren, oder Langweilen seiner Zuhörer umfaßt; er wird weiterhin charakteristischerweise einige Akte vollzogen haben, die in die Klasse fallen, welche das Verweisen auf Kennedy oder Chruschtschow oder den Nordpol enthält; ebenfalls wird er Akte aus jener Klasse vollzogen haben, welche das Machen von Feststellungen, das Stellen von Fragen, das Erteilen von Befehlen, das Erstatten von Berichten, das Grüßen und das Warnen umfaßt. (Searle 1972: 153)

John Rogers Searle
(*1932) © John Searle

Searle deutet hier auf die verschiedenen Ebenen, die ein Sprechakt, für ihn die Basiseinheit sprachlicher Kommunikation, aufweist. Der ÄUSSERUNGSAKT ist dabei das physische Hervorbringen der Lautsprache und der PROPOSITIONALE AKT (lat.: propositio = Vorstellung, Thema) verweist auf die Dinge und Sachverhalte, um die es geht. Er codiert gewissermaßen den Inhalt des Sprechaktes, indem er sich auf etwas bezieht (Referenzakt) und über den Referenten etwas aussagt (Prädikationsakt, von lat.: praedicatio = Aussage, Bekanntmachung). Normalerweise wollen wir immer etwas, wenn wir sprechen; wir haben eine kommunikative Absicht. Diese kommt im ILLOKUTIONÄREN AKT (lat.: loqui = reden) zum Ausdruck. Hindelang (1994: 8) nennt die illokutionären Akte „die Bausteine einer jeden Kommunikation" und unterstreicht ihren Einfluss auf die Kommunikation:

Äußerungsakt
Propositionaler Akt

Illokutionärer Akt

> In Abhängigkeit von der Situation, in der wir uns befinden, und davon, welche Absichten und Ziele wir verfolgen, vollziehen wir die entsprechenden illokutionären Akte. (Hindelang 1994: 8)

Das erzielte Ergebnis oder die Wirkung einer Sprechhandlung ist, so Austin, mit diesen drei Teilakten eng verbunden und wird als PERLOKUTIONÄRER AKT bezeichnet.

Perlokutionärer Akt

> **Sprechakt** (engl.: = speech act): als Sprechhandlung die Basiseinheit sprachlicher Kommunikation. Er besteht aus folgenden vier Teilakten, die durch eine Indem-Relation miteinander verbunden sind: Äußerungsakt, propositionaler Akt, illokutionärer Akt und perlokutionärer Akt.

Definition

Ordnen wir nun die Elemente des obigen Searle-Zitates den Teilakten zu, erhalten wir folgendes Bild:

217

PRAGMATIK

Tab. 13.1	**Äußerungsakt**		► Kinn bewegen	
Teilakte eines Sprech-aktes nach Searle			► Zunge bewegen	
			► Geräusche machen	
	Propositionaler Akt		► verweisen auf Kennedy, Chrusch-tschow oder den Nordpol	► zuweisen von Eigenschaften
	Referenzakt	Prädikationsakt		
	Illokutionärer Akt kommunikative Absicht		► das Treffen von Feststellungen, das Stellen von Fragen, das Erteilen von Befehlen, das Erstatten von Berichten, das Grüßen und das Warnen	
	Perlokutionärer Akt Wirkung		► das Informieren, das Irritieren oder Langweilen seiner Zuhörer	

Indem-Relation

Die Teilakte eines Sprechaktes sind auf der Handlungsebene miteinander verbunden; Hindelang (1994: 10, 13) etikettiert den Zusammenhang als INDEM-RELATION und illustriert ihn mit seinem Haschisch-Beispiel:

► Sprecher 1 hat Sprecher 2
  – zum Haschisch Rauchen verleitet (= perlokutionärer Akt),
  – indem er ihn aufgefordert hat, Haschisch zu rauchen (= illokutionärer Akt),
  – indem er äußerte: *„Komm, rauch doch einen Joint mit."* (= Äußerungs- und propositionaler Akt).

Illokutionsindikatoren

Was wir in der Kommunikation mit einem Sprechakt beabsichtigen, welche illokutionäre Rolle er spielen soll, signalisieren wir normalerweise sehr deutlich, indem wir ILLOKUTIONSINDIKATOREN (= Illokutionsanzeiger) verwenden und wissen, dass unsere Gesprächspartner sie ebenfalls beherrschen. Illokutionsindikatoren sind z. B.

► die Wortstellung in: *Er wird schreiben*, *Wird er schreiben?*, *Schreib jetzt endlich!*;
► Abtönungspartikel wie *mal* und *eben* in: *Gib mir doch mal eben den Laptop rüber*;
► Höflichkeitsformeln wie: *Sei so nett …, Bitte …*;
► die Intonation.

Performative Verben

Die illokutionäre Rolle einer Äußerung können wir auch mit Hilfe bestimmter Verben, sog. PERFORMATIVER VERBEN, deutlich machen, wie im legendären Dialog des Fußballspielers Willi „Ente" Lippens mit einem Schiedsrichter:

218

SPRECHAKTE – WAS TUN WIR, WENN WIR SPRECHEN? **Einheit 13**

Der Schiedsrichter sagte zu Lippens: „Ich verwarne Ihnen!" Lippens entgegnete schlagfertig: „Ich danke Sie!" Daraufhin stellte ihn der Schiedsrichter vom Platz.

Verwarnen und *danken* sind solche Verben, die die illokutionäre Rolle einer Äußerung deutlich machen, weil die intendierte Handlung, hier das Verwarnen und das ironisch gemeinte Danken, durch das Aussprechen der Äußerung (in der 1. Person) vollzogen wird. Tritt dagegen eine Opernsängerin vor voll besetztem Haus auf die Bühne, sagt freundlich lächelnd: *„Hiermit singe ich!"* und verlässt die Bühne wieder, hat sie noch nicht gesungen. Diese Handlung wird nicht durch das Aussprechen des handlungsbezeichnenden Verbs vollzogen.

> **Performatives Verb** (engl.: to perform = ausführen, durchführen, realisieren): kennzeichnet die illokutionäre Rolle eines Sprechaktes. Durch das Aussprechen des performativen Verbs im Rahmen einer Sprechhandlung (in der 1. Person) wird deren Illokution vollzogen. Performative Verben sind z. B. *verwarnen, danken, bitten, geloben, befehlen, taufen* oder *versprechen*. Der performative Charakter einer Äußerung kann durch eine Einleitung mithilfe eines performativen Vorspanns in Form des Wortes *hiermit* sichtbar gemacht werden: *Hiermit verwarne ich dich, Hiermit verspreche ich dir ...*

Definition

Searle hat Sprechakte in die folgenden fünf Illokutionstypen eingeteilt, denen sich die allermeisten Sprechakte zuordnen lassen:

Illokutionstypen

Illokutionstypen	Umschreibung	Performative Verben
Repräsentativa (Behauptungen, Feststellungen)	Der Sprecher gibt zu erkennen, was er glaubt, dass in der Welt der Fall ist.	*behaupten, mitteilen, berichten, informieren, beschreiben* usw.
Direktiva (Befehle, Anordnungen, Fragen, Bitten)	Der Sprecher gibt zu erkennen, was er will, dass der andere tun soll.	*befehlen, bitten, anordnen, verbieten* usw.
Kommissiva (Versprechen, Drohungen)	Der Sprecher gibt zu erkennen, was er selbst vorhat zu tun.	*versprechen, geloben, drohen, garantieren* usw.
Expressiva (Danksagungen, Gratulationen, Emotionsausdrücke)	Der Sprecher gibt zu erkennen, wie ihm zumute ist.	*danken, klagen, begrüßen* usw.
Deklarativa (Taufe, Worterteilung, Kriegserklärung)	Der Sprecher gibt zu erkennen, was in einem bestimmten institutionellen Rahmen der Fall sein soll.	*taufen, trauen, verhaften, begnadigen* usw.

Tab. 13.2

Die fünf Illokutionstypen von Sprechakten (nach Searle)

PRAGMATIK

13.3 | Konversationale Implikaturen und Konversationsmaximen

> Die Zehn Gebote Gottes enthalten 279 Wörter, die amerikanische Unabhängig-keitserklärung enthält 300 Wörter, die Verordnung der europäischen Gemein-schaft über den Import von Karamellbonbons aber exakt 25.911 Wörter.

Konversationale
Implikatur

Auch dieses Zitat wird dem Journalisten Bodo Hauser zugeschrieben. Damit will er uns nicht in erster Linie über die Zahl der Wörter in den Zehn Geboten informieren, sondern er ironisiert eine bestimmte Form der Rechtssprache. Er sagt also etwas anderes, als er meint. In der Alltagssprache sind solche Rede-beiträge, in denen wir mehr meinen, als wir sagen, sehr häufig anzutreffen. Wie unter solchen Umständen Kommunikation dennoch erfolgreich funktioniert, hat Herbert Paul Grice (1913–1988) in einem vielbeachteten Aufsatz mit dem Titel „Logik und Konversation" untersucht. Er führt für das „Mitgesagte", das nicht ausgesprochen wird, als Termini das Verbum *implizieren* und die damit verwandten Nomina *Implikatur* und *Implikat* ein (vgl. Grice 1975: 165).

Eine KONVERSATIONALE IMPLIKATUR ist nach Grice also das Gemeinte oder das Angedeutete in einer Sprechhandlung. Allerdings muss es uns „möglich sein, durch Überlegung dahinterzukommen, dass eine konversationale Implika-tur vorliegt". (Grice 1975: 173) Implikaturen, die man nicht durch Überlegung,

Konventionale
Implikatur

also rational, sondern nur intuitiv erfassen kann, nennt Grice KONVENTIONALE IMPLIKATUREN. In der Kommunikation müssen wir, um durch Überlegung „dahinterzukommen, dass eine konversationale Implikatur vorliegt", (1) die konventionelle Bedeutung der verwendeten Wörter kennen, (2) den Kontext einer Äußerung überschauen, (3) weiteres Hintergrundwissen einbeziehen.

Definition

> **Konversationale Implikatur:** nach Herbert Paul Grice dasjenige, das in einer Konver-sation nicht ausgesprochen, sondern angedeutet und mitgemeint wird und für den Gesprächspartner (aufgrund der Kenntnis von Wortbedeutungen, Kontext und Hinter-grundwissen) durch Überlegung erschließbar ist.

Kooperationsprinzip

Solche Implikaturen können in der kommunikativen Praxis überhaupt nur funktionieren, wenn man sich auf dem Boden eines allgemeinen KOOPERA-TIONSPRINZIPS befindet, das für Grice generelle Grundlage kommunikativer Interaktion ist, und dessen Beachtung von allen Teilnehmern erwartet wird.

Definition

> **Allgemeines Kooperationsprinzip:** Mache deinen Gesprächsbeitrag jeweils so, wie es von dem akzeptierten Zweck oder der akzeptierten Richtung des Gesprächs, an dem du teilnimmst, gerade verlangt wird. (Grice 1975: 168)

Konversations-
maximen

Damit diese Richtlinie auch praktisch umgesetzt werden kann, formuliert Grice vier Konversationskategorien, denen er jeweils eine oder mehrere KON-VERSATIONSMAXIMEN zuordnet:

220

Konversationskategorie	Konversationsmaxime
Quantität	1. Mache deinen Beitrag so informativ wie (für die gegebenen Gesprächszwecke) nötig. 2. Mache deinen Beitrag nicht informativer als nötig.

Qualität	1. Versuche deinen Beitrag so zu machen, dass er wahr ist.
	   a) Sage nichts, was du für falsch hältst.
	   b) Sage nichts, wofür dir angemessene Gründe fehlen.

Relation	Sei relevant (bezogen auf den Gesprächsgegenstand und die Gesprächssituation).

Modalität	1. Sei klar.
	   a) Vermeide Dunkelheit des Ausdrucks.
	   b) Vermeide Mehrdeutigkeit.
	   c) Sei kurz und vermeide unnötige Weitschweifigkeit.
	   d) Der Reihe nach!

| Tab. 13.3

Grice'sche Konversationskategorien und -maximen

Präsuppositionen

| 13.4

Damit wir sprachlich handeln können, müssen wir in unsere Gesprächsbeiträge über das an Lexembedeutungen gebundene Bedeutungswissen hinaus umfangreiches Wissen einbeziehen. Diese impliziten Voraussetzungen heißen PRÄSUPPOSITIONEN. Ihr Einbezug in unser sprachliches Handeln läuft normalerweise problemlos und unbewusst ab. Bewusst wird uns dieses Vorwissen allenfalls beim Auftreten kognitiver Dissonanzen („gedanklicher Missklänge"); das sind Spannungen oder innere Konflikte, die entstehen, wenn bestimmte Aussagen nicht zu unserem Vorwissen oder Empfinden passen.

Präsupposition

Präsupposition: die implizite Voraussetzung für eine Sprachhandlung. Sie beschreibt das, was eine Sprachhandlung an Information beinhaltet, ohne dass diese Information sprachlich explizit ausgedrückt wird. Im weitesten Sinne umfassen Präsuppositionen das gesamte Weltwissen, das zur jeweiligen Interaktion herangezogen wird.

Definition

Behauptet also jemand: *Die Kanzlerin der Bundesrepublik Deutschland hat Locken*, so beinhaltet eine solche Aussage zumindest zwei Präsuppositionen, die wir sofort mit *wahr* (w) oder *falsch* (f) bewerten können.

1. Es gibt zurzeit ein Staatswesen namens Bundesrepublik Deutschland. (w)
2. Dieses Staatswesen hat eine Kanzlerin. (w)

Diese Präsuppositionen werden in der Äußerung nicht eigens ausgedrückt; ihre Annahme ist aber für die Produktion und Rezeption von Äußerungen notwendig. Die (momentan falsche) Aussage: *(Die Kanzlerin) hat Locken* ist dagegen keine Präsupposition, weil dies explizit ausgedrückt wird. Da nicht alle Präsuppositionen gleich sind, unterscheidet man einige Formen von Präsuppositionen:

Tab. 13.4
Präsuppositionstypen

Präsuppositionstyp	Beispiel	Präsupposition
existentiell	*der/die/das X*	X existiert.
faktiv	*Ich bereue, das getan zu haben.*	Ich habe das getan.
lexikalisch	*Sie schaffte es, abzuhauen.*	Sie versuchte abzuhauen.
strukturell	*Wer kommt?*	Jemand kommt.
kontrafaktisch	*Wenn ich nicht krank wäre …*	Ich bin krank.

13.5 | Deixis

Deixis

Wenn die „Frankfurter Allgemeine Zeitung" die Schlagzeile „Stetsman Fischer" kreiert, um zu kennzeichnen, dass der ehemalige Außenminister Fischer im Stile eines „Elder Stetsman" agiere, kommt sie damit zu Recht in die Satirerubrik eines Nachrichtenmagazins (Hohlspiegel 34/2006). Auf Joschka Fischer hat sich die Zeitung hier durch die Angabe seines Namens bezogen. Sie hätte aber auch das Personalpronomen *er* verwenden können. Zwischen beiden Formen des Referierens auf dieselbe Person besteht ein wichtiger Unterschied, denn in einer Formulierung wie z. B. *der ehemalige Außenminister Joschka Fischer* ist der Bezug des Namens fest, weil es nur einen einzigen deutschen Außenminister dieses Namens gab. Verwendet man das Pronomen *er*, benötigt man dagegen einen Kontext, um sichergehen zu können, dass es sich auf den ehemaligen Außenminister Joschka Fischer bezieht. Ein solcher kontextabhängiger Bezug von Wörtern wird Deixis genannt.

Definition

> **Deixis** (griech.: deíknymi = zeigen): Deiktische Ausdrücke (z. B. *ich, du, hier, jetzt, so*) gewinnen ihre Bedeutung nur durch den Bezug auf die Sprechsituation, in der sie geäußert werden. (vgl. Metzler-Lexikon Sprache, „Deixis")

Ich-jetzt-hier-Origo

Karl Bühler hat für die Kommunikation mit Deiktika, also Zeigewörtern, einige grundlegende Bedingungen formuliert. Er unterscheidet dazu zwischen dem SPRACHLICHEN SYMBOLFELD und dem SPRACHLICHEN ZEIGFELD. Während das Symbolfeld mit kontextunabhängigen Autosemantika bestückt ist, umfasst das Zeigfeld die kontextabhängigen deiktischen Ausdrücke, etwa *du* oder *dort*. Damit deren Bedeutung kontextbezogen aufgefüllt werden kann, benötigen Sprecherin und Sprecher einen Fixpunkt in Zeit und Raum, eine Art Zentrum im Zeigfeld. Dieses Zentrum nennt Bühler die ORIGO (lat.: Ursprung) und bestimmt es näher durch die drei Zeigwörter *hier*, *jetzt* und *ich*, die als ICH-JETZT-HIER-ORIGO den Mittelpunkt eines Koordinatensystems bilden. Dieses Orientierungszentrum macht es überhaupt erst möglich, Deiktika zu interpretieren, denn wenn ich sage *morgen*, muss ich wissen, was *heute* ist, wenn ich sage *dort*, muss ich wissen, wo *hier* ist.

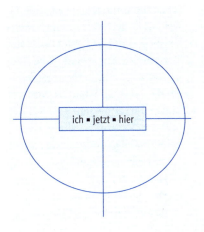

|Abb. 13.1
Ich-jetzt-hier-Origo als Orientierungszentrum zur Interpretation von Deiktika (nach Bühler)

Die Deiktika lassen sich in verschiedene Typen einordnen; die wichtigsten sind die folgenden vier:

Typen der Deixis

▶ Die PERSONALDEIXIS ist das sprachliche Zeigen mit Personenbezug. Dies kann in verschiedener Weise geschehen, etwa durch Personalpronomina, aber auch durch Possessivpronomina wie *mein* oder *ihr*. Dabei muss man zwischen zwei Formen der Kontextgebundenheit von Personaldeiktika unterscheiden:

Personaldeixis

1. *Dialogische Verwendung*: *Wie geht es dir heute?* Hier wird ein Sprecher-Ich und ein Du signalisiert: Es muss schlicht jemanden geben, der das fragt, und jemanden, der angesprochen wird. Die Füllung des Personaldeiktikons *dir* geschieht über den Kontextbezug und ist auf eine dialogische Kommunikation zwischen zwei Gesprächspartnern ausgerichtet.
2. *Mehrfachadressierende Verwendung*: *Bitte fragen Sie Ihren Arzt oder Apotheker* ist ein Phraseologismus, der in keiner Medikamenten-Packungsbeilage fehlen darf, weil § 11 des Gesetzes über den Verkehr mit Arzneimitteln dies verlangt. Kontextuell ist das verwendete *Sie* nicht näher spezifiziert, um Mehrfachadressierung zu ermöglichen. Auf diese Weise wird mit dem *Sie* jede Leserin und jeder Leser angesprochen.

▶ SOZIALDEIXIS integriert bestimmte Elemente der sozialen Situation, in der ein Sprechakt stattfindet, in die sprachliche Interaktion. Fragt jemand Sie: *Wie geht's uns denn heute?*, ist das möglicherweise Ihre Ärztin. Hören wir: *Haben wir auch brav aufgegessen?*, wähnt man sich in Kindergarten oder Altenpflege. In solchen Fällen wird in der Kommunikation das Rollenschema Arzt – Patient, Kindergärtnerin – Kind, Altenpflegerin – Pflegepatient (u.a. durch das kollektive *wir*) deiktisch mittransportiert. Besonders deutliche Sozialdeixis finden wir generell in Höflichkeitsformen: im Deut-

Sozialdeixis

PRAGMATIK

schen im höflichen *Sie*; in anderen Sprachen, etwa dem Japanischen, gibt es
weitaus komplexere sprachliche Höflichkeitsabstufungen.

Temporaldeixis
► TEMPORALDEIXIS bezieht sich auf die zeitliche Orientierung. Prototypische
Temporaldeiktika sind Adverbien wie *heute, jetzt, morgen*. Sie funktionieren kommunikativ nur, wenn sie einen klaren kontextuellen Bezug zu
einem Zeitmaß haben. *Heute* bedeutet heute etwas anderes als morgen.

Lokaldeixis
► LOKALDEIXIS bezieht sich auf die räumliche Orientierung der Gesprächspartner. Mit ihrer Hilfe verweist man sich auf den Umgebungsraum, zu
dem es zwei grundlegende Möglichkeiten des Bezugs gibt:

1. den eigenen Standort in Bezug auf ein anderes Objekt (z. B. *Ich stehe
gerade im Flur*);
2. ein Objekt in Bezug auf den eigenen Standort (z. B. *Zum Paradies geht's
da vorne links*).

13.6 | Übungen

1 Aus welchen Teilakten besteht ein Sprechakt (nach Searle)?

2 Welchen Illokutionstypen ordnen Sie die folgenden Sätze zu?

– *Ich habe ihn nur ganz leicht retuschiert.* (Fußballer im Interview)
– *Ich ernenne Sie zur Bundeskanzlerin.*
– *Spieler waren schwach wie eine Flasche leer!*
– *Das werde ich nie wieder tun.*
– *Kannst du mir bitte das Salz reichen?*

3 Belegen Sie jeden Illokutionstyp Searles mit drei performativen Verben.

4 Erläutern Sie den Unterschied zwischen *Illokution*, *Implikatur* und *Konversationsmaxime*.

5 Welche Deiktika finden Sie in Ihrer heutigen Tageszeitung? Erstellen Sie eine sortierte
Liste mit Zuordnung zu den verschiedenen Typen der Deixis.

13.7 | Verwendete und weiterführende Literatur

Bühler, Karl (1982): Sprachtheorie. Die Darstellungsfunktion der Sprache. Ungekürzter Neudr. d. Ausg. Jena: Fischer
1934. Stuttgart et al.: Fischer.

Grice, Herbert Paul (1975): Logik und Konversation. In: Hoffmann, Ludger (Hrsg.)
(2000): Sprachwissenschaft. Ein Reader.
Berlin, New York: de Gruyter, 163–182.

Hindelang, Götz (1994): Einführung in die
Sprechakttheorie. 2., durchgesehene Aufl.
Tübingen. Niemeyer. (= Germanistische
Arbeitshefte 27).

Levinson, Stephen C. (1990): Pragmatik.
Tübingen: Niemeyer.

Meibauer, Jörg (2001): Pragmatik. 2., verb.
Aufl. Tübingen: Stauffenburg.

224

VERWENDETE UND WEITERFÜHRENDE LITERATUR

Einheit 13

Searle, John R. (1965/1972): What is a speech act?. Deutsch in: Holzer, Horst; Steinbacher, Karl (Hrsg.) (1972): Sprache und Gesellschaft. Hamburg: Hoffmann und Campe, 153–173.

Wagner, Klaus R. (2001): Pragmatik der deutschen Sprache. Frankfurt am Main et al.: Peter Lang.

Einheit 14

Textkommunikation

Inhalt		
14.1	Textmerkmale – Was macht den Text zum Text?	228
14.2	Sprachlichkeit und Schriftlichkeit	229
14.3	Kohäsion	231
14.4	Kohärenz	232
14.5	Textfunktionalität	236
14.6	Textsorten	239
14.7	Intertextualität	240
14.8	Übungen	242
14.9	Verwendete und weiterführende Literatur	244

TEXTKOMMUNIKATION

14.1 | Textmerkmale – Was macht den Text zum Text?

Textbegriff

Wir verständigen uns miteinander nicht nur in Wörtern oder Sätzen, sondern in Texten. Wenn Sie gefragt werden: „Was ist ein Text?", was würden Sie antworten? Fragen wir doch einmal die Berichterstatter der vieldiskutierten PISA-Studie zur Qualität der Schulbildung in Staaten der OECD. In deren Ergebniszusammenfassung findet sich die folgende Beschreibung:

Abb. 14.1 |

Was ist ein Text?

Drei Uhr morgens. Man rüttelt Sie wach! Zerrt Sie aus dem Bett und setzt Sie auf einen Stuhl. Gnadenlos blendet ein Scheinwerfer Ihre Augen. Sie sind hellwach. Eine Stimme fragt bedrohlich: „Was ist ein Text?" Sie blinzeln ins Scheinwerferlicht und antworten erschrocken: ...
Ja, was würden Sie antworten?

Jugendliche und Erwachsene begegnen in ihrem privaten oder beruflichen Alltag und im öffentlichen Leben verschiedensten Arten von Texten. In PISA wurde deshalb eine große Bandbreite an Textsorten verwendet. Neben fortlaufend geschriebenen Texten (kontinuierliche Texte), wie zum Beispiel literarische Texte, Argumentationen oder Kommentare, werden dabei auch bildhafte Darstellungen wie Diagramme, Bilder, Karten, Tabellen oder Graphiken einbezogen (nicht-kontinuierliche Texte). (Artelt u. a. 2001: 11)

Damit sind „bildhafte Darstellungen wie Diagramme, Bilder, Karten, Tabellen oder Graphiken" als „nicht-kontinuierliche Texte" ausdrücklich in den TEXTBEGRIFF einbezogen. Ein Bild kann demnach ein Text sein. Hätten Sie das auch so gesehen?

Die Textlinguistik jedenfalls sieht das mehrheitlich anders. Sie versucht zwei Kernfragen zu beantworten; nämlich:

1. Was macht den Text zum Text?
2. Wie funktionieren Texte in der Kommunikation?

Um diese Fragen zu beantworten, ist der sehr weite Textbegriff der PISA-Studie, der sich an eine semiotische Auffassung anlehnt, ungeeignet, insbesondere, weil er eine klare Abgrenzung von Texten gegen andere Zeichenformen, insbesondere Ikone, unmöglich macht. Welche Merkmale sind es nun, die einen Text zum Text machen? Machen wir uns auf den Weg, in der wissenschaftlichen Diskussion solche Textualitätskriterien zu suchen, finden wir sechs Grundmerkmale, die sich zu einer Definition verdichten lassen.

228

SPRACHLICHKEIT UND SCHRIFTLICHKEIT **Einheit 14**

> **Text:** eine schriftsprachliche, kommunikative Einheit, deren Elemente – in aller Regel sind dies Sätze – strukturell-grammatisch (Kohäsion) und inhaltlich-thematisch (Kohärenz) miteinander verknüpft sind. Texte weisen eine spezifische kommunikative Funktion auf und können in einem sortentypischen und intertextuellen Zusammenhang zu anderen Texten stehen. Texte können entlang folgender Merkmale beschrieben werden: Sprachlichkeit, Schriftlichkeit, Kohäsion, Kohärenz, Funktionalität und Sortenhaftigkeit.

Definition

Sprachlichkeit und Schriftlichkeit

| 14.2

Der wichtigste Unterschied zwischen Bild und Text ist schon bei der Abgrenzung vom PISA-Textbegriff deutlich geworden: Texte im Sinne der Textlinguistik sind sprachliche und keine ikonischen Einheiten.

Text als sprachliche Einheit

Auf Schriftlichkeit vs. Mündlichkeit deutet die Berliner Pädagogin Katharina Rutschky hin, wenn sie in ihrer Freitags-Kolumne in der Zeitung „Die Welt" schreibt:

1. Sprachlichkeit
2. Schriftlichkeit
3. Kohäsion (strukturell-grammatischer Zusammenhang)
4. Kohärenz (inhaltlich-thematischer Zusammenhang)
5. Funktionalität
6. Sortenhaftigkeit

| Abb. 14.2

Textmerkmale

> Das Wort „zutexten", wie ein Verb benutzt, habe ich kürzlich erst gelernt und mich sofort entschlossen, es als äußerst brauchbare Erweiterung in meinen Sprachschatz aufzunehmen. Ein Gymnasiast behauptete in gemütlicher Eltern- und Freundesrunde, dass eine Lehrerin ihn hasse und bei der letzten Auseinandersetzung wieder „total zugetextet" habe. (Rutschky 2004)

Hier wird *zutexten* im Sinne einer MÜNDLICHEN SPRECHWEISE aufgefasst. Auch in der Textlinguistik gibt es eine lange Kontroverse darüber, ob der Textbegriff mündlichen und schriftlichen Sprachgebrauch gleichermaßen umfassen sollte (vgl. Adamzik 2004: 38–44). Nicht so ist dies in der gemeinsprachlichen Verwendung des Wortes; dort wird Text, anders als im Rutschky-Zitat oben, meist als etwas Schriftliches aufgefasst. Das illustriert Abb. 14.3, die auf einer Auswertung von 24.703 Verwendungsbeispielen des Wortes „Text", überwiegend in Print- und Onlinemedien, beruht. Das Wort „Text" ist demnach in der Gebrauchsweise der Presse mit Lexemen wie *Leser, lesen, liest, Autor* und *geschrieben* besonders eng verbunden, d. h. es wird mit ihnen zusammen besonders häufig verwendet. Ein Text ist somit etwas, das gelesen werden muss, weil es eine schriftsprachliche Einheit ist. Dieses Merkmal der SCHRIFTLICHKEIT wird auch hier als konstitutiv für den Textbegriff aufgefasst, eine Entscheidung, die sich ebenfalls im bisher umfangreichsten Hand-

Mündlichkeit

Schriftlichkeit

229

buch zur Textlinguistik, dem HSK-Band „Text- und Gesprächslinguistik", findet:

> Während die Textlinguistik in ihren Anfängen den schriftkonstituierten Text wie das mündliche Gespräch noch unter den übergreifenden Begriff des „Textes" subsumiert hat, um die grundlegenden Gemeinsamkeiten zu berücksichtigen, wird seit einiger Zeit zunehmend die Verschiedenheit von „Text" und „Gespräch" herausgestellt. (Brinker u. a. 2000: XVII)

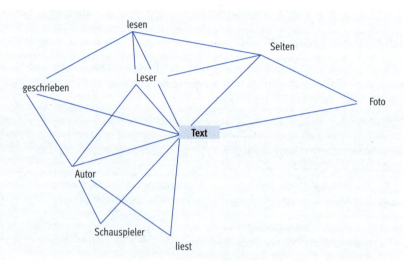

Abb. 14.3 | Assoziationen zum Wort „Text" (Quelle: http://wortschatz.uni-leipzig.de)

Ist aber nun – nichts ist unmöglich – alles Geschriebene, von Buch und Zeitung über E-Mail oder SMS bis zum Werbeslogan, auch Text? Lässt sich gar die folgende, zweifellos schriftsprachliche Meldung aus der Telefonbuch-CD der Deutschen Telekom (Ausgabe Herbst 1998) als Text auffassen?

Abb. 14.4 | Ergebnismeldung

Abb. 14.5 | Warnmeldung

Eine Befragung von 220 Studierenden in einer Linguistik-Vorlesung hat gezeigt, dass die allermeisten dieser sog. Dialogbox den Textcharakter spontan absprechen; noch klarer ist das Ergebnis beim nächsten Beispiel einer Warnmeldung in Abb. 14.5.

Wenn also bei der ersten Meldung noch ganz vereinzelt für Text

KOHÄSION **Einheit 14**

plädiert wird, bei der zweiten aber nicht mehr, dann deutet das darauf hin, dass neben Sprachlichkeit und Schriftlichkeit intuitiv noch weitere Kriterien herangezogen werden, um zu entscheiden, ob etwas ein Text ist oder nicht. Eines dieser Kriterien ist der erkennbare strukturell-grammatische Zusammenhang zwischen den Sätzen eines Textes, die KOHÄSION.

Kohäsion

|14.3

Kohäsion: der strukturell-grammatische Zusammenhang eines Textes.	Definition

Damit der inhaltliche Zusammenhang eines Textes vom Rezipienten erschlossen werden kann, erwartet der Leser an der Textoberfläche eine nachvollziehbare syntaktische und semantische Vertextungsstruktur. Dieser strukturelle Zusammenhang findet im Benennungsmotiv TEXTUS (lat.: Gewebe) besonders deutlichen Ausdruck. So wie ein textiles Gewebe aus gesetzmäßig gekreuzten Fadensystemen besteht, die ineinander verschlungen sind, gibt es auch im Schrifttext Elemente, die die Einzelsätze eines Textes miteinander TRANSPHRASTISCH (also über den Einzelsatz hinausgehend) verknüpfen. Ein besonders grundlegendes Prinzip hat Roland Harweg (1968) hervorgehoben, als er betonte: Ein Text sei „ein durch ununterbrochene pronominale Verkettung konstituiertes Nacheinander sprachlicher Einheiten". Somit sind Pro-Formen zentrale VERTEXTUNGSMITTEL des Sprachgewebes namens Text. Beispielsweise nimmt in der zitierten Anzeige (s. Abb. 14.6) das Personalpronomen *Sie* den Bezugsausdruck *Putzfrau* wieder auf und erhält erst auf diese Weise seine Bedeutung im KOTEXT, der aktuellen Sprachumgebung. Umgekehrt betrachtet verweist nun das Pronomen auf sein Bezugswort. Neben solchen Pro-Formen sorgen auch noch einige andere Vertextungsmittel für den strukturell-grammatischen Zusammenhalt eines Textes. Die wichtigsten sind in Tab. 14.1 aufgelistet:

Kohäsion

|Abb. 14.6
Zeitungsanzeige

Putzfrau
mit EDV-Kenntnissen
gesucht. Sie soll halbtags ein
kleines Architekturbüro
betreuen, Telefon und Ablage
versehen und Briefe auf
Maschine oder Computer schreiben.

Transphrastische Elemente

Vertextungsmittel

Kotext

Kohäsionsmittel	Beispiel	Kommentar	Tab. 14.1
Pro-Formen	*Peter Sloterdijk hat mit seiner Elmauer Rede eine Diskussion ausgelöst. Ob **er dies damit** bezweckt hat, als **er sie** dort*	Pro-Formen sind weitgehend inhaltsleere Sprachelemente, die auf ein Bezugselement des sprachlichen Umfeldes (Kotext)	Strukturell-grammatische Vertextung: Kohäsionsmittel

231

Tab. 14.1 (Fortsetzung)	*abends hielt?* **Darüber** *kann man nur spekulieren.*	verweisen. Zu den Pro-Formen lassen sich in erster Linie Pronomina und Pronominaladverbien zählen. Dabei sind zwei Verweisrichtungen möglich:
Zwei Verweisrichtungen	**Anna** *bringt Wein mit. Das macht* **sie** *immer.* *Man weiß nie genau, ob* **sie** *kommt,* **Katharina** *ist sehr unzuverlässig.*	Anaphorischer Verweis (Zurückverweis) Kataphorischer Verweis (Vorverweis)
Rekurrenz	**Ich** *besitze einen* **Computer.** *Dieser* **Computer** *tut meistens, was* **ich** *will. Oft muss* **ich** *aber leider tun, was mein* **Computer** *will.*	Das mehrfache Auftreten desselben Lexems ist stilistisch unschön, sorgt aber für Präzision und Eindeutigkeit und ist daher oft in Fachtexten zu finden.
Substitution	*Auf der Weender Straße lief unlängst ein* **Löwe** *umher. Hielt das* **Raubtier** *nach schmackhaften Passanten Ausschau? Oder war der* **König der Tiere** *auf dem Weg ins Kino?*	Die Substitution ist eine Ersetzung durch ein bedeutungsähnliches Lexem. Diese bedeutungsähnlichen Lexeme beziehen sich auf dasselbe außersprachliche Objekt bzw. denselben außersprachlichen Sachverhalt (Referenzidentität).
Ellipse	*Florenz hat mir gefallen. Spornitz weniger.*	Eine Ellipse ist ein Textverweis durch Leerstellen, die durch Wortmaterial aus den Nachbarsätzen gefüllt werden.
Explizite metakommunikative Verknüpfung	**Wie bereits gesagt,** *handelte es sich nicht um eine illegale Spende;* **wie oben angedeutet;** **im Folgenden.**	Im Text wird über den Text gesprochen.

14.4 | Kohärenz

Definition | **Kohärenz:** der inhaltlich-thematische Zusammenhang eines Textes.

Ein weiteres Textualitätskriterium wird erkennbar, wenn man in ein Wörterbuch schaut und dort die folgende Bedeutungsbeschreibung für „Text"
findet:

KOHÄRENZ **Einheit 14**

Text, der; -[e]s, -e [spätmhd. text ‹ spätlat. textus = Inhalt, Text, eigtl. = Gewebe der Rede ‹ lat. textus
= Gewebe, zu: textum, 2. Part. von: texere = weben, flechten; kunstvoll zusammenfügen]:
1. a) *[schriftlich fixierte] im Wortlaut festgelegte, inhaltlich zusammenhängende Folge von Aussagen*: ein literarischer T.; der T. lautet wörtlich: …; […] (Duden 2000, Hervorhebung A. B.)

|Abb. 14.7
Definition

Dieser Definitionsausschnitt verweist ebenfalls auf die Etymologie des
Wortes Text und bestimmt durch die hervorgehobene Wendung den Text als
„im Wortlaut festgelegte, inhaltlich zusammenhängende Folge von Aussagen".
Dieser inhaltliche Zusammenhang wird als TEXTTHEMA wahrgenommen,
und in einer etwas weiteren Auffassung geht es dabei letztlich um das Wissen, das in einem Text enthalten ist. Wir verstehen Texte, indem wir beim
Lesen das Wissen eines Textes in Verbindung mit unserem Vorwissen und
unseren Erwartungen bringen, ein Vorgang, den der Textpsychologe Steffen-Peter Ballstedt folgendermaßen formuliert: „Beim Lesen tritt eine im
Text objektivierte Wissensstruktur eines Autors mit den im Kopf eines
Rezipienten aktivierten Wissensstrukturen in Interaktion." (Ballstedt u. a.
1981: 22)

Textthema

So erkennen wir im Beispiel „Putzfrau mit EDV-Kenntnissen" (Abb. 14.6)
aufgrund unseres Vorwissens, also der in unserem Kopf aktivierten Wissensstrukturen, dass hier nicht wirklich
eine Reinigungskraft gesucht wird.

Themenanalyse

Das in einem Text enthaltene
Wissen wird durch das Thema eines
Textes strukturiert. Das Textthema
ist, wie der Textlinguist Klaus Brinker hervorhebt, „die größtmögliche
Kurzfassung eines Textinhalts" (Brinker 2001: 56). Wie kommt man
nun diesem Textthema analytisch
auf die Spur? Hierzu gibt es keine
mechanischen Prozesse, sondern das
Thema wird immer aus dem Gesamt-
verständnis eines Textes vor dem
Hintergrund des jeweiligen Vorwissens wahrgenommen. Über den THE-
MENANALYTISCHEN DREISCHRITT zur
Themenanalyse, vgl. Abb. 14.8, kann
das Themeninventar eines Textes
aber in den Grundzügen gut erfasst
werden. Dazu ein Beispiel:

Schritt 1: Analyse von Schlüsselwörtern und
ihrer Wiederaufnahme

Schritt 2: Analyse der Themenhierarchie durch

a) Auflistung der Teilthemen (Paraphrasieren,
   Auslassen, Verallgemeinern)

b) Bestimmung des dominanten Textthemas

Schritt 3: Analyse der thematischen Entfaltung

a) deskriptive Themenentfaltung (Beschreiben
   von Gegenständen, Sachverhalten oder
   Vorgängen)

b) argumentativ (Begründen einer These oder
   Aussage)

c) explikativ (Erklären eines Sachverhaltes/
   Vorganges)

d) narrativ (erzählerische Themenentfaltung)
   (wird hier nicht weiter betrachtet)

|Abb. 14.8
Themenanalytischer
Dreischritt

TEXTKOMMUNIKATION

Abb. 14.9 Beispiel-Themen- analyse	**Im Internet-Forum:** Karlkfer Unregistered User (10/13/99 11:31:27 pm) **Telefonkarten aufladen – Hilfe, was mache ich falsch?** Ein Bekannter von mir hat erzählt, dass man Telefonkarten selbst wieder aufladen kann, wenn man sie zusammen mit seiner EC-Karte in die Mikrowelle legt und ca. 3 Minuten bei 1000 Watt bestrahlt. Ich habe es genau so gemacht, wie er gesagt hat, also den Magnetstreifen der EC-Karte genau auf den Chip der Telefonkarte gelegt, aber das klappt nicht. Auch mit einer Kreditkarte habe ich es versucht. Die Telefonkarte ging trotzdem nicht und auch die Kreditkarte und die EC-Karte sind kaputt. Weiß jemand, was ich falsch mache? Karl

Schlüsselwörter

Schritt 1: Analyse von Schlüsselwörtern und ihrer Wiederaufnahme

SCHLÜSSELWÖRTER sind hier *Telefonkarte, aufladen* und *Hilfe*, das erkennen wir aufgrund unseres Weltwissens und ihrer Position in der Überschrift. Aufgenommen werden sie durch ein Pronomen (*sie*) und Rekurrenz.

Schritt 2: Analyse der Themenhierarchie, Bestimmung des dominanten Textthemas

Teilthemen

a) Auflistung der TEILTHEMEN (Kurzfassung der Teilthemen durch Paraphrasieren, Auslassen, Verallgemeinern): Einzelthemen sind: „Telefonkarte aufladen", „Vorgang des Aufladens", „Folgen des Aufladeversuches", „Fragen, was er falsch mache".

Hauptthema

b) Für die Bestimmung des HAUPTTHEMAS muss der kommunikative Zweck des Textes mitbedacht werden. Hier bittet jemand namens Karl um Hilfe. Diese Bitte ist das dominante Thema des Textes, dem die anderen Themen untergeordnet sind:
Jemand bittet um Hilfe,

> indem er den Vorgang des Aufladens beschreibt,
> indem er die Folgen des Aufladens beschreibt,
> indem er fragt, was er falsch mache.

Entfaltungsmuster

Schritt 3: Analyse der thematischen Entfaltung

Themen können nach Brinker deskriptiv, argumentativ, explikativ oder narrativ entfaltet werden. Meist sind in einem Text mehrere ENTFALTUNGS-MUSTER angelegt, oft ist eines davon dominant. In unserem Text überwiegt die DESKRIPTIVE Themenentfaltung, weil überwiegend der Ablauf und das Fehlschlagen des Aufladens dargestellt werden. Ein Beispiel für eine

234

KOHÄRENZ   **Einheit 14**

ARGUMENTATIVE Themenentfaltung ist die Antwort des Autors auf die Frage, ob sein Freund ihn denn möglicherweise veralbert haben könnte:

Argumentative
Themenentfaltung

> Ich glaube nicht, dass mein Freund mir was Falsches erzählt hat, weil er ein Technik-Freak ist. Er hat sogar einen eigenen Lötkolben und ein Strommessgerät, mit denen er viel an Elektronik arbeitet und mir letzten Monat einen Toaster repariert hat, den ich sonst weggeschmissen hätte. Einem anderen Freund hat er schon mal die Lampe im Badezimmer wieder ganz gemacht, obwohl nicht nur die Birne kaputt war.

Eine solche argumentative Themenentfaltung lässt sich in Anlehnung an die Argumentationsmodellierungen von Stephen Toulmin (1975) und Klaus Bayer (1999) nach einem stark vereinfachten Frageschema analysieren:

?	Welches ist die Hauptthese oder die Schlussfolgerung? Gibt es mehrere?	Ich glaube nicht, dass mein Freund mir was Falsches erzählt hat.
?	Ist die Hauptthese den nachfolgenden Argumenten als so genannte Spitzenformulierung vorangestellt?	Ja.
?	Welche Argumente werden vorgebracht?	1. weil er ein Technik-Freak ist. 2. Er hat sogar einen eigenen Lötkolben und ein Strommessgerät [...] 3. Einem anderen Freund hat er schon mal die Lampe im Badezimmer wieder ganz gemacht [...]
?	Welche Beziehung besteht zwischen den Argumenten?	Addition
?	Auf welchen allgemeinen Regeln und Wertmaßstäben (Schlussregeln) beruht die Argumentation?	Wenn jemand ein Technik-Freak ist, kennt er sich mit technischen Dingen, wie dem Aufladen einer Telefonkarte, aus und ist daher glaubwürdig.

Tab. 14.2

Frageschema zur
Analyse argumentativer
Themenentfaltung
(nach Toulmin und
Bayer)

Steht bei der argumentativen Themenentfaltung die Begründung im Zentrum, so geht es bei der EXPLIKATIV-ERKLÄRENDEN Themenentfaltung buchstäblich darum, in einem Text etwas klar zu machen, so dass der Leser die Zusammenhänge versteht. Die explikative Themenentfaltung ist nicht immer leicht von der deskriptiven Entfaltungsform abzugrenzen, dennoch erkennen wir meist, ob ein Text etwas nur darstellt oder erklärt. So wäre bezogen auf unseren Beispieltext aus dem Internet Forum das Thema „Aufladen einer Telefonkarte" folgendermaßen explikativ (= erklärend) entfaltet:

Explikativ-erklärende
Themenentfaltung

235

TEXTKOMMUNIKATION

> Telefonkarten kann man selbst wieder aufladen, wenn man sie zusammen mit seiner EC-Karte in die
> Mikrowelle legt und ca. 3 Minuten bei 1000 Watt bestrahlt, *so dass* dann durch die Strahlung Daten
> von der EC-Karte [...]

Explanans/
Explanandum

Inhaltlich ist das zwar völliger Unsinn und keineswegs zur Nachahmung empfohlen, aber man kann feststellen, dass hier ein Vorgang erklärt wird; d. h. es
gibt einen Sachverhalt, der erklärt wird, das zu Erklärende (EXPLANANDUM),
und es gibt Daten, die zur Erklärung herangezogen werden. Sie bilden die
Menge des Erklärenden (EXPLANANS).

Kommunikationszweck

Mitunter sind die Grenzen zwischen diesen Formen der thematischen Entfaltung fließend. Meist aber kann man sich begründet für eine Form entscheiden, wenn man sich einmal mehr den KOMMUNIKATIONSZWECK vor Augen
führt:

Tab. 14.3

Themenentfaltung und
Funktion

Art der Themenentfaltung	Kommunikativer Zweck
deskriptiv = darstellend	Etwas wird mit Worten nachgebildet, damit sich der Leser vom Beschriebenen ein Bild machen kann.
argumentativ = begründend	Eine These oder Schlussfolgerung wird begründet oder belegt, meist mit dem Ziel, dass sich der Leser dieser These oder Behauptung anschließt, sich davon überzeugen lässt.
explikativ = erklärend	Etwas wird so dargelegt oder deutlich gemacht, dass der Leser den Zusammenhang versteht.

Auf den kommunikativen Zweck haben wir uns bei der Kohärenzanalyse nun
mehrfach beziehen müssen, dies führt uns zu unserem nächsten Kriterium,
zur Textfunktionalität.

14.5 | Textfunktionalität

Definition

> **Textfunktion:** die im Text erkennbare Kommunikationsabsicht des Textautors. Sie soll
> vom Rezipienten (Hörer bzw. Leser) erkannt werden.

Texte in Funktion

Texte haben ein kommunikatives Ziel und müssen daher als „TEXTE IN FUNK-
TION" (Gülich/Raible 1977) mit einer spezifischen Produktions- und Rezep-
tionssphäre aufgefasst werden. Texte werden so gut wie nie absichtslos pro-
duziert. Ihnen wohnt immer eine Funktion inne, die vom Leser erschlossen
werden kann, und meist gibt es autorenseitige Signale, wie ein Gebrauchstext
aufgefasst werden soll.

236

Der Terminus „Textfunktion" bezeichnet die im Text mit bestimmten, konventionell geltenden, d. h. in der Kommunikationsgemeinschaft verbindlich festgelegten Mitteln ausgedrückte Kommunikationsabsicht des Emittenten [Autors]. Es handelt sich also um die Absicht des EMITTENTEN, die der Rezipient erkennen soll, sozusagen um die Anweisung (Instruktion) des Emittenten an den REZIPIENTEN, als was dieser den Text insgesamt auffassen soll, z. B. als informativen oder appellativen Text. Diese Definition der Textfunktion entspricht weitgehend dem sprechakttheoretischen Begriff des illokutiven Akts.

| Abb. 14.10

Textfunktion nach Brinker (2001: 93)

Wenn sich etwa in der Göttinger Mensa neben dem angebotenen Frischobst ein Schild findet, auf dem steht: *Hier Frischobst. Obst nicht gewaschen*, dann ist dies ja keine reine Information, sondern auch eine Aufforderung, das Obst ggf. vor dem Verzehr selbst zu waschen oder zu schälen. Der einfachste Weg, Textfunktionen zu klassifizieren, besteht darin, die aus der Pragmatik bekannten Grundfunktionen von Sprechakten nach Searle auf Texte zu übertragen. Dann erhält man das folgende System:

Illokutionstypen nach Searle	Kommunikativer Zweck	Textfunktionen bei Brinker
Repräsentativa	Ein Produzent (P) gibt einem Rezipienten (R) zu verstehen, dass er ihm ein Wissen vermitteln, ihn über etwas informieren will.	**Informationsfunktion** (z. B. Zeitungsnachrichten, Berichte, Beschreibungen usw.)
Direktiva	P fordert R auf, eine Einstellung oder Meinung zu übernehmen oder eine Handlung zu vollziehen.	**Appellfunktion** (z. B. Zeitungskommentare, Gesetzestext, Gebrauchsanleitung, Antrag, Predigt usw.)
Expressiva	P gibt R zu verstehen, dass es ihm um die persönliche Beziehung zu R geht.	**Kontaktfunktion** (z. B. Gratulationsbrief, Kondolenzbrief, Liebesbrief)
Kommissiva	P gibt R gegenüber zu verstehen, dass er sich ihm gegenüber dazu verpflichtet, eine bestimmte Handlung zu vollziehen.	**Obligationsfunktion** (z. B. Vertrag, Garantieschein, Angebot, Drohbrief usw.)
Deklarativa	Der Text schafft eine neue Realität.	**Deklarationsfunktion** (z. B. Testament, Ernennungsurkunde, Vollmacht)

| Tab. 14.4

Parallelität von Illokutionstyp und Textfunktion

TEXTKOMMUNIKATION

Ertragsmodell

Allerdings ist es manchmal etwas eng, die gesamte Welt der Texte über den Leisten von fünf illokutiven Grundfunktionen zu schlagen, die nur von der Produktionsseite her gedacht sind. Es muss sinnvollerweise eine Bewertung der Rezeptionsseite hinzukommen, wenn der Text in seinem tatsächlichen Funktionieren in der Kommunikation beschrieben werden soll. Für eine solche ergänzende Betrachtung bietet sich das (verschiedene Erweiterungen des Funktionsinventars bündelnde) ERTRAGSMODELL von Kirsten Adamzik (2004) an, das davon ausgeht, dass jeder Text dem Produzenten wie auch dem Rezipienten einen bestimmten Ertrag bietet, der nicht für beide derselbe sein muss.

Tab. 14.5

Textfunktionales
Ertragsmodell nach
Adamzik (2004: 116)

Textfunktionales Ertragsmodell

Der Ertrag ist das, was Rezipienten und Produzenten aus einem Text gewinnen können.

Ertragsfunktion	Erläuterung
1. intellektuell	Man erfährt, lernt oder begreift etwas, entwickelt seine Gedanken oder lässt sie sich entfalten.
2. praktisch	Man ändert etwas in der Welt, ernennt z. B. jemanden zu etwas, erwirbt etwas, setzt einen Vertrag auf usw.
3. handlungsorientierend	Man wird sich darüber klar, wie man sich in Zukunft, selbst oder gemeinsam mit anderen, verhalten will.
4. unterhaltend	Man lässt sich von einem Text unterhalten.
5. emotional-psychisch	Man tritt in Kontakt mit seinen Gefühlen, macht sie sich klar, drückt Freude, Lust oder Langeweile aus; entlastet sich psychisch usw.
6. sozial	Man tritt in Kontakt mit anderen, lernt sie kennen, kommt einander näher oder entfremdet sich.
7. geistig-moralisch	Man wird sich anhand eines Textes über die Welt und sich selbst klarer, gelangt zu einer bestimmten ethischen Haltung oder einer philosophisch-religiösen Einstellung usw.
8. formbezogen	Man nimmt ästhetische Qualitäten von Texten wahr, führt ein Muster formvollendet oder abweichend durch usw.
9. metakommunikativ	Man erweitert sein Sprach- und Text(muster)wissen und seine kommunikative Handlungsfähigkeit.

Verschiedene dieser Erträge, so Adamzik, können miteinander kombiniert auftreten und tun dies sogar normalerweise. Man kann sich um einzelne besonders bemühen, d. h. sich auf diese Ebene besonders konzentrieren oder auch verschiedene Ebenen auszublenden versuchen.

238

Textsorten

| 14.6

Textsorte: eine Menge von Textexemplaren mit prototypischen Gemeinsamkeiten in der Textgestaltung, -funktionalität und Sprachstruktur.

Definition

Neben den bisher besprochenen Charakteristika, mit deren Hilfe sich besonders die Merkmale der kommunikativen Einheit Text erfassen lassen, die ihre Textualität ausmachen, stehen Texte auch in vielfachen Beziehungen zu anderen Texten, d. h. sie sind einerseits häufig Elemente von Klassen, sogenannten TEXTSORTEN, und andererseits stehen sie in einer INTERTEXTUELLEN VERBINDUNG zu anderen Texten. Sehen wir etwa einen Text wie den in Abb. 14.11, erkennen wir, auch ohne ihn zu lesen, dass es sich um die Packungsbeilage eines Medikamentes handelt, das Textexemplar also in die Textsorte „Medikamenten-Packungsbeilage" gehört.

Textbezüge

| Abb. 14.11
Prototypische Textsorte Packungsbeilage

Textsorten sind demnach begrenzte Mengen von Textexemplaren mit spezifischen Gemeinsamkeiten hinsichtlich:

- des Layouts oder der äußeren Textgestalt;
- einer charakteristischen Struktur;
- spezifischer Formulierungsmuster;
- inhaltlich-thematischer Aspekte;
- situativer Bedingungen (Kommunikationskontext und Medium);
- kommunikativer Funktionen.

Textsorten

Prototypische schriftliche Textsorten sind etwa Geschäftsbrief, Einkaufszettel, Kochrezept, Werbeplakat, Überweisungsformular, Telefonbuch, Taufschein, Tarifvertrag u. a. Dies zeigt ein Blick in die Liste von rund 4.000 Textsortenbenennungen, die Kirsten Adamzik unter http://www.unige.ch/lettres/alman/akt/aktbibl.html vorhält (Allerdings verzeichnet sie schriftliche und mündliche Textsorten gleichermaßen). Eine frühe Kreuzklassifikation von Textsorte und Analysekriterien hat Barbara Sandig 1972 vorgelegt (vgl. Tab. 14.6).

Bei solchen Textsorten gehören verschiedene Textexemplare zu einer gemeinsamen Klasse, und die zugehörigen Texte stehen so in Verbindung miteinander. Daneben können aber Texte auch dadurch verbunden sein, dass sich ein aktueller Text in irgendeiner Weise auf einen Vorgängertext bezieht. In diesem Fall spricht man von INTERTEXTUALITÄT.

Tab. 14.6

Textsortenanalyse nach Sandig (1972) (Auswahl)

	Brief	Gesetzestext	Arztrezept	Kochrezept	Wetterbericht	Traueranzeige	Vorlesung(sstunde)	Vorlesungsmitschrift	Reklame	Stelleninserat	Rundfunknachrichten	Zeitungsnachricht	Telegramm	Gebrauchsanweisung
spontan	±	−	−	−	−	−	±	−	±	−	−	−	−	−
monologisch	±	+	+	+	+	+	+	+	±	+	+	+	+	+
dialogische Textform	−	−	−	−	−	−	−	−	±	−	−	−	−	−
räumlicher Kontakt	−	−	−	±	−	−	+	−	±	−	−	−	−	−
zeitlicher Kontakt	−	−	−	±	+	−	+	−	±	−	+	−	−	−
Form des Textanfangs	+	+	+	+	+	+	+	±	±	+	+	+	+	±
Form des Textendes	+	+	+	−	−	+	±	−	±	+	+	−	+	−
weitgehend festgelegter Textaufbau	−	−	+	+	+	±	−	−	−	+	−	−	−	−
Thema festgelegt	±	+	+	+	+	+	+	+	±	+	−	+	+	+
Imperativformen	±	−	−	±	−	−	±	−	±	±	−	−	±	±
Tempusformen	±	−	−	−	−	−	±	−	±	−	+	+	−	−
ökonomische Formen	±	−	+	±	±	±	−	+	±	±	−	−	+	±
Redundanz	±	−	−	−	−	−	±	−	±	−	±	−	−	±
Nichtsprachliches	+	+	+	+	+	±	+	±	±	±	+	+	+	±
gleichberechtigte Kommunikationspartner	±	−	−	−	−	±	−	+	−	−	−	−	±	−

14.7 | Intertextualität

Definition

Intertextualität: eine Texteigenschaft, die in der Menge und Art der Verbindungen zwischen Texten besteht.

Intertextualität

INTERTEXTUALITÄT als eine Verbindung von Text zu Text kann sehr weit aufgefasst werden, wie etwa die Bestimmung von Julia Kristeva zeigt, die betont: „Jeder Text baut sich als Mosaik von Zitaten auf, jeder Text ist Absorption und Transformation eines anderen Textes." (Kristeva 1978: 348). Diese Perspektive ist für die Literaturwissenschaft besonders anregend gewesen, da für sie die Einbindung von Texten in kulturelle und textuelle Traditionen wichtig ist. Für die Linguistik ist dieser Intertextualitätsbegriff zu weit. Die lange Diskussion um eine linguistische Erfassung von Intertextualität wird von Wolf-Dieter Krause (2000) sehr produktiv gebündelt, der grundsätzlich zwischen ALLGEMEINER und SPEZIELLER INTERTEXTUALITÄT unterscheidet. Die folgende Abbildung gibt einen Überblick über linguistisch besonders relevante Dimensionen der konkreten Bezüge zwischen Textexemplaren:

Allgemeine und spezielle Intertextualität

Formen der Intertextualität		Beispiel
Allgemeine Intertextualität (beruht auf der Rekurrenz von Textexemplaren, die als typisch anerkannt sind)		Textsorten
Spezielle Intertextualität	**Deiktische (= hinweisende) Intertextualität** Der Textproduzent greift aus einem Vorgängertext etwas, z. B. einen Begriff, ein Wort oder eine Wortfolge, auf und integriert es in einen anderen Text oder verweist darauf.	punktuelles, explizites Verweisen, Zitieren, Referieren, z. B. ein wissenschaftliches Zitat
	Kooperative Intertextualität Sie besteht zwischen vollständigen Textexemplaren als Repräsentanten von Textsorten. Auf den Vortext wird mit Hilfe einer kooperativen Textsorte geantwortet. Die Beziehung zwischen Vor- und Nachtext, bzw. deren Autoren, kann durchaus konfliktreich sein.	Briefwechsel, Buch/Artikel → Rezension, Werbeprospekt → Bestellung, Nachricht → Dementi
	Transformierende Intertextualität Ein Vorgängertext wird in einen oder mehrere neue Texte umgeformt.	**mit Textsortenänderung** Erzählung → Bericht, stenographisches Protokoll → Ergebnisprotokoll, Artikel → Zusammenfassung
		ohne Textsortenänderung Textkürzung, Textüberarbeitung, Textentschärfung (z. B. für Kinder- und Jugendliche), Zensur
	Inkorporierende Intertextualität Hierbei geht es um Textteile, bei denen zu fragen ist, ob sie bereits eigenständige Texte darstellen oder ob sie nur als Bestandteil anderer Texte existieren.	Fußnoten, Definition als Textelement, Literaturverzeichnis, Abstract als Bestandteil eines Artikels, Personenbeschreibung als Element eines Steckbriefes
	Translatorische Intertextualität	Übersetzungen von Texten

Tab. 14.7

Intertextualität nach Krause (2000)

TEXTKOMMUNIKATION

14.8 | Übungen

1 Welche Dimensionen der Textualität werden in den nachfolgenden Definitionen thematisiert? Sind die Definitionen jeweils sprachsystematisch ausgerichtet oder kommunikationsorientiert?

> Ein Text ist „ein durch ununterbrochene pronominale Verkettung konstituiertes Nacheinander sprachlicher Einheiten". (Harweg 1968: 148)
>
> „Sprache kommt nicht in vereinzelten Wörtern und Sätzen vor, sondern in zusammenhängendem Text – von einer Einwortäußerung bis zu einem zehnbändigen Werk [...]." (Harris 1978: 28)

> „Kommunikation erfolgt durch T e x t e, die zwischen den Kontaktpartnern (Sprecher und Versteher, Schreiber und Leser) ausgetauscht werden. Unter Texten verstehen wir hier sowohl schriftliche als auch mündliche Äußerungen, die unterschiedlicher Länge sein können: von einem Ein-Wort-Text bis zum Gesamttext eines mehrbändigen Romans." (Wawrzyniak 1980: 7)

> „Der Terminus ‚Text' bezeichnet eine begrenzte Folge von sprachlichen Zeichen, die in sich kohärent ist und die als Ganzes eine erkennbare kommunikative Funktion signalisiert." (Brinker 2001: 17)
>
> „Sprachliche Verständigung kann nur in Texten erfolgen. [...]"
> „Texte sind Geflechte von Äußerungen."
> „Texte sind konnex."
> „Texte haben eine nachvollziehbare Struktur."
> „Texte sind sortenspezifisch." (Engel 1988: 33)

> „Wir definieren TEXT als eine KOMMUNIKATIVE OKKURRENZ (engl. *occurence*), die sieben Kriterien der Textualität erfüllt [Kohäsion, Kohärenz, Intentionalität, Akzeptabilität, Informativität, Situationalität, Intertextualität]. Wenn irgendeines dieser Kriterien als nicht erfüllt betrachtet wird, so gilt der Text als nicht kommunikativ." (De Beaugrande; Dressler 1981: 3)

2 Was leistet der Leser beim Verstehen eines Textes? Was also ist die Textarbeit des Lesers? Bitte füllen Sie die Lücken.

Er durchschaut:

a) die Textkohäsion	Als Kohäsion bezeichnet man ....
b) die Textkohärenz	Als Kohärenz bezeichnet man ....

c) die Textfunktion	Als Textfunktion bezeichnet man ....
	....
d) die Textsortenzugehörigkeit	Als Textsorte bezeichnet man ....
	....

3 Bestimmen Sie, welche Kohäsions- und Kohärenzmittel im folgenden Text verwendet werden.

GROSSBRITANNIEN

Kein Drachenfleisch in Drachenwurst – Wurst muss umbenannt werden

In Großbritannien haben sich Bürokraten der Lebensmittelbehörde mit einer Anordnung komplett lächerlich gemacht. Eine Wurst-Spezialität namens „Waliser Drache" muss umbenannt werden: Die Wurst enthalte kein Drachenfleisch.

London – „Welsh Dragon" heißt die Wurst im Original. Bisher. Bald wird sie einen neuen Namen tragen müssen. Kontrolleure der zuständigen Lebensmittelbehörde schickten dem Hersteller laut „Times" einen entsprechenden Brief. Verbraucher könnten bei dem jetzigen Namen möglicherweise annehmen, dass die Wurst Drachenfleisch enthalte. In dem Schreiben an den Metzger heißt es, die „tatsächliche Natur der Speise sei nicht ausreichend genau [bestimmt, A.B.]".

Die extra scharfe Wurst besteht im Wesentlichen aus Schweinefleisch und kleinen Chili-Schoten. Ihren Namen hat sie vom walisischen Wappentier, einem Feuer speienden Drachen. Hersteller Jon Carthew sagte der „Times", bislang habe sich noch kein Kunde darüber beschwert, dass für die Wurst das Fleisch von Drachen verwendet werde. Der neue Name wird noch gesucht. ler/dpa

---

4 Bestimmen Sie für die folgenden Textsorten die dominante Textfunktion.

Verpflichtungserklärung	
Werbeanzeige	
Aufkleber „Schwerter zu Pflugscharen"	
§ 20, SGB V	
Glückwunschtelegramm	
T-Shirt-Aufdruck „adidas" o. ä.	
Kochrezept	
Testament	
Rechnung	

Mietvertrag	
E-Mail: *Komme leider später. – Bis heute Abend.*	
Zeitung: Leitartikel mit Kommentar	
Wissenschaftliche Monographie/Sachbuch	
Examensurkunde	

5 Welche Formen der Intertextualität lassen sich unterscheiden? Finden Sie für jede Kategorie mindestens ein neues Beispiel?

14.9 | Verwendete und weiterführende Literatur

Adamzik, Kirsten (2004): Textlinguistik. Eine einführende Darstellung. Tübingen: Niemeyer.

Adamzik, Kirsten (1995): Textsorten – Texttypologie. Eine kommentierte Bibliographie. Münster: Nodus. (http://www.unige.ch/lettres/alman/akt/aktbibl.html).

Artelt, Cordula u. a. (Hrsg.) (2001): PISA 2000. Zusammenfassung zentraler Befunde. Berlin: Max-Planck-Institut für Bildungsforschung.

Ballstedt, Steffen-Peter u. a. (1981): Texte verstehen, Texte gestalten. München u. a.: Urban und Schwarzenberg.

Bayer, Klaus (1999): Argument und Argumentation. Logische Grundlagen der Argumentationsanalyse. Opladen: Westdeutscher Verlag.

Brinker, Klaus u. a. (Hrsg.) (2000): HSK Text- und Gesprächslinguistik. Berlin: de Gruyter.

Brinker, Klaus (2001): Linguistische Textanalyse. Eine Einführung in Grundbegriffe und Methoden. Berlin: Erich Schmidt.

De Beaugrande, Robert-Alain; Dressler, Wolfgang Ulrich (1981): Einführung in die Textlinguistik. Tübingen: Niemeyer.

Duden (2000) – Das große Wörterbuch der Deutschen Sprache. 3. vollst. überarb. und aktual. Auflage. 10 Bände auf CD-ROM. Mannheim et al.: Dudenverlag.

Engel, Ulrich (1988): Deutsche Grammatik. Heidelberg: Groos.

Gülich, Elisabeth; Raible, Wolfgang (1977): Linguistische Textmodelle. Grundlagen und Möglichkeiten. München: Fink.

Harris, Zellig S. (1952): Discourse Analysis. In: Dressler, Wolfgang (1978): Textlinguistik. Darmstadt: Wissenschaftliche Buchgesellschaft.

Harweg, Roland (1968): Pronomina und Textkonstitution. München: Fink.

Krause, Wolf-Dieter (2000): Kommunikationslinguistische Aspekte der Textsortenbestimmung. In: Ders. (Hrsg.): Textsorten. Kommunikationslinguistische und konfrontative Aspekte. Frankfurt am Main et al.: Peter Lang, 34–67.

Kristeva, Julia (1972): Bachtin, das Wort, der Dialog und der Roman. In: Ihwe, Jens (Hrsg.): Literaturwissenschaft und Linguistik. Ergebnisse und Perspektiven. Bd. 3: Zur linguistischen Basis der Literaturwissenschaft II. Frankfurt am Main: Athenäum, 345–375.

Verwendete und weiterführende Literatur

Rutschky, Katharina (2004): Erfolgreich zugetextet. In: „Die Welt" 2.7.2004.

Sandig, Barbara (1972): Zur Differenz gebrauchssprachlicher Textsorten im Deutschen. In: Gülich, Elisabeth; Raible, Wolfgang (Hrsg.): Textsorten. Differenzierungskriterien aus linguistischer Sicht. Frankfurt am Main: Athenäum.

Toulmin, Stephen (1975): Der Gebrauch von Argumenten. Kronberg/Ts.: Scriptor.

Wawrzyniak, Zdzisław (1980): Einführung in die Textwissenschaft. Warszawa.

Register

Das Register enthält nur die Belegstellen, die für das Verständnis der im Buch verwendeten linguistischen Termini unmittelbar notwendig sind. Wenn ein Terminus über mehrere relevante Belegstellen verfügt, sind die wichtigsten durch Fettdruck hervorgehoben. Termini, die aus mehreren Wörtern bestehen, sind stets alphabetisch nach dem ersten Wort einsortiert, also *akustische Phonetik* unter *A*.

Ableitung 94

Abtönungsangabe 159f.

Ad-hoc-Bildung 95f.

Adjektiv 122

Adjektivattribut 127, **168**

Adjektivflexion 113

Adjektivphrase 124

Adverb 122

Adverbattribut 168

Adverbial 125

Adverbialsatz 131

Adverbphrase 124

Affix 82

Affixoid 98

Affrikate **45f.**, 52

Akkusativergänzung 152

Akronym **102**, 109

Aktant **139f.**, 142f.

Aktionsart 198

aktives Morphem/Aktivität **89f.**

Aktualität 20f.

akustische Phonetik 39

Akzeptabilität 117

allgemeine Intertextualität 241

allgemeines Kooperationsprinzip 220

Allograph/Allographie 62f.

Allomorph **79**, 81

Allophon/Allophonie 49, **53**

alltäglicher Schreibgebrauch 71

alveolar **43–45**, 52

Ambiguität 186, 189, **192**

ambisilbischer Konsonant 64

amerikanischer Strukturalismus 10

analytische Form 111

Anapher 151

Anfangsstellung/Anfangsstellungsprobe 120

Anfangswort **102f.**, 109

Angabe **139f.**, 142f., **145**, 146f., 150, **158f.**, 160f.

Angabeklasse 158f.

Angabesatz 160

Antonym/Antonymie 189, **191f.**

apikal **43**, 45

Apposition **168f.**, 171

arbiträr/Arbitrarität **22**, 27

argumentative Themenentfaltung 233, **235f.**

Artikel 122

Artikulation 39f., **41f.**

Artikulationsart 44f.

Artikulationsort 43f.

artikulatorische Phonetik 39

Aspiration 46

Assimilation 106

assoziativ/Assoziativität **22**, 27

ästhetisches Prinzip 70

asyndetisch **128**, 130

Attribut **127**, 150f., **166f.**, 170f.

Attribute erster, zweiter und dritter Ordnung 166

Attributsklassen **167f.**, 169

Attributsatz 127, 129, **131**, **169f.**, 172, 178

auditive Phonetik 39

Augenblicksbildung 95f.

Ausatemstrom 40

Ausdruckserweiterung 95, **102**, 109

Ausdruckskürzung 95, **102**, 109

Auslautverhärtung 52

Äußerungsakt 217f.

Autonomie-Hypothese 59

Autosemantikum 187f.

Basislexem 199

Basismorphem **81,** 88

bedeckte Silbe 55

Bedeutung 184–187

Bedeutungsabwertung 108f.

Bedeutungsähnlichkeit 186, 189, **191**

Bedeutungsaufwertung 108f.

Bedeutungsbeziehung 201

Bedeutungserweiterung 108f.

Bedeutungsüberschneidung 201

Bedeutungsübertragung 108f.

Bedeutungsveränderung 108f.

Bedeutungsverengung 108f.

Bedeutungsverschiebung 108f.

Bedeutungswandel 108f.

Begleiter 121

Behauchung 46

bilabial **44f.,** 52

bilateraler Zeichenbegriff 22

biphonematische Bewertung 46

Buchstabe 59f., **63**

Concept **21,** 27

Dativergänzung 152

Dativus commodi/incommodi 177–179

Dativus ethicus **177,** 179

Dativus iudicantis 177–179

Definitionskomponente 143

deiktische Intertextualität 241

Deixis 216, **222f.**

Deklarativa **219,** 237

Deklination 111–113

Denotat 29f.

Denotation 188

dental 43

Dependens 138

Dependenz 138

Dependenzgrammatik/Dependenzsyntax **118,** 136, **138**

Dependenz-Hypothese 58

Derivat 100

Derivation 94, **99–101,** 107, 109

Derivationspräfix/Derivationssuffix 100

Designat 29f.

deskriptiv 136

deskriptive Themenentfaltung **233f.,** 236

Determinans 95

Determinativ 118, **156,** 167

Determinativkompositum **95,** 109

Determinatum 95

diachron 26f.

Digraph 60

diminutiv-iteratives Verb 198

Diphthong **47,** 60, 62

Direktiva **219,** 237

Direktivergänzung 152–154

diskontinuierliches Morphem 82

distinktiv/distinktive Merkmale 38, **45,** 49, 58f., 196–198

dorsal 43

dunkel **48,** 53

duratives Verb 198

dynamisches Gehirn 205

echte Reflexivität 174f.

egressiv 40

Ellipse **142,** 232

empirische Linguistik 10

Endwort **102f.,** 109

Energeia 8

enge Apposition **168f.,** 171

Entfaltungsmuster 234

Entlehnung **105f.,** 109

Ergänzung 96, 142–144, **145,** 146f., 150, **152–154,** 155–158

Ergänzungsklasse 151–154

Ergänzungssatz **154,** 157

Ergon 8

Ersatzprobe/Ersetzung 119f.

Ertragsmodell 238

etymologisches Prinzip 67

existenzieller Präsuppositionstyp 222

existimatorische Angabe 158f.

exozentrisches Kompositum **98,** 109

Expansivergänzung 152f.

explikative Themenentfaltung 233, **235f.**

explizite Derivation **99f.**, 109

Explosiv 45

Expressiva **219**, 237

Exspiration 41

Extension 190

Faculté de langage 6, **21**, 27

faktiver Präsuppositionstyp 222

fakultative Ergänzung **143**, 145–147

Finalangabe 158f.

Flexion 76, 95, **110f.**, 112f.

Flexionsaffix 83

Flexionsmorphem **81**, 84

Flexionsparadigma 78

Flexionssuffix 66, **83**, 85

formale Bestimmung von Nebensätzen 129f.

formale Kriterien zur Satzgliedbestimmung 125–127

Fortis 46

Frame/Framesemantik 209

freier Dativ 152f., **177–179**

freies Allophon/freie Allophonie 53f.

freies Morphem **81**, 83, 88

Fremdwort 106

Frikativ **45**, 52

Fuge/Fugenelement 86f.

Fünf-Wortarten-Lehre 121

Funktion (syntaktisch) 120, **124–127**

funktionale Bestimmung von Nebensätzen 130f.

Funktionsverbgefüge **173f.**, 203

Ganzheitlichkeit 201

gebundenes Morphem **81**, 83, 88

Gedanke 28

Gegensatz 188f., **191**

Gegenwort 191f.

Gelegenheitsbildung 95f.

gemischte Flexion 112f.

Genitivattribut 127, **168f.**

Genitivergänzung 152

Genitivus auctoris 169

Genitivus definitivus 169

Genitivus explicativus 169

Genitivus obiectivus 168

Genitivus partitivus 169

Genitivus possessivus 168f.

Genitivus qualitatis 169

Genitivus subiectivus 168

geschlossen **48**, 53

geschlossene Silbe 55

Gliedsatz 129

glottal **43f.**, 45, 52

Grammatikalität 117

grammatisches Morphem **82f.**, 88

Graph 59, **63**

Graphem 59, **63**

Graphematik 58f.

Grapheminventar 59–61

Graphem-Phonem-Korrespondenz 61f.

Grundmorphem 81

Hauptsatz 127–130

Hauptsatzrest 130

Hauptthema 234

hell **48**, 53

Heteronym/Heteronymie 189, **192**

Hierarchisierbarkeit 201

hinten **48**, 53

hoch **48**, 53

Homoionym 190

Homonym/Homonymie 79, 189, **192**

homophon/Homophon 81

hybride Derivation **107**, 109

hybrides Kompositum **107**, 109

Hyperonym/Hyperonymie 189, **191**

Hyponym/Hyponymie 189, **191**

Hypotaxe **128**, 130

IC-Analyse 83–85, **86**

Ich-jetzt-hier-Origo 222f.

Ikon/ikonisches Zeichen 19f.

Illokution/Illokutionstyp **219**, 231

illokutionärer Akt 217f.

Illokutionsindikator 218

Image acoustique **21**, 27

Implikatur 216, **220**

implizite Derivation **101**, 109

inchoatives Verb 198

Indem-Relation 217f.

Index/indexikalisches Zeichen 19f.

indigen **43**, 51, 94, 106

Infinitivkonjunktion 158

Infinitivkonstruktion als Attribut 168

Infinitivkonstruktion als Ergänzung **144f.**, 152, 154

Infix 82

inhaltliche Bestimmung von Adverbialsätzen 130

Initialabkürzungswort **103f.**, 109

Initiation 41

inkorporierende Intertextualität 241

Inspiration 41

Instrumentalangabe 158f.

Intension 190

intensives Verb 198

Interfix 86

Interjektion 72, **123**

Interpret 29

Interpretant 29

Intertextualität **239f.**, 241

intertextuelle Verbindung 239

iteratives Verb 198

judikative Angabe 158f.

Junggrammatiker 8f.

Junktion 141

Kante **137**, 139

Kategorie (syntaktisch) **120–124**, 126f.

Kausalangabe 158f.

kautive Angabe 158f.

Klammerform **102f.**, 109

Klassem 198

Klassifizierung 25, **27**

Klassifizierung von Morphemen **85**, 88

Klassifizierung von Phonemen 38

Knoten 138f.

Koartikulation 47

kodifizierte Bedeutung 186f.

kognitive Metapherntheorie 212

kognitiv orientierte Bedeutungskonzeptionen 186f.

Kohärenz 219, **232**

Kohäsion 219, **231**

Kohäsionsmittel 231f.

Kohyponym/Kohyponymie 189, **191**

kombinatorische Derivation **100**, 109

kombinatorisches Allophon/kombinatorische Allophonie 54

Komitativangabe 158f.

Kommissiva **219**, 237

Kommunikationszweck 236

Komparation 114f.

Komposition 86, **95**

Konditionalangabe 158f.

Konjugation 111f.

Konjunktion 122

Konjunktionalsatz **130**, 154, 168

Konnexion 137f.

Konnexionsstrich 137–139

Konnotation 188

Konsekutivangabe 158f.

Konsonant **42f.**, 44–46, 52, 62

Konsonantenverdopplung 64

Kontamination **104**, 109

kontextabhängige Bedeutung 186f.

Kontradiktion 189, **191f.**

kontrafaktischer Präsuppositionstyp 222

Kontraktion **104**, 109

Konvention **22**, 27

konventionale Implikatur 220

konventionalisierte Bedeutung 185, 186

Konventionalität **22**, 27

konversationale Implikatur 220

Konversationsmaxime 220f.

Konversion 95, **104f.**, 109

Konvertat 97, **104f.**

250

REGISTER **Anhang**

Konzessivangabe 158f.

Kooperationsprinzip 220

kooperativ orientierte Bedeutungskonzeptionen 186f.

kooperative Intertextualität 241

Koordination **179**, 180f.

Kopulativkompositum **97**, 109

koronal 43

Korpus 13, **24**

Korpusbildung 27, 38

Korrelat **154**, 157f., 176

Kotext 231

Kultursemiotik 33f.

Kurzwortbildung **102**, 103f., 109

labial 43

labiodental **44f.**, 52

Langage 6, **21**, 27

Langue 6, **21**, 27

laryngal **44f.**, 52

Lateral **45**, 52

Lautgesetze 9

Lautwandel 9

Lehnübersetzung **106**, 109

Lenis 46

Lexem **77f.**, 100, 196, 198f.

lexikalische Bedeutung 184

lexikalischer Präsuppositionstyp 222

lexikalisches Morphem **82f.**, 88

lexikalisches Wort 77

Lexikalisierung 94–96

lineare Ordnung/Realisierung **137**, 155f.

Linearität **25**, 27

Linguistik 1, **4f.**

linguistisches Relativitätsprinzip 210f.

logographische Phase 70f.

logographisches Schriftsystem 63

Lokalangabe 158f.

Lokaldeixis 224

Lückenlosigkeit 201

Majuskel 62

Matrixsatz 129

Media 46

mentales Lexikon 204f.

Merkmalssemantik 196–198

Minimalpaar/Minimalpaaranalyse **50–52, 60**

Minuskel 62

mittel **48**, 53

Modalität 221

modifikative Angabe 158f.

Modifikativergänzung 152, **154**

monophonematische Bewertung 46

Morph **78**, 79f., 84

Morphem 25, 66f., **81**, 82–90

Morphemkonstanz 66

Morphologie 76

morphologische Konversion **105**, 109

morphologische Kriterien zur Satzgliedbestimmung 125

morphologische Kriterien zur Wortartenklassifikation 121

morphologisches Prinzip **66**, 69–71

morphosyntaktische Valenz 144

motiviert/Motiviertheit **23**, 27

multisegmentales Kurzwort **102f.**, 109

Mündlichkeit 229

muttersprachliche Zwischenwelt 212

nackte Silbe 55f.

narrative Themenentfaltung 233

Nasal **45**, 52

nativ 106

Nebensatz 128–131

Nebensatzäquivalent 130

Negativangabe 159f.

Neologismus 94

Nexus 138f.

niedrig **48**, 53

Nominalflexion 111f.

Nominalphrase 112, 118, **124**

nonverbales Verhalten 203

nonverbales Zeichen 31f.

Nukleus (der Silbe) 55

251

Nukleus (des syntaktischen Knotens/Nexus) 139
Nullallomorph 85
Nullmorphem 85

Objekt 125
Objektsatz 130
Obligatorik 143
obligatorische Ergänzung **143**, 145–147
Obstruent **47**, 52, 65
offen **48**, 53
offene Silbe 55
Okkasionalismus 95f.
okkasionelle Bedeutung 185
Onomatopoetikon 23
operationale Satzanalyse 117, **127–131**
operationale Testverfahren 119, 145–147
ordinative Angabe 158f.
Organon-Modell 10f., **30**
Orthographie 69
Orthographieerwerb 70

palatal **43–45**, 52
Paradigma/paradigmatische Beziehung **25f.**, 27
paradigmatische Bedeutungsbeziehung 186,
    188f.
Parataxe **127f.**, 130
paraverbales Zeichen 31f.
Parole 6, **21**, 27
partielle Synonymie 189f.
partielles Kurzwort **103**, 109
Partikel 121f.
Partikelattribut **166**, 168
performatives Verb 218f.
periphrastische Form 111
perlokutionärer Akt 217f.
Permutation 119
Personaldeixis 223
Pertinenzdativ 177–179
Philologie 6
Phon 24f., **38f.**, 45, 48, 50f.
Phonation 41f., 46
Phonem 38, **49f.**, 51–53, 59f.

Phonem-Graphem-Korrespondenz 61
Phonetik 38f.
phonographisches Schriftsystem 63
Phonologie 38, **49**
phonologisches Prinzip **64**, 70
Phrase **124**, 150
Phrasenkopf 124
Phrasenstrukturgrammatik 118
Phraseologismus 202–204
Platzhalter 176
Plosiv **45**, 46, 52
Polysem/Polysemie 79, 189, **192**
Possessivkompositum 98
postalveolar **43f.**, 45, 52
Poststrukturalismus 33
Prädikat 125
Prädikationsakt 217f.
Prädikativergänzung 152, **154**
Prädikativsatz 130
Prädikativum 125
Präfixderivat/Präfixderivation **100**, 109
Pragmatik 216
pragmatische Kriterien zur Satzgliedbestimmung
    125
pragmatisches Prinzip 67f.
Präposition 122
Präpositionalattribut 127, **168**
präpositionales Objekt 125
präpositionales Rektionskompositum 98
Präpositionalphrase 124
Präpositivergänzung 152f.
präskriptiv 136
Präsupposition 216, **221f.**
Präsuppositionstyp 222
Primat des Mündlichen 38
produktives Morphem/Produktivität 87, **89f.**
Pro-Form 175, **231f.**
Projektion **137**, 155f.
Projektionsstrich 155f.
Pronomen 122
Pronominalsatz 130
propositionaler Akt 217f.

252

REGISTER **Anhang**

Prosodie 47

Prototyp 197, **206–209**

Prototypen-Experiment 206–209

Prototypensemantik 206–209

Prototypentheorie 206–209

pulmonal 40

Qualität 221

Quantität 221

radikal 43

Randunschärfe 207f.

Referent **28**, 188, 217

Referenz **28**, 186, 190

Referenzakt 217f.

Referenzidentität 189, **190**, 232

Referenzobjekt 28f.

Referenzträger 190

Reflexivität 174f.

Regens 96f., **138**

Reihung 188f., **191**

Rektion 138

Rektionskompositum **96**, 109

Rektum 96f.

Rekurrenz **232**, 234, 241

Relation 221

Relativitätsprinzip (linguistisches) 210f.

Relativsatz 129, **168**

Relativum 172

Repräsentativa **219**, 237

Restriktivangabe 158f.

resultatives Verb 198

Reziprozität 174

Rückbildung **101f.**, 109

Rumpfwort **102f.**, 109

Sapir-Whorf-Hypothese 210f.

Satellit **150f.**, 166f.

Satzäquivalent 123

Satzglied **119f.**, 125–127, 145–147, **150**,

satzgliedfähig 122

Satzgliedteil 127, 130, **150f.**

Schärfung 64

Schema/Schematheorie 209f.

Schlüsselwort 233f.

Schriftlichkeit 229f.

schwache Flexion 112f.

segmentale Merkmale **47**, 50

Segmentierung 25, **27**

Segmentierung von Morphemen **84**, 87–90

Segmentierungsregel 90f.

sekundäres Zeichensystem 58

Sem 196–198

Semantik 29, **184**

semantische Kriterien zur Satzgliedbestimmung
  125f.

semantische Kriterien zur Wortartenklassifikation
  123

semantische Valenz 144

semantisches Primitiv 196

Semem 196–198

Semiose 28f.

Semiotik 18, 31, **33f.**

Semiotisches Dreieck 28–30

Signifiant **21f.**, 27

Signifié **21f.**, 27

Signifikant **186**, 190

signifikantgleiche Zeichen 192f.

Silbe **54f.**, 64

Silbengelenk 64

silbeninitial 65

Silbenkurzwort **103**, 109

silbenphonologisch 65

silbisches Prinzip 64, **66**

Simplex **78f.**, 94

situative Angabe 158f.

Situativergänzung 152f.

Skript 209f.

Sonorant **47**, 65f.

Sozialdeixis 223f.

spezielle Intertextualität 241

Sprache 4f.

Sprache als Kognition 11

Sprache als Organismus 7f.

253

Sprache als Organon **10f.**, 30
Sprache als psychophysische Tätigkeit 8f.
Sprache als Sprechaktensemble 11
Sprache als Struktur 10, 23f.
Sprache als Zeichensystem 9f.
Sprachkritik 4
sprachliches Symbolfeld 222f.
sprachliches Zeichen 21f.
sprachliches Zeigfeld 222f.
Sprachwissenschaft 4f.
Sprechakt **216f.**, 218f.
Stammbaumtheorie 8, **26f.**
starke Flexion 112f.
Stellvertreter-Funktion 18
Stemma 137f.
stimmhaft 46
stimmlos 46
strikte Synonymie 189f.
Struktur **23f.**, 27
strukturale Ordnung 137f.
Strukturalismus 10, 21, **23–25**
struktureller Präsuppositionstyp 222
Subjekt 125
Subjektergänzung 152
Subjektsatz 130
Substantiv 122
Substitution (Kohäsionsmittel) 232
Substitution (syntaktischer Test) 119f.
Suffixderivat/Suffixderivation **100**, 109
supraglottal 42
suprasegmentale Merkmale **47**, 54
Symbol/symbolisches Zeichen 19f.
Symptom/symptomatisches Zeichen 19f.
synchron 26f.
Synchronisationskomponente 142
syndetisch **128**, 130
Synkretismus 111f.
Synonym/Synonymie 186, **189**
Synsemantikum 187f.
Syntagma, syntagmatische Beziehung **25f.**, 27
Syntaktik 29
syntaktische Funktion 120, **124–127**

syntaktische Kategorie **120–124**, 126f.
syntaktische Konversion **104f.**, 109
syntaktische Kriterien zur Satzgliedbestimmung
   125–127
syntaktische Kriterien zur Wortartenklassifikation
   122
syntaktisches Prinzip 68
syntaktisches Wort 77f.
Syntax 68, **116**
synthetische Form 111

Tassenexperiment 208
Teilsatz 122, **130**
Teilthema 233f.
Teil-von-Beziehung 191
Temporalangabe 158f.
Temporaldeixis 224
Tenuis 46
Text **228f.**, 230f., 233
Textbegriff 228
Textfunktion 236f.
textfunktionales Ertragsmodell 238
Textsorte 239f.
Textthema 233
Themenanalyse/themenanalytischer Dreischritt
   233f.
Themenentfaltung 233–236
Tip-of-the-tongue-Phänomen 23
Token **32**, 77f.
Topikalisierung 120
transformierende Intertextualität 241
Translation 139
translatorische Intertextualität 241
transphrastisch 231
Trigraph 60
Type 32, 77f.
Type-Token-Relation **32**, 78

Übereinstimmung 188f.
Überordnung 188f., **191**
unechte Reflexivität 174f.
uneingeleiteter Nebensatz 130

ungespannt **48**, 53

unikales Morphem 90

unisegmentales Kurzwort **102f.**, 109

Unterdeterminiertheit 95

Unterordnung 188f., **191**

usuelle Bedeutung 185

uvular **43–45**, 52, 54

Vagheit 208

Valenz 136, **140**, 144

Valenzgrammatik **118**, 136

Valeur **24**, 27

velar **43–45**, 52

Verb 122

verbales Zeichen 31f.

Verbalkomplex 125, **155f.**, 173

Verbalphrase 118, **124**

Verbativergänzung 152, **154**

Verbflexion 111f.

Verbstamm **91**, 112

Verbzusatz 158

verifikative Angabe 158f.

Verschiebeprobe/Verschiebung 119

Vertextungsmittel 231

Vibrant **45**, 52

Virtualität 2of.

Vokal **42**, 47f., 53

Vokaltrapez 48

Volksetymologie 107

vorn **48**, 53

wechselseitige Bedeutungsbestimmung 201

Wort 76f., **78**

Wortart 7, **120–122**, 123f.

Wortbildung 79, 81, **94f.**, 99, 102, 106, 108f.,
110

Wortbildungsaffix 83

Wortbildungskonstruktion 79

Wortbildungsmorphem **81f.**, 83, 90

Wortbildungspräfix **83**, 88

Wortbildungsprodukt 79

Wortbildungssuffix **83**, 88

Wortbildungstyp 109

Wortbildungszirkumfix 83

Wortfamilie 199

Wortfeld 2oof.

Wortfeldbedingungen 2o1f.

Wortform **77f.**, 84–86, 91, 94, 110

Wortkreuzung **104**, 109

Wortschöpfung 108–110

Wortverband 199

Wortverschmelzung **104**, 109

Zahlwort 123

Zeichen **18**, 19–24, 31f.

Zeichenbenutzer 20, **28**, **3of.**

Zeichensystem **9**, 33, 58, 186

Zeichenträger 28f.

Zeichentyp 19f.

zentral **48**, 53

zentralisiert **48**, 53

Zentralknoten/Zentralnexus 138f.

Zirkumfix **82f.**, 89

Zirkumfixderivat/Zirkumfixderivation **100**, 109

Zugehörigkeitsrelation 191

Zusammenbildung **101**, 109

Anhang

Abkürzungen und Zeichen

*	(Asterisk:) falsche, nicht grammatische bzw. akzeptable Sprachform	E	Ergänzung
		E_{akk}	Akkusativergänzung
?	Sprachform von zweifelhafter Akzeptabilität/Grammatikalität	E_{dat}	Dativergänzung
		E_{dir}	Direktivergänzung
A	Angabe	E_{exp}	Expansivergänzung
A_{abt}	Abtönungsangabe	E_{gen}	Genitivergänzung
A_{fin}	Finalangabe	E_{mod}	Modifikativergänzung
A_{instr}	Instrumentalangabe	E_{prd}	Prädikativergänzung
A_{jud}	Judikative Angabe	E_{prp}	Präpositivergänzung
A_{kaus}	Kausalangabe	E_{sit}	Situativergänzung
A_{kaut}	Kautive Angabe	E_{sub}	Subjekt(ergänzung)
A_{komit}	Komitativangabe	E_{vrb}	Verbativergänzung
A_{kond}	Konditionalangabe	engl.	englisch
A_{kons}	Konsekutivangabe	et al.	et alii (= und andere)
A_{konz}	Konzessivangabe	frz.	französisch
A_{lok}	Lokalangabe	Fut.	Futur
A_{mod}	Modifikative Angabe	Gen.	Genitiv
A_{neg}	Negativangabe	griech.	griechisch
A_{ord}	Ordinative Angabe	Hervorh.	Hervorhebung
A_{restr}	Restriktivangabe	Imp.	Imperativ
A_{temp}	Temporalangabe	Ind.	Indikativ
A_{ver}	Verifikative Angabe	i. V.	in Vorbereitung
Adj.	Adjektiv	Konj.	Konjunktion oder Konjunktiv
Adv.	Adverb	lat.	lateinisch
AdvP	Adverbphrase	mhd.	mittelhochdeutsch
ahd.	althochdeutsch	mlat.	mittellateinisch
Akk.	Akkusativ	Nom.	Nominativ
Akt.	Aktiv	NP	Nominalphrase
AP	Adjektivphrase	Obj.	Objekt
Art.	Artikel	Part.	Partikel
Attr.	Attribut	Pass.	Passiv
$Attr_{adj}$	Adjektivattribut	Perf.	Perfekt
$Attr_{adv}$	Adverbattribut	Pers.	Person
$Attr_{app}$	(enge) Apposition	PH	Platzhalter
$Attr_{gen}$	Genitivattribut	PP	Präpositionalphrase
$Attr_{infk}$	Infinitivkonstruktion als Attribut	Präp.	Präposition
$Attr_{konjs}$	Konjunktionalsatz als Attribut	Präs.	Präsens
$Attr_{part}$	Partikelattribut	Prät.	Präteritum
$Attr_{prp}$	Präpositionalattribut	Pron.	Pronomen
$Attr_{rels}$	Relativsatz als Attribut	Subst.	Substantiv
Dat.	Dativ	V	Verb
Det	Determinativ	VP	Verbalphrase

257

Nina Janich
Werbesprache
Ein Arbeitsbuch

narr studienbücher
5., erweiterte Auflage 2010,
324 Seiten,
€[D] 19,90/SFr 33,50
ISBN 978-3-8233-6550-1

Werbung ist ein beliebtes Forschungsobjekt der germanistischen Sprachwissenschaft, und die Werbesprache wird gerne als Thema für Seminar- und Magisterarbeiten gewählt. Das vorliegende Studienbuch stellt einerseits die werbewissenschaftlichen Grundlagen bereit, die auch für sprachwissenschaftliche Analysen unerlässliche Rahmendaten abgeben. Zum anderen wird in die unterschiedlichen linguistischen Fragestellungen eingeführt, unter denen Werbung untersucht werden kann. Methodische Hinweise, Wissens- und Diskussionsfragen sowie Anregungen zu bisher nicht untersuchten Aspekten machen dieses Arbeitsbuch zur geeigneten Seminargrundlage.

Die 5. Auflage des bewährten Studienbuches wurde komplett überarbeitet, die Werbebeispiele und Aufgaben wurden erneuert, die Bibliographie wurde aktualisiert. Fernseh- und Hörfunkspots erfahren nun gebührende Berücksichtigung, und ein Beitrag von Jens Runkehl führt in die Formen der Internet-Werbung ein.

narr VERLAG

Narr Francke Attempto Verlag GmbH + Co. KG
Postfach 25 60 · D-72015 Tübingen · Fax (0 7071) 97 97-11
Internet: www.narr.de · E-Mail: info@narr.de

NEUERSCHEINUNG

Damaris Nübling
Antje Dammel / Janet Duke / Renata Szczepaniak

Historische Sprachwissenschaft des Deutschen

Eine Einführung in die Prinzipien des Sprachwandels

narr studienbücher
3., überarbeitete Auflage 2010
XII, 299 Seiten,
€[D] 19.90/SFr 30.50
ISBN 978-3-8233-6615-7

Dieses Studienbuch stellt zum einen die wichtigsten historischen Umbrüche der deutschen Sprache bis in die heutige Zeit dar, zum anderen und vor allem auch deren Begründung, theoretische Fundierung und typologische Einordnung. Es geht daher zentral darum, Warum-Fragen zu stellen und zu beantworten. So hat sich das Deutsche im Laufe seiner Geschichte von einer Silben- zu einer ausgeprägten Wortsprache entwickelt, was sich auf mehreren Ebenen (z.B. Phonologie, Orthographie, Morphologie) niederschlägt. In der Syntax wird auf das Klammerprinzip abgehoben. Diesem übergreifenden Prinzip und einigen weiteren Prinzipien gehen die Autorinnen anhand zahlreicher Beispiele nach und ermöglichen so ein tieferes Verständnis der deutschen Sprachgeschichte.

„Insgesamt haben Damaris Nübling und ihre Mitarbeiterinnen mit dem vorliegenden Werk eine ebenso informative und anspruchsvolle wie originelle und zukunftsweisende Sicht der deutschen Sprachgeschichte vorgelegt."
Torsten Leuschner in: *Beiträge zur Geschichte der deutschen Sprache und Literatur*

Narr Francke Attempto Verlag GmbH+Co. KG · Dischingerweg 5 · D-72070 Tübingen
Tel. +49 (07071) 9797-0 · Fax +49 (07071) 97 97-11 · info@narr.de · **www.narr.de**

NEUERSCHEINUNG

narr VERLAG   **francke** VERLAG   **attempto** VERLAG

Karin Pittner / Judith Berman

Deutsche Syntax

Ein Arbeitsbuch

narr studienbücher
4., aktualisierte Auflage 2010
200 Seiten,
€[D] 19.90/SFr 30.50
ISBN 978-3-8233-6610-2

Dieses Lehrbuch führt in die Grundbegriffe und Methoden der syntaktischen Analyse des Deutschen ein. Behandelt werden syntaktische Kategorien und Funktionen, Valenz und Argumentstruktur, die Formen des Passivs, die Wortstellung, der Aufbau von komplexen Sätzen, Besonderheiten bei der Verwendung der Pronomina sowie Grundbegriffe der Informationsstruktur.

Jedes Kapitel enthält Übungen mit Lösungshinweisen und Literaturtipps zum Weiterlesen, die den Studierenden die Möglichkeit geben, sich den Stoff weitgehend selbständig zu erarbeiten.

„Die Verfasser haben ihr im Vorwort angegebenes Ziel vollauf erreicht: Sie haben ein Arbeitsbuch mit Überblickscharakter vorgelegt, das sich als Einführung vorzüglich eignet."
Gerhard Helbig in *Deutsch als Fremdsprache*

Narr Francke Attempto Verlag GmbH+Co. KG · Dischingerweg 5 · D-72070 Tübingen
Tel. +49 (07071) 9797-0 · Fax +49 (07071) 97 97-11 · info@narr.de · www.narr.de

NEUERSCHEINUNG

Bernt Ahrenholz (Hg.)

Fachunterricht und Deutsch als Zweitsprache

2., durchgesehene und aktualisierte Auflage 2010,
VI, 281 Seiten
€[D] 49,00/SFr 69,50
ISBN 978-3-8233-6608-9

Jeder Unterricht für Kinder und Jugendliche mit Migrationshintergrund ist auch Sprachunterricht. Diese Einsicht ist im Prinzip nicht neu. Dennoch fehlt bisher vielfach ein genaues Wissen darüber, welche spezifischen sprachlichen Anforderungen beispielsweise im Physik- oder Biologieunterricht bestehen, an welchen Punkten Kinder mit Deutsch als Zweitsprache besondere Schwierigkeiten beim Verstehen von Texten oder Lehrervorträgen haben und wo es ihnen weniger als den monolingual deutschsprachigen Schülerinnen und Schülern gelingt, Aufgaben adäquat mündlich oder schriftlich zu bewältigen.

Der vorliegende Band versucht Einblicke in diesen Ausschnitt schulischer Wirklichkeit zu geben. Dabei werden Mathematik-, Physik- und Biologieunterricht ebenso betrachtet wie Literaturunterricht, Englischunterricht und bilingualer Sachfachunterricht. Es geht um Lesekompetenz und Argumentationsfähigkeit, Schreiben und Textkompetenz, CLIL und DaZ, Bildungssprache und Sprachförderung. Deutlich wird, dass Fachlehrer einen neuen Blick auf ihren Unterricht gewinnen müssen – und eine erweiterte Ausbildung benötigen, für die eine erste Initiative vorgestellt wird.

Narr Francke Attempto Verlag GmbH+Co. KG · Dischingerweg 5 · D-72070 Tübingen
Tel. +49 (07071) 9797-0 · Fax +49 (07071) 97 97-11 · info@narr.de · **www.narr.de**

NEUERSCHEINUNG

narr VERLAG   francke VERLAG   attempto VERLAG

**Ursula Bredel / Nanna Fuhrhop
Christina Noack**

Wie Kinder lesen und schreiben lernen

2011, VI, 248 Seiten,
€[D] 19,90/SFr 28,90
ISBN 978-3-7720-8403-4

Uns Erwachsenen scheint es selbstverständlich, lesen und schreiben zu können. Wir erinnern uns kaum daran, wie wir als Kinder mühsam die ersten Buchstaben gelernt haben, und doch vollbringen alle Kinder ein kleines Wunder, wenn sie lesen und schreiben lernen. Um eine solche Leistung zu verstehen, erklärt dieses Buch zunächst, wie das Schreiben im Deutschen funktioniert. Deutlich wird dabei: Mit den richtigen Lernangeboten erwerben Kinder die Schriftsprache ähnlich wie die Muttersprache – das Lesen- und Schreibenlernen ähnelt dann dem Sprachenlernen.
Dass der Schrifterwerb nicht immer problemlos verläuft, wissen wir nicht erst seit PISA. Viele Lehrer/innen und Eltern sind unsicher, wie sie mit Fehlern umgehen sollen. Das Buch zeigt Methoden und Wege, wie wir die Kinder beim Schriftspracherwerb beobachten und fördern können und welche typischen Stolperfallen auftauchen.
Eine besondere Herausforderung stellt der Schriftspracherwerb für die Kinder dar, für die Deutsch nicht die Muttersprache ist. In einem eigenen Kapitel erklären die Autorinnen, was Lehrer/innen über andere Sprachen wissen sollten, um diesen Schüler/innen beim Lesen- und Schreibenlernen des Deutschen helfen zu können.

JETZT BESTELLEN!

Narr Francke Attempto Verlag GmbH+Co. KG · Dischingerweg 5 · D-72070 Tübingen
Tel. +49 (07071) 9797-0 · Fax +49 (07071) 97 97-11 · info@francke.de · **www.francke.de**

NEUERSCHEINUNG

Björn Rothstein

Wissenschaftliches Arbeiten für Linguisten

narr studienbücher
2011, 218 Seiten
€[D] 19,90/SFr 30,50
ISBN 978-3-8233-6630-0

Wenn es um „linguistisches Arbeiten" geht, bestehen bei den Studierenden oftmals große Unsicherheiten bezüglich Inhalt, Form und Methode. Dieses Studienbuch vermittelt Schritt für Schritt die notwendigen Arbeitstechniken, um erfolgreich sprachwissenschaftliche Studien durchführen, präsentieren und verschriftlichen zu können. Klassische Bereiche wie Themenfindung, Informationsbeschaffung, Besonderheiten wissenschaftlicher Textsorten und bibliographische Konventionen werden genauso thematisiert wie die Probleme, vor denen Studierende üblicherweise im Bereich der Linguistik stehen: Lektüre und Überprüfung von linguistischen Texten, Argumentationstechniken, Beweisführungen und die Datenerhebung, -verwaltung und -notation.
Zahlreiche Schaubilder und Beispiele veranschaulichen den Text. Für die praktische Anwendbarkeit sorgen die am Ende jedes Kapitels angefügten Checklisten.

Narr Francke Attempto Verlag GmbH+Co. KG · Dischingerweg 5 · D-72070 Tübingen
Tel. +49 (07071) 9797-0 · Fax +49 (07071) 97 97-11 · info@narr.de · **www.narr.de**